UNIVERSITÉ DE PARIS. — FACULTÉ DE DROIT

DE LA

TENTATIVE DE CONCILIATION

THÈSE POUR LE DOCTORAT

PAR

Pierre TEMPLIER

AVOCAT A LA COUR D'APPEL

PARIS

LIBRAIRIE NOUVELLE DE DROIT ET DE JURISPRUDENCE

ARTHUR ROUSSEAU, EDITEUR

14, RUE SOUFFLOT ET RUE TOULLIER, 13

—

1898

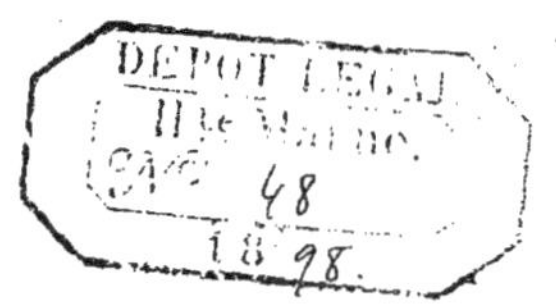

THÈSE

POUR LE DOCTORAT

DE LA

TENTATIVE DE CONCILIATION

THÈSE POUR LE DOCTORAT

L'ACTE PUBLIC SUR LES MATIÈRES CI-APRÈS

Sera soutenu le lundi 14 février 1898, à 2 heures 1/2

PAR

Pierre TEMPLIER

AVOCAT A LA COUR D'APPEL

Président : M. GLASSON,

Suffragants : { MM. BOISTEL, CHÉNON. } *professeurs.*

PARIS

LIBRAIRIE NOUVELLE DE DROIT ET DE JURISPRUDENCE

ARTHUR ROUSSEAU, EDITEUR

14, RUE SOUFFLOT ET RUE TOULLIER, 13

1898

TENTATIVE DE CONCILIATION

CHAPITRE PRÉLIMINAIRE

On appelle tentative, essai, ou préliminaire de conciliation, la comparution des parties devant le juge de paix, avant l'introduction de la cause devant la justice.

Cette épreuve est imposée par la loi comme un préambule nécessaire à la plupart des procès de la compétence des tribunaux de première instance, et dans le but de les prévenir. C'est la tentative de conciliation proprement dite.

Parmi les contestations qui rentrent dans la compétence des juges de paix, beaucoup doivent être précédées d'une formalité analogue, en vertu des lois du 25 mai 1838 et du 2 mai 1855. Cette épreuve est dite : petite conciliation, pour la distinguer de la précédente.

Nous trouvons encore un mode spécial de conciliation devant les présidents des tribunaux, pour les demandes en divorce et en séparation de corps. Une mesure semblable a été créée pour les affaires qui sont portées au Conseil des prud'hommes.

Enfin, pour quelques matières particulières (demandes

contre le domaine de l'Etat, les départements et les communes), certaines formalités que l'on peut considérer comme un préliminaire de conciliation doivent être remplies avant de porter le procès devant la justice. Nous ne faisons que les signaler, car nous n'avons pas à nous en occuper, ne voulant étudier que les essais de conciliation auxquels le Code de procédure civile est applicable.

Avant d'ouvrir le Code, il nous paraît intéressant d'indiquer d'où nous vient l'épreuve de la conciliation, et comment elle s'est établie en France telle que nous la trouvons aujourd'hui. Cette introduction historique fera l'objet d'un chapitre préliminaire.

Sans que cet usage paraisse avoir été consacré par la loi, on était habitué à Rome à tenter un accommodement avant de porter les contestations en justice, et la loi des XII Tables prescrivait aux magistrats de consacrer par un jugement l'accord intervenu entre les adversaires: *Si dum in jus veniunt, de re transactum fuerit inter vocantem et vocatum, ita jus esto.* Cependant ces transactions ne paraissent pas être entrées bien profondément dans les mœurs, car sous Caligula on frappait les plaideurs d'une taxe égale au quarantième de la somme en litige, et l'on considérait que transiger pour éviter un procès, c'était commettre un vol envers l'Etat. — Quant à l'*in jure cessio*, on ne peut pas y voir, comme on l'a prétendu, la sanction d'un accommodement par le magistrat, puisque ce n'était qu'un procès fictif. Elle n'avait aucun rapport avec la tentative de conciliation.

Nous ne trouvons rien de semblable dans le droit germanique. On a cependant voulu voir une institution de paix dans les compositions, mais Boncenne (t. 2, p. 293) s'élève justement contre cette idée. On appelait composition la somme que devait payer l'auteur d'un crime. Les différents attentats contre les personnes étaient tarifés suivant leur gravité, et selon le rang de la victime ; ces compositions présentaient donc un caractère pénal très net.

Pour retrouver l'essai de conciliation, il faut remonter jusqu'au droit canonique, avant que la royauté eût retiré à l'Eglise son pouvoir de juridiction. Le préliminaire avait lieu devant les évêques, et était législativement imposé. Nous pouvons à ce propos citer un passage de l'*Histoire ecclésiastique* de Fleury : « Ce qui doit consoler les évêques de voir leur juridiction réduite à des bornes étroites, c'est que, dans son origine, et suivant l'esprit de l'Eglise, elle ne consistait pas à faire plaider, mais à empêcher de plaider. » Certains auteurs font toutefois remarquer que cette proposition de Fleury est au moins douteuse, car on ne la trouve confirmée nulle part.

Dans les temps modernes, la Hollande a établi la première un juge conciliateur. Voltaire a écrit à ce sujet, en 1745, une lettre dans laquelle il vante avec un grand enthousiasme cette institution : « La meilleure loi, le plus excellent usage, le plus utile que j'aie vu, c'est en Hollande. Quand deux hommes veulent plaider l'un contre l'autre, ils sont obligés d'aller d'abord au Tribunal des juges conciliateurs, appelés faiseurs de paix. Si les parties arrivent avec un avocat et un procureur, on fait d'abord retirer ces derniers, comme on ôte le bois d'un feu qu'on veut éteindre. Les faiseurs de paix disent aux parties : vous êtes de grands fous de vouloir manger votre argent à vous rendre mutuellement malheureux ; nous allons vous accommoder sans qu'il vous en coûte rien. Si la rage de la chicane est trop forte dans ces plaideurs, on les remet à un autre jour, afin que le temps adoucisse les symptômes de leur maladie. Ensuite les juges les envoient chercher une seconde, une troisième fois ; si leur folie est incurable, on leur permet de plaider. » Nous citons ce passage, parce que nous aurons à signaler l'influence qu'il a eue sur l'esprit du législateur, au moment de la confection des lois du 24 août 1790 et du 27 mars 1791 relatives à l'institution des juges conciliateurs en France.

Genève connaissait également cette pratique. Un édit de 1713 était ainsi conçu : « Les juges, la première journée du procès, exhorteront les parties de finir leurs différends par moyens amiables et intervention des parents, plutôt que d'entrer en procès. »

Enfin on l'introduisit en France. Et certainement la lettre de Voltaire inspira les rédacteurs des articles de la loi. « Dans toutes les matières qui excèderont la compétence des juges de paix, ce juge et ses assesseurs formeront un bureau de paix et de conciliation » (Lois du 24 août 1790, Titre 10, art. I). « Aucune action principale ne sera reçue au civil, devant les juges du district, entre parties qui seront toutes domiciliées dans le ressort du même juge de paix, soit à la ville, soit à la campagne, si le demandeur n'a pas donné, en tête de son exploit, copie du certificat du bureau de paix, constatant que sa partie a été inutilement appelée à ce bureau, ou qu'il a employé sans fruit sa médiation » (Art. 2).

« Aucuns avoués, greffiers, huissiers, et ci-devant hommes de loi ou procureurs, ne pourront représenter les parties au bureau de paix ; les autres citoyens ne seront admis à les représenter que lorsqu'ils seront revêtus des pouvoirs suffisants pour transiger » (Loi du 27 mars 1791, art. 16).

La loi de 1790 introduisit en France les bureaux de paix. On se trouvait alors dans un moment de réaction contre les idées du passé. On voulait supprimer les « mangeries de village », en créant une juridiction paternelle, sans lenteurs et sans frais, chargée tout spécialement d'entretenir entre les citoyens la concorde et la paix. De là le nom des nouveaux juges, à qui l'on confia la double mission de juges et de conciliateurs, cette dernière étant de beaucoup la plus importante ; on avait même pensé à borner là leurs fonctions. Le résultat de cette réaction et de cet enthousiasme fut de faire souvent dépasser le but à atteindre, et de gâter ce qu'il pouvait y avoir de bon et de pratique dans la nouvelle institution.

Tout d'abord, le préliminaire de conciliation fut imposé sans exception aucune, sans tenir compte de l'état ou de la qualité des plaideurs, non plus que de la nature du procès. Par exemple, les affaires intéressant l'Etat, ou les administrations, y étaient soumises : « Le tribunal, vu l'article 10 de la loi du 24 août 1790 ; attendu que, dans la circonstance, le demandeur originaire n'avait pas même cité sa partie adverse devant aucun bureau de paix avant de former sa demande, et que l'affaire a même été jugée sans qu'il y eût aucune comparution ; que l'autorisation des corps administratifs pour former cette demande dirigée contre un membre de l'administration n'a jamais pu suppléer à ce préalable indispensablement exigé par la loi, et partant, qu'il y a eu contravention à cette loi ; casse » (Tribunal de Cassation, 27 floréal an V) (1).

C'était donc obtenir un effet contraire à celui qu'on attendait, puisqu'on astreignait de la sorte les plaideurs à des frais et à des retards inutiles. A quoi bon imposer

(1) S. (1791-1830), V.

ce préliminaire à un mineur qui ne peut que déclarer qu'il n'a pas une capacité suffisante pour se concilier ?

D'autre part la loi exigeait qu'en cas d'appel l'épreuve de la conciliation fût renouvelée, toujours devant le juge de paix, avant de se présenter devant les magistrats du second degré. C'était absolument inutile, car il n'est pas possible d'espérer que des plaideurs consentiront à se concilier, après avoir refusé une première fois de transiger, après qu'une condamnation a déjà été prononcée contre l'un d'eux, c'est-à-dire quand leur passion est à son comble.

Le défaut de ce préliminaire rendait la demande non recevable en appel, et le demandeur était frappé d'une amende de 30 livres. Le défendeur qui faisait défaut sur la citation encourait la même peine.

La tentative de conciliation n'avait pas toujours lieu devant le juge de paix.

Dans les contestations entre mari et femme, tuteur et pupille, on comparaissait devant un « tribunal de famille », jugeant comme arbitre, avec le droit pour les parties de se pourvoir devant le tribunal du district.

Dans les villes où siégeait un tribunal de district, les fonctions de conciliateur étaient confiées non à un juge de paix, mais à un bureau de six citoyens recommandés par leur patriotisme.

La conciliation fut introduite aussi dans des matières spéciales. En 1790, en cas de contestation avec les entrepreneurs de travaux publics, il fallait se présenter pour l'essai de conciliation devant le Directoire du district, qui remplissait les fonctions d'un sous-préfet. D'après une loi de 1792, toutes les contestations entre les militaires des invalides devaient être portées au préalable devant ce Directoire, ou devant le tribunal du district.

La loi de 1790 présentait un grave inconvénient pour l'expédition rapide des affaires. La citation devant le bureau de paix interrompait en effet la prescription si elle était suivie d'ajournement. Mais la loi ne fixant pas de délai pour assigner, les plaideurs se pressaient si peu, qu'on se demandait si la prescription pouvait être acquise postérieurement à la citation, mais avant l'ajournement, quand un trop long temps était écoulé entre les deux exploits. On soutint l'affirmative, dans une espèce où ce délai fut de dix mois et vingt-trois jours, mais cette décision fut cassée car « la loi ne prescrivant aucun terme à la durée de l'interruption, un tribunal ne pouvait lui en assigner un, arbitrairement, et sans excéder ses pouvoirs » (Cass., 26 vendémiaire an XI) (1).

On voit quelle était la rigueur de la loi. On avait tellement dépassé le but, qu'on dut très rapidement revenir en arrière. Le 27 mars 1791 l'absolutisme de la législation de 1790 reçut une première atteinte. L'article 18 de la nouvelle loi portait que « toutes saisies, oppositions, ou autres actes conservatoires, pourront être faits avant de donner la citation devant le bureau de paix. Les affaires qui intéressent la nation, les communes et l'ordre public, seront portées aux tribunaux, sans qu'il soit besoin de comparution préalable devant ce bureau. Il en sera de même des affaires de la compétence des juges de commerce, quand même les affaires seraient portées au tribunal du district, au cas de l'article 13, titre 12, du décret du 16 août 1790, sur l'organisation judiciaire. » Le Code de procédure s'est inspiré de cette disposition, pour établir la liste des causes dispensées de la conciliation.

____

(1) D. *Rép. alph.*, 11, 261.

Remarquons qu'en ce qui concerne les actes conservatoires, il ne s'agissait pas d'une dispense du préliminaire, mais seulement d'une autorisation à ne pas commencer par cette formalité.

L'article 1ᵉʳ de la loi des 6-27 mai 1791 interdisait aux avoués, greffiers, huissiers, et ci devant hommes de loi ou procureurs, de représenter les parties devant le bureau de paix, et il exigeait que les autres citoyens, ayant qualité pour représenter, fussent munis de pouvoirs suffisants pour transiger. Nous avons déjà cité cette disposition sur laquelle nous reviendrons plus tard. On y reconnaît sans peine l'influence de la lettre de Voltaire et celui-ci y eût certainement applaudi, mais à tort. Car le seul résultat qu'on pouvait obtenir en écartant ainsi les hommes de loi, c'était de les faire consulter par les parties, avant l'épreuve, de sorte que celles-ci se présentaient à la conciliation, avec un plan de conduite dont elles refusaient de s'écarter, craignant un piège de l'adversaire, tandis qu'assistées par un homme de loi elles se fussent montrées moins timides. C'était en même temps consacrer une grande inégalité en cas de contestation entre un ignorant et un homme instruit et habitué aux affaires.

Parmi les autres lois de cette époque nous signalerons la constitution des 3-14 septembre 1791, consacrant l'institution de la conciliation, et interdisant aux tribunaux de recevoir aucune demande non précédée de ce préliminaire; — le décret du 21 septembre 1791 ordonnant que les citations devant les tribunaux de conciliation de Paris ne pourront à peine de nullité, être faites que par les huissiers attachés aux bureaux de paix de cette ville ; — la loi du 25 septembre 1792, article 7, qui dispensait de l'épreuve les demandes en mainlevée d'opposition à mariage ; — le décret du 21 germinal an II, obligeant les parties à produire la quittance de l'amende encourue au bureau de paix, pour être admis à plaider devant le tribunal.

Malgré ces dispositions, une des principales défectuosités de la loi de 1790 n'était pas supprimée : l'obligation du préliminaire de conciliation avant l'appel, à un moment où il ne pouvait servir à rien. Dans la pratique, on n'observait guère cette prescription. Non seulement les plaideurs négligeaient cette formalité, mais les juges d'appel eux-mêmes n'exigeaient plus que l'on justifiât de son accomplissement. Le décret du 12 germinal an II vint les rappeler à l'ordre, en ordonnant que les appels ne seraient reçus « qu'autant que la partie qui ajournera la première sur l'appel, fera signifier, en tête de l'ajournement, copie du certificat du bureau de paix constatant que son adversaire y a été inutilement cité pour se concilier ».

Dans ces conditions, cette institution était bien imparfaite, mais on y tenait tellement, qu'on en fit une règle de l'organisation politique de l'Etat, en lui donnant un caractère constitutionnel par l'article 215 de la Constitution de l'an III. L'inobservation de cette formalité devenue ainsi d'ordre public, était opposable en tout état de cause, mais cependant elle ne fut pas pratiquée davantage, et ses règles n'en furent pas plus précises. L'article 215 créait même une nouvelle difficulté, en n'y soumettant que les affaires susceptibles d'être portées directement devant le tribunal civil, ce qui faisait penser que peut-être les affaires en appel en étaient affranchies.

« Le tribunal, — vu l'article 215 de l'acte constitutionnel ; attendu que puisque l'acte constitutionnel ne soumet à l'épreuve de la conciliation que les affaires susceptibles d'être portées directement devant le tribunal civil, celles sur appel sont affranchies de cette formalité ; que cette conséquence a été consacrée par la loi du 26 ventôse an IV interprétative de l'article 215 de l'acte constitutionnel ; d'où il suit qu'en déclarant non recevable l'appel dont il s'agit, faute de citation préalable au bureau de paix, les juges civils du Loiret ont excédé leurs pouvoirs, ou fait une fausse application de l'article 7 titre 10 de la loi du 16 août 1790 qui subordonnait tout appel à l'essai de conciliation, et qui se trouve nécessairement abrogé par l'article 315 de l'acte constitutionnel » (Cass., 15 nivôse an V).

Il nous faut insister sur cette loi interprétative du 26 ventôse an IV, car c'est elle qui a organisé la tentative de conciliation d'une manière pratique.

Les trois premiers articles déterminent la compétence du bureau de conciliation, qui est formé du juge de paix et de deux assesseurs. En matière personnelle, la tentative aura lieu devant le bureau du domicile du défendeur, et s'ils sont plusieurs, tenus solidairement, devant le bureau de l'un d'eux, au choix du demandeur. En matière réelle, ou mixte, devant le bureau du défendeur, ou devant celui de la situation des biens, au choix du demandeur ; en matière de succession, on devait se présenter devant le bureau du canton où elle s'est ouverte.

Dans la suite des articles, la forme des cédules de citation est réglementée ; elles sont soumises au timbre et à l'enregistrement ; les huissiers qui doivent les remettre sont indiqués, ainsi que les délais entre la citation et la comparution.

Les articles 8 et 9 déterminent comment les parties déclarées non recevables dans leur action devant le tribunal pour n'avoir pas cité le défendeur au bureau de conciliation, ou pour n'avoir pas payé les 30 livres d'amende pour non-comparution, seront admises à se pourvoir de nouveau devant ce même tribunal.

Enfin l'article 10 supprime l'épreuve avant l'appel, et est ainsi conçu : « Les contestations sur l'appel des jugements rendus seront portées devant le tribunal civil qui doit en connaître, pour y être jugées, sans qu'il soit besoin de citer préalablement en conciliation. »

C'était un grand progrès accompli, et pourtant les abus ne cessèrent pas. La nouvelle loi avait un caractère absolu qui trompait les juges chargés de l'appliquer, d'autant plus qu'ils étaient frappés par la faveur que le législateur montrait de noûveau à l'égard de cette institution. Ils ne se crurent plus de simples médiateurs, mais des magistrats chargés d'imposer la conciliation aux parties. Ils provoquèrent ainsi une circulaire ministérielle du 29 brumaire an V, qui établit nettement la sphère des attributions du juge de paix en cette matière. On leur faisait voir que dans cette épreuve ils sont dépouillés du caractère de juge qu'ils ont dans d'autres circonstances, et qu'ils ne sont que de simples médiateurs qui ne peuvent ni imposer leur volonté, ni la confirmer par un jugement. La Cour de cassation dans un arrêt du 21 messidor suivant, déclarait qu' « ils ne peuvent faire office de juger sans excéder leurs pouvoirs, et sans contrevenir à la loi ».

La circulaire signalait encore que, pour qu'il y ait lieu de tenter la conciliation, on devait se trouver en face d'une contestation, d'une question litigieuse, d'un procès, pouvant se terminer par une transaction. Le juge de paix ne pourrait donc pas, sous prétexte de conciliation, recevoir des conventions ne constituant pas une transaction au sujet d'un litige, par exemple des ventes, baux, obligations, etc. Cette préoccupation de ne pas laisser les juges de paix empiéter sur les droits des notaires se retrouvera plus loin, quand nous aurons à déterminer quelle est la force des obligations insérées dans les procès-verbaux de conciliation.

Dans la Constitution de l'an VIII, nous voyons que la tentative de conciliation a perdu son caractère constitutionnel. Il y était seulement dit que « chaque arrondissement communal aurait un ou plusieurs juges de paix élus immédiatement par les citoyens, pour trois années. Leur principale fonction consiste à concilier les parties, qu'ils invitent, dans le cas de non-conciliation, à se faire juger par des arbitres ». Le législateur conserve donc encore un grand espoir dans les effets bienfaisants de cette institution.

Le législateur de 1806 fut influencé par cette disposition de la Constitution de l'an VIII, et le principe de la conciliation fut conservé dans le Code de procédure civile. Mais il n'y fut pas inséré sans opposition, par suite des résultats nuls qu'on obtenait. La Cour de Caen s'exprimait ainsi : « Disons-le, parce que c'est une vérité démontrée par l'expérience, l'essai de conciliation n'est plus qu'une vaine et ridicule formalité, qui produit plus de mal que de bien ».

C'était aussi l'avis du Tribunat et du Conseil d'Etat. Mais Treilhard, orateur du gouvernement, en était un chaud partisan, et il démontrait que ces mauvais résultats étaient dus aux défectuosités de la loi, et au principe de l'élection des magistrats par les citoyens, qui leur enlevait toute impartialité et toute lumière. C'est ce que montre Curasson (*Compétence des juges de paix*, préface, p. 13) en disant que les efforts d'un médiateur étranger à toutes les connaissances, n'aboutissent qu'à conserver l'injustice, et à revêtir d'une forme illégale l'arrangement qu'il a fait consentir. Et cependant cet auteur ajoute que dans les campagnes le préliminaire a souvent produit un très heureux effet ; cela provient peut-être de ce que les magistrats des villes sont plus habitués à peser les droits qu'à calmer les passions, qu'ils ont de plus grands moyens d'information, et que les parties ne se présentent devant eux qu'avec des idées déjà arrêtées.

La tentative de conciliation est critiquée aussi par M. Meyer (*Institutions judiciaires*, t. I, p. 567 et suiv.) et par Carré (*Compétence des juridictions civiles*, t. 6, p. 7 et p. 25).

D'après M. Meyer. ce qui rend dérisoire la formalité, c'est qu'elle n'a aucune influence quant aux moyens de droit, sur la partie qui refuse de se concilier. Car, dit-il, « ou la loi laisse entière liberté aux parties de se concilier ou de refuser, selon leur gré, tout accommodement, lorsque l'occasion en est offerte, ou bien elle attache au refus obstiné de l'arrangement, et par conséquent au vœu du législateur, quelque désavantage. Dans le premier cas la tentative de conciliation dégénère bientôt en simple formalité. Dans le second c'est un déni de justice évident. » Cet auteur voudrait que le préliminaire ait lieu à une époque plus avancée du procès, de manière que le juge en ayant une plus grande connaissance, se trouve mieux en état d'apprécier les droits et les prétentions des parties, et puisse intervenir non plus par de simples exhortations, mais en proposant des conventions.

Dans ce système, le conciliateur serait le juge appelé à connaître de l'affaire, comme cela existe dans certains pays. Nous ne croyons pas à l'efficacité de ce système, car au moment où aurait lieu la tentative de conciliation, le procès serait sur le point d'être jugé, des frais auraient été déjà faits, et les esprits seraient, en conséquence, trop montés pour vouloir entendre raison.

Dans le Code de procédure civile, les textes relatifs à la conciliation sont les articles 48 à 58, titre I, livre 2. Treilhard, partisan du maintien de la formalité, fit l'exposé des motifs au Corps législatif le 4 avril 1806. Le même jour la loi fut votée, et elle fut promulguée le 24 avril.

Le Code a amélioré notablement cette institution. En effet, de nombreuses causes sont dispensées de l'épreuve par l'article 49, et deux nouvelles règles ont été introduites : il faut, pour qu'une demande soit soumise à ce préliminaire, qu'elle soit non seulement principale, comme l'exigeait la loi de 1790, mais encore introductive d'instance. A quoi bon, en effet, y soumettre les demandes incidentes? Les parties qui plaident sur le fond ne voudront évidemment jamais transiger sur un incident. Il faut, en second lieu, que la contestation se produise entre parties capables de transiger, et porte sur des objets susceptibles de transaction. Le bon sens le plus simple l'exige, puisque le but à atteindre, la mission du juge, consiste précisément à provoquer une transaction. C'est encore un grand progrès sur la loi de 1790 qui, on s'en souvient, soumettait à la tentative de conciliation toutes les affaires, sans tenir compte ni de la capacité des plaideurs, ni de l'objet du procès.

Après le Code de procédure, est venue la loi du 25 mars 1838. Dans ses travaux préparatoires, on constate que la tentative de conciliation a donné des résultats sinon égaux à ceux que l'on espérait, au moins très satisfaisants. Dans le rapport à la Chambre des Pairs, on peut voir qu'en 1834, les juges de paix ont pu concilier 38,454 affaires, sur un total de 97, 558. « Ainsi le temps a prononcé, dit le rapport, et l'institution des justices de paix, avec les attributions déterminées par l'Assemblée constituante, se trouve solidement établie, sur la double base de la raison et de l'expérience. »

Et toutefois, dès ce moment, le garde des sceaux signalait la négligence des juges de paix à remplir leur mission conciliatrice, et il s'élevait contre un fait qui est devenu aujourd'hui une règle générale dans les grandes villes : « Il convient que sous prétexte d'urgence et de célérité on ne cherche pas à augmenter le nombre déjà trop considérable peut-être des causes que la loi dispense du préliminaire de conciliation. »

Cette loi de 1838 organisait une nouvelle tentative de conciliation pour les causes de la compétence des juges de paix. Il faut y ajouter la loi du 2 mai 1855 également sur la petite conciliation. Ces deux lois seront étudiées dans le chapitre spécialement consacré à ce sujet, nous n'avons donc qu'à les mentionner ici.

En somme, les articles du Code de procédure ayant trait à la conciliation n'ont pas été modifiés ; ce n'est qu'en ce qui concerne les affaires rentrant dans la compétence du juge de paix lui-même, que le régime établi par l'article 17 de la loi du 25 mars 1838 a été profondément modifié par la loi du 2 mai 1855. Pour le moment, il suffit de dire que le préliminaire de la petite conciliation, facultatif sous la loi de 1838, est devenu obligatoire depuis 1855, et cela aussi bien en ce qui concerne les causes de la compétence du juge de paix, que pour celles de la compétence des tribunaux civils. Du moins c'est l'avis de beaucoup d'auteurs.

Pour être complet, il ne reste plus qu'à signaler les changements fiscaux apportés depuis la loi de 1895, notamment par les lois du 23 août 1871, et du 26 janvier 1892 (1).

(1) Nous laissons de côté l'étude de la loi du 17 décembre 1892, sur la conciliation et l'arbitrage en matière de différends collectifs, entre patrons et ouvriers ou employés. On ne retrouve pas dans cette loi une « tentative de conciliation » proprement dite, car le magistrat n'intervient que « pour présider aux accords des parties, ou pour les inviter d'office à se mettre d'accord, en temps de grève », et dans ce cas cette « tentative de conciliation » doit se terminer par une publicité destinée à faire appel à l'opinion publique (Rapport de M. Goblet à la Chambre des députés). — Cette étude nous ferait sortir du sujet de ce travail.

CHAPITRE PREMIER

CARACTÈRES DE LA TENTATIVE DE CONCILIATION.

I. — Est-elle introductive d'instance ?

La première question qui se présente à l'esprit quand on commence à étudier la tentative de conciliation elle-même, et non plus ses antécédents et ses origines, est celle de savoir quelle est sa nature. Deux réponses sont faites à ce sujet. C'est la formalité obligatoire par où doivent débuter les plaideurs avant de se rendre au Tribunal, affirment les uns, c'est le commencement des hostilités, c'est le procès qui s'engage. Donc il faut y voir un acte introductif d'instance. Cela est faux, répondent les autres ; puisque le but de cette institution est justement d'empêcher le procès d'avoir lieu, ce ne peut pas en être le premier acte. Qu'est-ce donc que ce préliminaire ? Est-ce une procédure contentieuse et introductive d'instance, ou ne doit-on y voir qu'un acte de procédure gracieuse qui ne fait en aucune manière partie de l'instance ? Cette question présente un grand intérêt pratique, notamment au point de vue de la litispendance, de la péremption, et quand il s'agit de savoir si le préliminaire de conciliation rend les droits litigieux.

Cette dernière opinion nous paraît la meilleure. En effet, la mission du juge de paix est de concilier les parties, et non pas de prononcer sur leur différend. Il est chargé de les mettre d'accord, et le but qu'il cherche à atteindre est d'éviter un procès. C'est ce que nous montre Boncenne dans son introduction. « Ce n'est plus un magistrat qui va prononcer et condamner ; c'est un homme du bon conseil qui remontre aux gens prêts à se lancer dans l'arène judiciaire, tous les dangers, toutes les angoisses, toutes les pertes auxquelles ils s'exposent ; qui essaye d'émouvoir la pitié d'un créancier trop rigoureux, de réveiller la bonne foi d'un débiteur trop cauteleux, et de les faire transiger. »

En vain, pour soutenir que ce préliminaire fait partie de l'instance, s'appuie-t-on sur ce fait que la citation en conciliation produit certains effets de la demande en justice ; notamment l'interruption de la prescription. Mais cet argument ne porte pas, car nulle part on ne voit qu'il faille une demande en justice pour interrompre une prescription. L'article 2244 du Code civil nous montre qu'il suffit pour cela d'une interpellation quelconque légalement constatée. L'équité la plus élémentaire exige qu'il en soit ainsi de la tentative de conciliation puisqu'elle est imposée aux plaideurs (1).

Nous disons donc que la tentative de conciliation n'est qu'une procédure gracieuse, et n'est pas le début du procès qu'elle est destinée à empêcher. Et de cela il résulte que le juge de paix qui trancherait la question qui divise les parties commettrait un excès de pouvoir lorsque la

(1) Il faut faire la même observation à propos des intérêts moratoires dus pour défaut de paiement d'une somme d'argent au jour de l'échéance. En principe ces intérêts ne courent au profit du créancier qu'à partir du moment où il a manifesté, par une demande en justice, son intention formelle de se faire payer. Ici encore un sentiment d'équité a fait établir une dérogation à la règle générale posée dans l'article 1154 du Code civil. D'après l'article 57 du Code de procédure civile, les intérêts moratoires courront avant la demande s'il y a eu citation en conciliation.

citation, en vertu de laquelle il est saisi, ne tend qu'à la conciliation (Cass., 21 messidor an V) (1).

La tentative de conciliation qui n'est pas une procédure contentieuse n'est pas non plus, bien que certains auteurs et notamment Carré la désignent ainsi, une « procédure préparatoire ». Cette proposition signifie, d'après ceux qui l'emploient, que l'ensemble des actes qui constituent le préliminaire de conciliation ne sont que les actes préalables d'une instanee. Mais la plupart des auteurs critiquent avec raison cette expression, parce que la conciliation n'offre aucun des caractères d'une procédure ; en effet d'après Pothier la procédure est la forme dans laquelle on doit intenter les demandes en justice, y défendre, intervenir, instruire, juger, se pourvoir contre les jugements, et les exécuter. Or rien dans cette définition ne convient à la conciliation, qui, loin d'être créée pour préparer les procès, les « voies de plaideries », n'a été instituée que pour les empêcher. Ajoutons que cette expression appliquée à la conciliation ne peut que prêter à l'équivoque, puisque l'on emploie aussi ces mots « procédure préparatoire » pour désigner les jugements rendus pour l'instruction de la cause, et destinés à mettre l'affaire en état, but opposé à celui du préliminaire de conciliation.

Il est donc bien certain pour nous que la tentative de conéiliation n'est pas un acte introductif d'instance. Ce n'est qu'une formalité nécessaire pour rendre l'action recevable, et le procès ne commence réellement qu'avec l'assignation à comparaître devant le tribunal. C'est la conséquence que l'on peut tirer des termes de l'article 48 du Code de procédure civile. « Aucune demande ne sera

(1) D. *Rép.*, V° *Conciliation*, no 37.

reçue, que le défendeur n'ait été préalablement appelé en conciliation. » Cela revient à dire qu'une action judiciaire n'est pas formée par la citation en conciliation, indépendamment de l'action devant le tribunal. La doctrine est à peu près généralement fixée en ce sens, ainsi que la jurisprudence (Bordeaux, 13 mars 1849) (1). Il est nécessaire de le constater car cette question présente un grand intérêt pratique dans tous les cas où la loi détermine les délais dans lesquels une action doit être formée.

A l'appui de l'opinion que nous venons de soutenir, nous trouvons une confirmation indirecte dans un arrêt de la Cour de Limoges du 18 avril 1839 (2). La loi du 11 avril 1838 a élevé le taux de la compétence des tribunaux civils, et bien qu'elle ne soit pas rétroactive, il a été jugé que cette loi était applicable à une demande introduite depuis sa promulgation, bien que la citation en conciliation fût antérieure.

Si l'on veut tirer les conséquences pratiques de ce que la conciliation ne commence pas l'instance nous dirons que :

Le juge de paix ne peut pas connaître de la demande en paiement des frais faits en conciliation (Cognac, 1er février 1848) (3).

Le préliminaire de conciliation n'ayant rien de commun avec l'instance, la comparution devant le juge de paix n'emporte pas déchéance de la faculté de décliner la compétence du tribunal.

Il n'y a pas litispendance dans le cas où deux demandes ayant le même objet sont portées en même temps l'une

(1) D. P., 55, 2, 161.
(2) D. *Rép.*, V° *Conciliation*, n° 44.
(3) *Journ. des av.*, 1848, p. 469.

au tribunal, l'autre en conciliation (Douai, 22 février 1869) (1).

Les règles générales sur la péremption des instances, posées par l'article 397 du Code de procédure civile ne sont pas applicables. En effet, d'après cet article, les instances seules sont susceptibles de se périmer par trois ans, et l'on vient de voir que la conciliation ne constitue pas une instance.

Toutefois les auteurs sont divisés sur ce point. Pour soutenir que la conciliation se périme comme l'instance, on s'est appuyé sur une discussion du Conseil d'Etat (5 floréal an XIII), et sur ce fait que les raisons qui font périmer l'instance par trois ans se retrouvent en matière de conciliation. Mais il faut remarquer que au temps de cette discussion au Conseil d'Etat, les principes qui régissent la péremption, n'étaient pas encore posés ; aussi pensons-nous que cet argument n'est pas assez fort pour faire abandonner le principe de l'article 397, à savoir que seules les instances sont soumises à la péremption de trois ans. D'où il suit que le procès-verbal de non-conciliation et le certificat de non-comparution sont régis par les règles ordinaires ; donc la durée de leur efficacité est de trente ans, pendant lesquels un ajournement peut être donné sans nouveau préliminaire de conciliation.

Une opinion intermédiaire veut que, en principe, l'effet du préliminaire soit de trente ans, mais que s'il y a eu ajournement, le sort de la citation soit lié à celui de l'instance ; il y aurait par suite lieu d'appliquer l'article 397. Peut-être serait-il à souhaiter que la loi fût en ce sens, mais il nous semble que l'article 397 est trop précis et

____

(1) D. P., 69, 2, 107.

trop absolu dans ses termes pour permettre d'établir cette distinction.

La demande en conciliation ne rend pas le droit litigieux, selon les termes de l'article 1700 du Code civil. En effet cet article ne considère un droit comme litigieux qu'autant qu'il y a procès et contestation sur le fond de ce droit, ce qui n'existe pas ici, puisqu'il s'agit justement d'éviter le procès ou la contestation. Par conséquent les articles 1699 et suivants du Code civil ne sont pas applicables ; et la citation suivie d'un procès-verbal de non-conciliation, dans le cas particulier d'un créancier voulant demander la séparation des patrimoines, ne saurait être la ca se d'une novation pouvant préjudicier à ses intérêts (Grenoble, 28 mars 1812) (1).

Mais si la citation en conciliation ne rend pas le droit litigieux, a-t-elle au moins le pouvoir d'étendre les délais fixés pour intenter les actions, lorsqu'ils sont inférieurs à trente ans ? Par exemple, une action se prescrit par un an. S'il y a citation au bureau de paix, cette action sera-t-elle, ou non, prescrite par le laps d'un an écoulé depuis cette citation ? Cette question qui pouvait se poser sous l'empire de la loi de 1790, et qui a donné lieu à un arrêt de cassation (13 vendémiaire an XI) (2), semble ne plus pouvoir se poser aujourd'hui. Le Code de procédure déclare en effet, que la citation doit être suivie d'un ajournement dans le délai d'un mois, pour interrompre la prescription. Sans cela la citation est considérée comme non avenue et par suite elle ne produira aucun effet sur l'action.

----

(1) D. *Rép.*, Vᵒ *Conciliation*, nᵒ 42.
(2) S. R. (1791-1830), an XII, I, 700.

Il reste à indiquer rapidement quelques autres conséquences de notre principe.

La péremption de l'instance et celle de la citation étant indépendantes, il en résulte que si l'instance est périmée, sans que la citation le soit, on pourra renouveler l'instance sans nouvelle comparution devant le juge de paix.

Si l'on s'est désisté de son action, on pourra en intenter une autre pendant trente ans, sans nouveau préliminaire. Par exemple, un créancier qui, en même temps qu'il cite en conciliation son débiteur, forme contre lui une saisie-arrêt, pourra se désister de sa saisie-arrêt sans porter atteinte à son action sur le mérite de sa créance, puisqu'elle n'est pas encore légalement intentée.

Enfin il est constant qu'en cas de mort d'une des parties après la tentative de conciliation, mais avant l'ajournement, il n'y a pas lieu d'appliquer les règles de la reprise d'instance.

Ainsi donc la tentative de conciliation n'est pas une instance, et le tribunal de paix ne constitue pas dans ce cas un degré de juridiction. Il n'y a là qu'une simple formalité que le législateur a prescrite dans un but de pacification, mais qui ne doit avoir aucune influence sur le sort de l'instance qui va suivre si les parties refusent de se concilier.

II. — La tentative de conciliation est-elle d'ordre public ?

Il est hors de doute que le défendeur assigné devant le tribunal, sans avoir été, au préalable, cité devant le juge de paix afin de tenter un arrangement amiable, pourra refuser de plaider, soutenant que le procès ne peut pas être commencé tant que l'on n'aura pas procédé au préliminaire de conciliation. Le tribunal devra nécessairement faire droit à la prétention du défendeur, et le renvoyer de la demande.

Mais si l'on s'accorde sur ce point, on ne s'entend plus quand il s'agit de savoir si le vice résultant de l'absence de cette formalité est capable de se couvrir, ou s'il peut être opposé en tout état de cause, c'est à-dire quand il s'agit de déterminer la nature de la tentative de conciliation. Est-elle d'ordre public, ou est-elle établie seulement dans un intérêt privé?

Pour soutenir que la tentative de conciliation est d'ordre public, on invoque les arguments suivants :

D'abord les termes impératifs de l'article 48 du Code de procédure civile : « Aucune demande ne sera reçue. »

L'ordre public est intéressé à ce que les procès soient rares, et c'est pour obtenir ce résultat que l'on a créé la tentative de conciliation : on doit la considérer comme un devoir imposé aux plaideurs, et non pas comme un droit qui leur est accordé. Donc, sans que les parties aient à le provoquer, les juges seront tenus de vérifier si cet acte a été accompli.

Remarquons, en outre, que ce même texte ne s'adresse pas aux parties pour leur défendre de présenter une demande au tribunal avant d'avoir tenté au préalable la conciliation, mais qu'il s'adresse aux tribunaux pour leur faire défense de recevoir une telle demande. Ne faut-il pas en conclure que, même dans le silence du défendeur, le tribunal devra d'office rejeter la demande pour obéir à cette injonction, ce qui ne s'explique que par le caractère d'ordre public de cette épreuve?

A l'argument de texte, vient s'ajouter l'esprit de la loi. Sous l'empire de la loi de 1790 aucun doute ne s'élevait, la théorie de l'ordre public était partout acceptée. Or l'article 48 du Code n'est que la reproduction de l'article 2 de la loi de 1790, et ce n'est qu'en l'an XI (1803) qu'on trouve un arrêt de cassation statuant contrairement à cette doctrine. D'autres arrêts suivirent et la plupart des cours d'appel adoptèrent l'opinion nouvelle : « Attendu que l'essai de conciliation n'est plus considéré, comme il l'a été pendant quelques années, comme une mesure d'ordre public dont l'omission ne pouvait être couverte... » (Rennes, 8 janvier 1812) (1). Mais ni les auteurs ni la nouvelle jurisprudence ne justifient ce revirement. Ils acceptent cette opinion nouvelle, et ils ne la démontrent pas.

Au contraire il est aisé de justifier l'autre système. On a vu déjà qu'il est, comme en 1790, conforme à l'esprit de la loi ainsi qu'à son texte. On peut encore tirer argument en sa faveur, du fait qu'il y a une amende en cas de non-comparution après citation. Doit-on, pour prononcer cette amende, attendre la dénonciation de l'un des plaideurs? Evidemment non, car les peines ne sont pas à la disposition des particuliers. Il y a donc ici une vérification à faire d'office, et, si cette vérification doit avoir lieu pour la comparution, comment comprendre que le tribunal ne puisse pas aussi vérifier d'office s'il y a eu citation? C'est, dit-on, que, dans ce cas, il n'y a pas d'amende à prononcer. Mais cela ne tiendrait-il pas d'abord à ce que le demandeur est excusable, se croyant par erreur dans un cas de dispense, et en second lieu, à ce que sa peine consistera à se voir refuser la justice jusqu'à ce qu'il se soit mis en règle?

(1) D. *Rép.*, V° *Conciliation*, n° 53.

On peut encore invoquer les articles 494 et 495 du Code
de procédure civile qui interdisent que la requête civile
soit reçue avant l'accomplissement de certaines formalités,
notamment la consignation d'une amende. Or ces dispositions sont conçues dans les mêmes termes que l'article 48,
et jamais personne n'a hésité à regarder la nullité résultant de l'inobservation de ces articles comme une nullité
radicale, ne pouvant se couvrir, devant être appliquée
d'office malgré le silence des parties. Alors pourquoi dans
l'article 48 changer le sens de cette expression, qui, pour
passer d'un sujet à un autre, ne peut cependant pas exprimer deux choses différentes ?

Il est vrai que l'on reproche à l'opinion que nous soute-
nons en ce moment, d'avoir l'inconvénient de faire recommencer à nouveau les procès entamés. Cet inconvénient
n'existe pas si la loi est appliquée. Le tribunal n'a, en
effet, qu'à refuser de recevoir la demande avant d'être
certain que le défendeur a été au préalable cité en conciliation, et la preuve en est facile puisque, en tête de
l'ajournement, doit figurer le procès-verbal de non-conciliation, ou le certificat de non-comparution.

Quant à la jurisprudence actuelle elle n'est pas unanime
à déclarer que la tentative de conciliation n'a pas ce caractère d'ordre public. On peut citer notamment un arrêt
de la Cour de Montpellier (22 février 1854) (1), jugeant
que « l'exception tirée du défaut du préliminaire de conciliation est une exception d'ordre public, et que le juge
peut l'admettre alors même que les parties auraient conclu au fond » et un arrêt de la Cour de Caen (9 août
1866) (2) décidant que « cette exception est d'ordre public,

(1) D. P., 55, 2, 224.
(2) S. 67, 2, 325.

en ce sens que le juge peut la suppléer d'office, et qu'elle n'est pas couverte par la défense au fond, et qu'elle peut être proposée en tout état de cause, même en appel ».

Enfin on objecte aux partisans de la théorie opposée qu'ils méconnaissent une règle d'interprétation fort bien exprimée dans un arrêt de Cassation du 7 juillet 1828 (1), cassant un arrêt de la Cour de Lyon : « Lorsque la loi contient une disposition expresse ; lorsque cette disposition n'est ni obscure ni insuffisante ; lorsqu'elle peut être exécutée dans les termes où elle est conçue, sans qu'il soit besoin d'y ajouter ou de la modifier, les tribunaux sont tenus de s'y conformer, et ne peuvent pas s'écarter de ce qu'elle prescrit littéralement, sous le prétexte d'en chercher le sens ou l'esprit, ou de la rendre plus parfaite. »

Il reste à exposer les résultats auxquels conduit cette doctrine.

On ne peut pas valablement renoncer à la fin de non-recevoir tirée contre une demande de ce qu'elle n'a pas été soumise au préliminaire de conciliation.

Que cette renonciation soit expresse ou tacite, elle n'est pas valable ; sa nullité ne peut pas être couverte par les défenses au fond et elle peut être opposée en tout état de cause. Elle peut être proposée pour la première fois en appel, et même devant la Cour de cassation.

L'exception tirée de l'omission du préliminaire peut être appliquée d'office par le juge et le ministère public a le droit de l'opposer.

Nous passons maintenant à l'exposé de l'opinion contraire, à savoir que la conciliation n'est pas une institu-

____

(1) D., V° *Conciliation*.

tion d'ordre public. C'est en ce sens qu'est fixée d'une manière presque invariable la jurisprudence actuelle.

En s'appuyant sur l'article 173 du Code de procédure civile on avance que si les nullités de procédure non proposées avant les défenses au fond se trouvent couvertes, il doit en être de même de l'omission de la tentative de conciliation. Cet argument ne nous paraît pas concluant, car le préliminaire de conciliation ne constitue pas une instance, ou même un commencement d'instance, et par suite son omission ne peut pas être regardée comme une nullité de procédure.

N'est pas meilleure cette raison qu'il y a de grands inconvénients à permettre de proposer en tout état de cause la nullité qui nous occupe. Loin de diminuer le nombre des procès, ce serait fournir l'occasion d'en faire naître de nouveaux. Nous ne nous arrêterons pas sur cet argument que nous avons réfuté plus haut par avance (page 26).

Mais voici qui a plus de poids. Si on considère la pratique, et les faits, c'est-à-dire le droit dans ses applications, on voit que la conciliation n'a été introduite que dans l'intérêt des parties, qui peuvent par conséquent, y renoncer. Et tel serait également l'esprit de la loi lui-même. Cela n'est pas douteux pour notre législation présente, et peut-être même le législateur de 1790 pensait-il ainsi. Il faut le montrer en quelques mots, puisqu'un des principaux arguments de l'autre système est basé sur l'esprit de la loi. « Avant le Code de procédure, dit Favart de Langlade, on reconnaissait déjà, en principe, que l'essai de conciliation ne constituait pas une mesure d'ordre public. » Il nous paraît que le Code n'a apporté aucun changement à cet égard. De l'article 56 il résulte, en effet, que le demandeur peut ne pas se présenter devant le bureau de conciliation, sur la citation qu'il a donnée, et que si, au bureau de première instance, il exhibe la quittance de l'amende par lui encourue pour défaut de comparution. le tribunal ne peut pas se refuser à l'entendre. Dans ce cas la conciliation n'a pas été essayée par le fait d'un des plaideurs, et cependant le tribunal n'a pas le droit de repousser les parties. « Il suit de là que le Code de procédure ne considère pas la tentative de conciliation comme étant d'ordre public, puisqu'elle offre un moyen si aisé de s'y soustraire. »

Telle était déjà l'opinion de Merlin qui reconnaissait que la conciliation avait été surtout créée dans l'intérêt des parties. Et la Cour de cassation est dans le vrai, quand elle considère comme un abus d'être obligé de renvoyer les parties en conciliation lorsque le procès a été engagé au fond, que de grandes dépenses ont été déjà faites, et qu'il est manifeste que les plaideurs ne veulent pas se concilier. On peut encore ajouter qu'il est parfaitement légal d'envoyer un mandataire en conciliation, avec ordre de refuser tout arrangement et qu'ainsi il n'y a pas en réalité d'essai de conciliation.

M. Garsonnet, à l'avis duquel nous nous rangeons, est en partie de cette opinion (t. 2, § CCXLII). Il croit que l'Assemblée constituante considérait comme d'ordre public la nullité dont il s'agit, mais que, depuis le Code de procédure, on ne peut plus lui attribuer cette importance. En 1806 on ne partageait plus les illusions de la Constituante, et l'on doutait fort de l'efficacité du préliminaire de conciliation. On le conserva, parce qu'on pensait que, restreint dans de justes limites, il ne pourrait pas faire de mal, et que, pour peu qu'il fît du bien, il était utile de le garder. La statistique prouve la justesse de ce raisonnement.

Nous trouvons d'ailleurs en ce sens un arrêt de la Cour de Bruxelles (13 novembre 1839) (1) que nous reproduisons, car il montre bien le véritable caractère de l'essai de conciliation : « Attendu qu'au moment de la confection du Code de procédure civile, l'épreuve de la conciliation était introduite dans nos lois depuis plusieurs années ; que les résultats qu'elle avait produits ne la plaçaient pas bien haut dans l'esprit du législateur ; que son exercice, en général, la ravalait au niveau d'une stérile formalité ; qu'au milieu de ce désillusionnement on conçoit que le législateur agissant sous ses propres inspirations et sous l'influence de la Cour suprême, en France, n'ait pas considéré, tout en la maintenant, l'épreuve de la conciliation comme une de ces bases fondamentales qui assurent l'ordre public ; que ce qui le prouve ce sont les nombreuses exceptions qui prenant, pour la plupart, leur source dans des convenances personnelles, dans l'ordre et la nature de certains intérêts privés, n'auraient ni dû ni pu exister si le principe avait dans l'ordre légal le rang élevé qu'on lui suppose.... Attendu que l'article 56 du même Code a la même conséquence ; qu'on ne comprend pas en effet comment on pourrait s'affranchir pour une modique somme de dix francs de l'épreuve de conciliation, soit comme demandeur, soit comme défendeur, si l'ordre public était engagé dans cette épreuve.»

Cet arrêt nous paraît décisif. Mais il importe encore de répondre à un des arguments du système opposé. Au titre de la requête civile, dit-on, on emploie les mêmes ex-

____

(1) *Pasicr. belge*, 1839, p. 202.

pressions que dans l'article 48, et personne n'en conteste la force absolue.

D'abord il n'est pas exact qu'il n'existe sur ce point aucune controverse ; et ensuite, quand cela serait, on peut répliquer que le sens d'une proposition peut varier « *secundum subjectam materiam* », et que, pour apprécier la valeur d'une expression, ce n'est pas le texte de la loi qu'il faut considérer, mais son esprit.

Les conséquences à tirer de l'opinion ci-dessus sont opposées à celles que nous avons déduites tout à l'heure. La nullité résultant du défaut du préliminaire de conciliation pouvant se couvrir par le silence des parties en première instance, il en résulte que cette exception ne peut pas être opposée pour la première fois en appel, et à plus forte raison devant la Cour de cassation. Nous trouvons une application de cette conséquence dans un arrêt de Nancy, 30 mai 1885 (1).

« Attendu que si l'article 48 du Code de procédure civile exige à peine de nullité que toute demande introductive d'instance soit précédée du préliminaire de conciliation, il est de jurisprudence constante que la nullité provenant de ce défaut de conciliation préalable peut être couverte par la défense au fond de la partie assignée » [Nîmes, 26 floréal an XIII (2) ; Rennes ; 22 avril 1813 (3), Bourges, 29 août 1826 (4), etc. Cass., 15 juillet 1869 (5), 3 décembre 1878 (6) ; Lyon, 22 février 1872 (7) ; Paris, 24 janvier 1873 (8)].

(1) D. P. 86, 2, 11.
(2) *Journ. du Palais*, P. chr.
(3) D. *Rép.*, V° *Privil. et Hyp.*, n° 1478, 3°.
(4) P. chr. *Journ. du Palais*, 28, I, 244.
(5) D. P. 72, I, 69.
(6) D. P. 79, 1, 23.
(7) S. 73, 2, 292.
(8) D. P. 74, 2. 240.

Jugé également que l'exception n'étant pas d'ordre public n'est opposable qu'avant toute défense au fond (Paris,22 décembre 1832 (1).

A plus forte raison la nullité résultant non de l'absence mais de l'irrégularité du procès-verbal serait-elle couverte.

Sur la question que nous venons d'examiner il existe une troisième manière de voir, mais elle ne paraît pas possible à admettre avec nos lois actuelles. Il importe, dit-on, à l'ordre public que les procès soient évités, et c'est pourquoi l'article 48 défend au juge de recevoir avant la conciliation une demande qui n'en est pas dispensée. Mais l'intérêt public n'est pas engagé au point que, dans le silence des parties, il faille annuler la procédure, au cas où la demande aurait été reçue. Le juge devrait alors appliquer d'office cette exception *in limine litis,* et le défendeur lui aussi ne pourrait l'opposer qu'à ce moment et jamais plus tard. Il en serait de même pour le ministère public qui aurait les mêmes pouvoirs que le juge.

Il ne paraît pas exact que l'on puisse ainsi mélanger l'ordre public et l'intérêt privé. C'est tout l'un ou tout l'autre, et il est impossible que cela soit un peu des deux. Cette opinion est contradictoire avec elle-même. Cependant voir en ce sens : Cass., 30 mai 1842 (2) ; Montpellier, 22 février 1854 (3).

Quel que soit le caractère attribué à la tentative de conciliation, il est certain qu'il y aurait abus de pouvoir si le juge interdisait aux parties de tenter un accommodement.

Une question reste à examiner. L'exception tirée du défaut de tentative de conciliation doit-elle être jugée préalablement, ou doit-on la joindre au fond et statuer sur le

(1) D. P. 34, 2, 32.
(2) D. P. 43, 1, 367.
(3) D. P. 55, 2, 224.

tout par un seul jugement ? La réponse comporte une distinction.

Se trouve-t-on devant le juge du premier degré, et n'admet-on pas que l'exception soit d'ordre public ? Il est certain alors que l'exception est préjudicielle, car elle serait couverte par les contestations sur le fond. Si on admet au contraire que l'exception est d'ordre public, cela signifie que le juge qui d'une manière quelconque en aura connaissance, aura le devoir de renvoyer aussitôt les parties devant le bureau de paix, et par suite qu'il ne peut pas joindre l'exception au fond pour qu'il soit statué sur le tout par un seul jugement.

Supposons maintenant que l'exception soit proposée devant la Cour d'appel. La nullité tirée du défaut d'essai de conciliation est couverte par la défense sur le fond qui a eu lieu en première instance. Le juge d'appel n'ayant pas à tenir compte de cette exception, rien ne s'oppose à ce que, pour la repousser, il la joigne au débat sur le fond. Mais il se peut qu'en première instance les parties aient déjà plaidé sur la conciliation. Il ne s'agira en ce cas que d'un motif d'appel, qui n'a aucun caractère préjudiciel.

Enfin nous remarquerons que l'exception n'est pas attachée à la personne des plaideurs, mais à la demande. D'où il faut tirer la conséquence qu'un garant, par exemple, pourrait l'invoquer du chef du garanti, du moins avant toute défense au fond de la part de celui-ci (Douai, 2 juillet 1840) (1). Le garanti, en effet, ne peut pas par sa seule volonté enlever à son garant les moyens de défense qui feront tomber l'action en garantie par suite de la chute de l'action principale (Cass., 7 nov. 1853) (2).

(1) D. P. 41, 2, 42.
(2) D. P. 54, 5, 177.

CHAPITRE II

DES DEMANDES SOUMISES AU PRÉLIMINAIRE DE CONCILIATION,
ET DE CELLES QUI EN SONT DISPENSÉES.

I. Généralités. — II. Demandes soumises au préliminaire de conciliation.
— III. Demandes dispensées du préliminaire de conciliation.

I. — Généralités.

Dans l'article 48 du Code de procédure civile se trouve le principe général qui gouverne toute cette matière ; les articles qui suivent ne font qu'en donner des applications plus ou moins heureusement choisies, ou y apporter des exceptions dont quelques-unes ne sont, au fond, que des conséquences logiques des dispositions de l'article 48.

Cet article est ainsi conçu : « Aucune demande principale introductive d'instance, entre parties capables de transiger, et sur des objets qui peuvent être la matière d'une transaction, ne sera reçue dans les tribunaux de 1re instance, que le défendeur n'ait été préalablement appelé en conciliation devant le juge de paix, ou que les parties n'y aient volontairement comparu. »

Ainsi le principe est bien simple, et bien nettement posé : toutes les fois que par la nature de l'action, ou par son objet, et par la qualité des personnes qui l'intentent, une transaction est possible, le préliminaire est obligatoire. Quand ces conditions ne se trouvent pas remplies, deux solutions possibles se présentent à l'esprit : ou dispenser la demande de l'essai de conciliation, ou l'imposer mais en exigeant certaines formes spéciales. Par des motifs d'utilité pratique, pour éviter les lenteurs et les frais que l'adoption du second système eût entraînés, on s'est rangé au premier. Mais le droit commun reste toujours que l'essai de conciliation est obligatoire. Cela résulte clairement de l'article 49 du Code de procédure civile, qui énumère un certain nombre de demandes affranchies de la conciliation et qui termine en disposant qu'il en sera de même pour les autres causes qui seront dispensées par les lois. Donc à défaut de texte pas de dispense, ce qui veut dire que l'obligation de comparaître au bureau de paix constitue la règle générale toutes les fois qu'on entrevoit la possibilité d'une transaction.

Il faut bien voir d'ailleurs que, dans ces cas exceptionnels, la loi accorde une dispense et non une défense de tenter la conciliation. Par suite, si du moins les parties sont pleinement maîtresses de leurs droits, il est possible de renoncer à cette dispense, et d'aller trouver le juge de paix, pourvu, bien entendu, qu'une transaction puisse être consentie utilement sur l'objet de la contestation. Certains auteurs estiment que si le juge le trouve à propos, il aurait aussi le pouvoir de tenter en pareil cas la conciliation avant d'entamer l'instance.

Une difficulté se présente dans le cas où deux demandes sont formulées dans le même exploit, et dont une seule est soumise à l'essai de conciliation, l'autre s'en trouvant affranchie. Devra-t-on les dispenser toutes les deux, ou étendre à l'une l'obligation de l'autre ? Thomine est partisan de la première opinion, estimant qu'on ne peut pas empêcher un demandeur de formuler ses deux demandes dans le même exploit, et qu'il serait regrettable de le forcer à souffrir des lenteurs imposées à l'une d'elles. Nous pensons cependant avec Chauveau que, si rien ne s'oppose à ce que le défendeur formule ses deux demandes par le même exploit, ce ne peut être qu'après avoir tenté une conciliation pour celle qui y est astreinte; si l'une des deux affaires est urgente, le demandeur n'a pas lieu de se plaindre d'être tenu à deux procédures séparées, l'une plus rapide, l'autre moins, pour deux causes de nature différente.

II. — Demandes soumises au préliminaire de conciliation.

L'article 48, avons-nous dit, pose la règle générale et indique les conditions que doit remplir une demande pour être soumise à la tentative de conciliation. Ces conditions sont au nombre de quatre, à savoir : 1º qu'il s'agisse d'une demande principale et introductive d'instance ; 2º que les parties soient capables de transiger ; 3º que par son objet la contestation puisse se prêter à une transaction ; 4º que la demande soit faite devant un tribunal de première instance.

1º Demande principale et introductive d'instance.

Tous les auteurs s'accordent à trouver cette rédaction de l'article 48 défectueuse. Elle s'explique historiquement. La loi de 1790 soumettait à l'essai de conciliation toutes les demandes principales. Après elle le projet du Code de procédure civile reproduisit cette disposition qui fut modifiée par le Tribunat, pour éviter les inconvénients qu'il y avait à soumettre au préliminaire toutes les demandes principales. Il ajouta ces mots « et introductives d'instance ».

Il faut, en effet, distinguer les demandes principales des demandes introductives d'instance. Si toute demande introductive d'instance est principale, la réciproque n'est pas vraie. Supposons qu'une action en revendication soit intentée, voilà une action principale et introductive d'instance. Pendant le procès, le défendeur intente contre un tiers, son garant, l'action en garantie. C'est bien là une demande principale puisqu'elle forme le point de départ d'une contestation particulière et qu'elle constitue le fond du procès entre le défendeur et le garant; elle ne rentre pas à coup sûr dans la catégorie des demandes incidentes ou connexes. Mais cette demande principale n'est pas introductive d'instance, puisque le garant intervient dans le procès déjà commencé, puisque l'action est nécessairement intentée devant le tribunal qui connaît de la demande primitive en revendication. Nous avons pris un exemple d'intervention forcée, nous aurions pu aussi bien choisir une intervention volontaire. Le législateur a eu raison de dispenser de la formalité les demandes non introductives d'instance, car il est peu probable qu'une entente puisse intervenir à leur égard quand le procès est déjà entamé pour la demande primitive. Pour reprendre notre exemple, il est certain que si j'appelle en garantie mon vendeur, je ne voudrais pas par une transaction renoncer à l'avantage que j'ai de pouvoir me faire défendre par lui; en tout cas, ce serait pour arriver à une conciliation improbable, créer des lenteurs et des retards inutiles dans la solution du premier procès. C'est maintenant que l'on peut voir en quoi le texte de l'article 48 est défectueux.

Le législateur pour exprimer exactement et simplement
sa pensée aurait dû se borner à dire « demandes introductives d'instance » en supprimant le mot « principales »,
puisqu'il a voulu dispenser de la tentative de conciliation
les demandes même principales, non introductives d'instance.

Seront donc dispensées de la formalité : 1° les demandes
incidentes ou connexes ; 2° les demandes reconventionnelles.

1° Demandes incidentes ou connexes. — La règle est
d'une application facile quand il s'agit de demandes incidentes proprement dites, c'est-à-dire qui ne sont pas en
même temps des demandes principales. Il est certain qu'elles ne sont pas astreintes au préliminaire. Telle serait la
demande d'intérêts qui s'ajoute à la demande primitive du
capital, et la demande faite par conclusions, pendant une
action en contrefaçon, tendant à la nullité du brevet opposé par le défendeur. De même, une partie qui dans
l'exploit introductif d'instance demandait qu'un notaire
fût nommé pour liquider une succession, et déterminer
la quotité disponible au profit de la veuve du défunt, et
que celle-ci fût condamnée à lui payer le montant des
sommes reçues au delà de cette quotité disponible, est recevable, sans recourir au préliminaire de conciliation, à
demander par des conclusions postérieures, que des experts soient chargés d'évaluer les dites sommes, et que le
notaire commis pour fixer la quotité disponible reçoive
encore la mission de dresser l'inventaire de certains meubles : « De semblables conclusions constituent en effet,
non pas une demande principale distincte de celle formée
dans l'assignation mais l'accessoire et la conséquence de

cette assignation à laquelle elles se rattachent par le lien le plus étroit » (Cass., 4 juin 1894) (1).

La question devient plus délicate quand il s'agit de demandes incidentes mais principales. Supposons un bailleur réclamant à son locataire le prix de ses loyers. En vertu de l'article 49-5° du Code de procédure civile cette demande est dispensée de la tentative de conciliation. Mais si, au cours du procès, ce locateur réclame la résiliation du bail, en se basant sur l'article 1184 du Code civil, devra-t-il aller au bureau de conciliation pour cette action nouvelle ? Oui, car s'il y a bien une certaine relation entre les deux demandes, il est évident que la deuxième pose une question absolument distincte ; par suite on ne peut pas la considérer comme véritablement incidente, et il faut y voir une demande nouvelle, introduisant une instance nouvelle ; donc il y a lieu de tenter la conciliation.

Il faut qu'entre la demande primitive et la demande incidente il y ait, pour que celle-ci se trouve dispensée, identité d'origine et de cause. Il ne suffit pas que la seconde demande ait simplement quelques rapports avec la première et soit de même nature. Elle doit être amenée, en quelque sorte, par la précédente, et c'est ainsi qu'il a été jugé que la demande faite par un co-partageant au cours de l'instance en partage, et tendant au remboursement d'une partie des impenses qu'il a faites, pendant l'indivision, dans l'intérêt des immeubles communs, n'est ni connexe ni subsidiaire à la demande principale, et doit par suite, être déclarée non recevable, faute d'avoir été soumise au préliminaire de conciliation, alors que dans

____

(1) D. P. 94, 1, 375.

sa demande introductive d'instance, le demandeur n'avait réclamé l'établissement d'aucun compte et s'était borné à demander la licitation des immeubles et le partage du prix de l'adjudication entre les parties suivant leur droit (Orléans, 1er août 1885) (1). Cet arrêt nous montre ce qu'on doit entendre par une demande connexe. « Attendu qu'il ne suffit pas qu'une demande, pour être dispensée du préliminaire de conciliation comme connexe à la demande originaire, ait quelque rapport avec cette demande, ni qu'elle soit de même nature ; qu'il faut qu'elle dérive de cette demande, qu'il y ait entre elles identité de cause et d'origine, ou que la seconde demande soit incidente ou bien subsidiaire à la demande principale ; que les demandes incidentes consistent dans celles qui sont une dépendance, un accessoire de la demande principale, demandes qui n'auraient pas pu exister si la demande originaire n'était pas formée..... »

D'après ce qui vient d'être dit, on voit que la question de savoir si une demande est ou non incidente conformément à l'esprit de la loi peut se poser aussi bien vis-à-vis du défendeur que vis-à-vis du demandeur. Vis-à-vis du demandeur. il n'y a qu'à appliquer ce que nous venons de dire : ou bien les demandes nouvelles ne sont que la suite et la conséquence de la demande primitive, alors il n'y a pas lieu de tenter la conciliation. On ne peut pas croire que les plaideurs qui ont refusé de s'accorder sur le principal s'entendront sur l'accessoire. Nous pouvons citer de nombreuses décisions en ce sens : tel est le cas d'une demande en continuation d'une procédure commencée depuis deux ans ; d'une demande tendant à obtenir une indem-

____

(1) D. P.,86, 2, 270.

nité pour défaut de jouissance, la demande causée par ce défaut de jouissance étant l'action principale.

Mais il peut s'agir d'une demande nouvelle différente de la première. Il faudra alors aller devant le juge de paix. On en a donné déjà des exemples ; on peut y ajouter : la demande en dommages-intérêts intentée par le demandeur originaire, accessoirement à sa demande principale, et sur la base des faits mêmes du procès (Paris, 25 février 1876) (1). — La demande qui ne fait que modifier une demande déjà introduite : on peut supposer par exemple une première demande dispensée de la conciliation ; en sera dispensée également une nouvelle demande qui ne fera que modifier la somme réclamée par la précédente. On comprend qu'il n'y ait pas lieu à une nouvelle conciliation, puisqu'on ne fait que réclamer la même chose, ou que, si l'on soutient une prétention nouvelle, celle-ci n'est à la vérité que la conséquence nécessaire de l'action antérieure.

Mais si on modifie la demande, si, non content de réclamer le payement des loyers, on demande la résiliation du bail, il s'agira alors d'une véritable demande nouvelle, introductive d'instance, et l'article 48 du Code de procédure civile, trouvera son application. Carré admet que si dans une instance déjà engagée le demandeur se désiste de sa demande primitive pour en formuler une autre qui doit amener le même résultat, mais qui diffère de la première quant à son objet et quant à son motif il faudra en passer par la tentative de conciliation.

La jurisprudence admet ce principe sans difficulté, mais les questions de fait en ont parfois rendu l'application

(1) D. P., 76, 2, 233.

difficile. La Cour de cassation a décidé que le moyen tiré de la nullité d'un partage, pour erreur de droit, proposé en cours d'instance et devant les premiers juges saisis de la demande en rescision du partage pour lésion de plus du quart, est admissible sans préliminaire de conciliation, quand ce moyen a été exprimé dans les conclusions en rescision et à leur appui (Cass., 12 mars 1845) (1). Et une demande en dommages-intérêts, supérieure au taux de la compétence du juge de paix, ajoutée sous prétexte d'omission à une demande personnelle et mobilière de moins de 200 francs, postérieurement à l'introduction de cette dernière, est une demande nouvelle et principale, qui n'est pas affranchie du préliminaire de conciliation, bien que la première, à laquelle elle se réfère en ait été dispensée (Montpellier, 19 décembre 1878 (2), Orléans ; 1er août 1885) (3).

Et il en serait de même, si pendant le procès il y avait non plus changement d'objet, mais changement de personne : une demande en arrachement d'arbres non plantés à la distance légale, est dirigée d'abord contre l'usufruitier, ensuite contre le nu propriétaire, est soumise à l'essai de conciliation (Bourges, 29 août 1826) (4).

2° Demandes reconventionnelles. — Ce sont les demandes qui sont formées au cours de l'instance par le défendeur. Nous devons ici encore distinguer :

Ou bien cette demande peut n'être considérée que comme une défense, comme un incident : elle sera dispensée de la tentative de conciliation, pour la même rai-

---

(1) D. P., 45, 1, 202.
(2) D. P., 80, 2, 19.
(3) D. P., 86, 2, 270.
(4) P. chr., *Journ. du Palais*, 28, I, 244.

son qui fait que si les demandes nouvelles sont interdites
en appel, cependant on admet celles qui ne sont que des
défenses à l'action principale (Art. 464, C. proc. civ.). On
ne peut pas en effet statuer séparément sur deux demandes dont l'une est destinée à faire repousser l'autre. Boncenne cite le cas du locataire invité à garnir la maison de
meubles, et se défendant en réclamant du demandeur la
mise en état de la maison. Et il a été jugé que : est dispensé de la conciliation, le propriétaire des étages supérieurs
d'une maison actionné par le propriétaire du rez-de-
chaussée , afin d'entendre déclarer que ce dernier aura
seul le droit d'acquérir un terrain délaissé par suite de
travaux publics, qui demande qu'il soit interdit au propriétaire du rez-de-chaussée, s'il se rend acquéreur du
terrain délaissé, d'élever des constructions au delà du
plancher du 1ᵉʳ étage ; ces conclusions présentent les caractères d'une simple défense, et non ceux d'une demande
principale soumise au préliminaire de conciliation (Cass.,
22 août 1860) (1).

Mais il ne faut pas présenter comme incidente une demande qui est en réalité principale. Par exemple, un enfant est assigné par sa mère pour lui servir une pension
alimentaire. Il ne peut pas demander, sans conciliation,
une indemnité contre un autre enfant à raison de ce qu'il
a payé pendant plusieurs années antérieures, une pension
à leur mère commune (Besançon, 8 janvier 1818) (2).

Cependant une demande reconventionnelle tirée de la
compensation judiciaire serait admise sans préliminaire
de conciliation. Sauf exception, la compensation est admise même *ex causa dispari* et l'article 464 du Code de

(1) D. P., 60, I, 442.
(2) P. chr.

procédure civile permet de l'opposer pour la première fois en appel. Il n'est donc pas absolument nécessaire, pour qu'une demande reconventionnelle puisse être introduite sans essai de conciliation, qu'elle ait la même origine que la demande primitive.

Mais, d'une manière générale, quand la demande reconventionnelle n'est pas une conséquence de la demande primitive, quand il n'y a pas connexité entre elles, on se trouve en présence d'une nouvelle instance, et il faut se présenter au bureau de conciliation.

2º *Parties capables de transiger.*

Le but de la tentative de conciliation est d'éviter une contestation à naître, par des sacrifices réciproques des plaideurs, par des renonciations de chacun d'eux à une partie de ses prétentions. La conciliation est donc une transaction telle que l'entend l'article 2044 du Code civil. D'où résulte nécessairement que, pour pouvoir se concilier, les parties doivent avoir la capacité requise par l'article 2045 du Code civil, c'est-à-dire être capables de disposer des objets compris dans la transaction. Tout ceci n'est que le développement de l'article 48 du Code de procédure civile quand il indique les deuxième et troisième conditions nécessaires pour que la conciliation puisse être tentée. Il doit s'agir de « demandes entre parties capables de transiger, et sur des objets qui peuvent être la matière d'une transaction ».

Il est donc assez curieux que la loi de 1790 n'ait pas tenu compte de la nécessité de cette condition, et qu'elle ait imposé l'essai de conciliation même quand une transaction était impossible par suite de l'incapacité des parties, ou de la nature du procès. C'est là une omission qui ne s'explique pas. La loi de 1791 modifia sur ce point la loi de 1790. Elle interdit d'abord aux greffiers, huissiers, ci-devant hommes de loi ou procureurs de représenter les parties devant le bureau de conciliation, et elle ajoute que les autres citoyens au contraire pourraient représenter, pourvu qu'ils fussent munis de pouvoirs suffisants pour transiger.

Il y avait donc dans la loi deux dispositions contradictoires. Le mineur, bien qu'il fût incapable de transiger, était néanmoins obligé de subir l'épreuve de la conciliation. Mais en revanche si un plaideur voulait se faire représenter, il devait munir son mandataire de pouvoirs suffisants pour consentir à une transaction.

A présent l'article 49 du Code de procédure civile nous fait connaître les personnes et les causes dispensées de la tentative de conciliation. C'est pourquoi un des membres du Tribunat crut que l'article 48 était inutile. A quoi bon, sa disposition générale, puisque l'on trouve établie la liste des personnes et des causes qui ne sont pas soumises à la formalité ? Mais, avec raison, cet article dont nous connaissons déjà la teneur, fut maintenu. L'article 49, en effet, procède par voie d'énumération, et son énumération est incomplète. Il parle de l'Etat, du domaine, des communes, des établissements publics, des mineurs, des interdits, des curateurs aux successions vacantes, et il est muet au sujet des femmes mariées, des prodigues pourvus d'un conseil judiciaire, des mineurs émancipés, des envoyés en possession provisoire des biens d'un absent, des syndics de faillite, des héritiers bénéficiaires, des étrangers, etc. C'est alors qu'apparaît l'utilité de l'article 48 qui contient le principe général et l'idée directrice en cette matière. Toutes les fois qu'en dehors de l'énumération de l'article 49 nous nous trouverons en présence d'une personne incapable de transiger, il faudra en principe, et si aucune raison particulière ne s'y oppose, la déclarer exempte du préliminaire de conciliation. Il est vrai que la loi permet aux incapables de transiger, mais au prix de formalités si longues et si nombreuses, que l'on doit considérer comme impossible une conciliation tentée dans de pareilles conditions.

Avant d'examiner si les différents incapables dont l'article 49 ne parle pas sont tous dispensés de l'essai de conciliation, en vertu de l'article 48, nous devons résoudre une question préalable. Que faut-il décider, quand, parmi les plaideurs, soit demandeurs, soit défendeurs, on rencontre des capables et des incapables? Il faut faire une distinction. Ou bien la matière est divisible, ou bien elle ne l'est pas (Boncenne, t. 2, p. 16, à la note ; Carré et Chauveau, n° 207, 5°).

S'il se trouve que la matière soit indivisible et les intérêts des consorts communs, alors la dispense qui existe au profit de l'incapable profitera au capable (Bordeaux, 20 août 1833) (1) ; il en sera de même quand la demande formée cumulativement par des majeurs et un mineur est fondée sur les mêmes moyens et tend au même but. (Boncenne, t. 2, p. 16 ; Limoges, 22 février 1843) (2).

Si au contraire la matière est divisible, et si l'on peut facilement séparer les intérêts des parties, la solution inverse devra être donnée. Chacun, pour sa part, doit se conformer aux prescriptions de la loi. Il a été jugé en ce

(1) D. P. 34, 2, 156.
(2) D. P. 44, 2, 22.

sens que l'héritier pur et simple qui agit avec des héritiers bénéficiaires doit, si l'action est divisible, aller en conciliation (Toulouse, 12 décembre 1835) (1).

Quand, au lieu de se trouver parmi les demandeurs, les capables et les incapables occupent la position inverse, la solution est la même. Mais il faut remarquer qu'alors la question ne peut se poser que s'il n'y a que deux défendeurs, un capable et un incapable ; s'il y en a plus, l'affaire serait expressément dispensée de la conciliation par le § 6 de l'article 49.

Et si maintenant, parmi plusieurs demandeurs ayant le même intérêt, un seul avait tenté la conciliation, pourrait-on opposer aux autres le manquement à cette formalité ? Carré et Chauveau (nᵒ 207, 6ᵒ) font la même distinction que plus haut, et donnent une réponse différente suivant que l'affaire est divisible ou non. D'ailleurs, d'après la jurisprudence actuelle, cette nullité serait couverte par les défenses au fond.

Nous avons à présent à passer en revue les divers incapables non compris dans l'énumération de l'article 49, et à nous demander si malgré le silence que l'article 49 observe à leur égard il convient de les dispenser de la tentative de conciliation par application du principe posé dans l'article 48 ou si au contraire ils se trouvent soumis à cette formalité.

Pour nous guider dans cette étude, nous ferons une distinction entre la tentative de conciliation et la transaction qui en est la suite. Devant trouver de nombreuses occasions d'appliquer cette idée, nous croyons nécessaire d'en faire un rapide exposé.

---

(1) D. P. 36, 2, 94.

Presque tous les auteurs enseignent que l'essai de conciliation a pour but d'éviter un procès, grâce à une transaction sur l'objet du litige, transaction que le juge de paix constatera dans un procès-verbal. Ils pensent donc que, dans le cas où l'on ne conçoit pas qu'un procès-verbal de conciliation puisse être rédigé, à raison par exemple de l'incapacité des parties, l'épreuve de la conciliation dégénère en une formalité inutile, et que les parties sont dispensées d'y procéder.

Tel n'est pas notre sentiment. D'après nous, la tentative de conciliation a pour but d'éviter un procès en faisant réfléchir les plaideurs sur leurs situations respectives, et en leur suggérant la pensée de s'accommoder. Nous avons donc à considérer d'une part l'ensemble des actes qui tendent à provoquer la réflexion chez les parties, d'autre part l'arrangement espéré.

Dans les cas habituels, les plaideurs seront capables de disposer de leurs droits, donc de transiger. Le but de la tentative de conciliation sera de les décider à s'entendre, et le juge de paix constatera immédiatement dans son procès-verbal, le résultat de ses efforts.

Au contraire, il se peut que, par la nature ou par l'objet du procès, par la situation des parties, on ne conçoive pas la possibilité d'un arrangement, ou que, si une entente est possible en théorie, on doive désespérer d'y arriver en pratique, car elle nécessite des formalités trop longues et trop coûteuses. Alors, la tentative de conciliation sera une épreuve inutile, et une dispense devra être accordée.

Mais il est encore possible que le débat s'élève entre des adversaires dont l'un est incapable de transiger, mais peut facilement se faire habiliter. La tentative se termi-

nera en pareil cas par un procès-verbal de non-conciliation,
mais elle n'en sera pas pour cela une vaine formalité,
car, si la rédaction d'un procès-verbal de conciliation n'est
pas possible, il est raisonnable cependant de penser que
les efforts du juge de paix peuvent aboutir à un arrangement ultérieur.

On comprend très bien qu'une femme mariée, par
exemple, se rende avec son adversaire devant le juge de
paix pour tenter la conciliation. Sensibles aux arguments
et aux conseils du magistrat, les parties sont disposées à
s'accorder, mais la femme ne peut pas transiger. Donc,
tout en refusant de signer un procès-verbal de conciliation,
elle s'entendra avec son adversaire pour procéder à un
arrangement ultérieur, quand elle se sera munie de l'autorisation de son mari.

Dans toutes les circonstances analogues, nous pensons
que la tentative de conciliation (c'est-à-dire l'ensemble
des actes destinés à provoquer la réflexion et à amener une
entente), peut donner un résultat conforme aux vœux de
la loi. Malgré la non-conciliation constatée dans le procès-
verbal, un procès a été évité. Nous ne voyons donc pas
de raisons pour dispenser les parties de procéder à cette
formalité.

Femme mariée. — Au premier rang des personnes non
mentionnées par l'article 49, nous trouvons la femme
mariée. Il importe de préciser comment se pose la question en ce qui la concerne : Une femme a été autorisée par
son mari à ester en justice, soit comme demanderesse, soit
comme défenderesse. L'action qui l'intéresse doit-elle s'engager par la tentative de conciliation, ou bien cette action
peut-elle être immédiatement portée devant le tribunal ?
Il existe là-dessus plusieurs opinions.

Une première réponse consiste à dire que la femme mariée doit être rangée dans la catégorie des personnes dispensées de la conciliation. Avant le Code de procédure,
sous la loi de 1790 le contraire était vrai, puisque tous les
incapables étaient obligés d'en passer par ce préliminaire.
Mais depuis le changement de législation il n'en est plus
ainsi. Les femmes mariées sont bien des incapables tels
que les comprend l'article 48 du Code de procédure civile,
puisque, d'après l'article 217 du Code civil, elles ne peuvent pas disposer de leurs biens, donc transiger, sans une
autorisation spéciale de leur mari.

D'où il faut conclure que autorisée par lui à ester en
justice, c'est-à-dire à poursuivre, ou à défendre un droit
devant le Tribunal, la femme mariée n'est autorisée que
dans cette mesure, et qu'elle ne se trouve pas en état de
disposer de ses biens par une transaction, c'est-à-dire par
une conciliation avec son adversaire.

Inutilement viendrait-on dire que, au cas où la femme
est défenderesse, par cela même que son mari l'a autorisée à ester en justice, il lui a donné la capacité nécessaire
pour accomplir tous les actes requis par la loi afin de pouvoir se présenter devant le tribunal, et en particulier l'essai de conciliation. Que dès lors, se trouvant capable, elle
n'a plus de raison pour ne pas se rendre au bureau de
paix. La réponse est facile. Jamais le mari n'a songé à une
transaction possible quand il a permis à sa femme de plaider. Transiger, c'est s'imposer peut-être de lourds sacrifices, et c'est en tout cas beaucoup plus dangereux que de
porter son droit devant la justice. Il est donc bien probable que le mari n'a voulu autoriser sa femme qu'à affirmer
ses prétentions et à les défendre jusqu'au bout, et qu'il
n'a en aucune façon entendu lui permettre de se concilier,

c'est-à-dire de consentir un abandon certainement partiel, peut-être total, de ses droits. La femme ne se trouve donc pas habilitée à transiger, et est en conséquence dispensée de l'essai de conciliation.

Une autre considération vient à l'appui de cette opinion. C'est qu'il semble que le demandeur se doive bien garder de transiger au cas où la femme y consentirait, car rien ne lui garantit que celle-ci n'invoquera pas plus tard son défaut d'autorisation pour faire tomber le contrat. Donc la tentative de conciliation avec une femme mariée va se résoudre en une inutile formalité (Favard de Langlade, p. 622 ; Boncenne, t. 2, p. 17 ; Bioche, n° 37 ; Rousseau et Laisney, n° 54).

Mais d'autres auteurs sont d'un avis opposé et nous pensons qu'ils ont raison. Le mari ayant autorisé sa femme à ester en justice, celle-ci pour pouvoir se présenter devant le tribunal doit commencer par passer au bureau de paix, puisqu'elle n'est pas dispensée par l'article 49. Sans doute, si une conciliation a lieu, nous nous trouverons en face d'un contrat pour la validité duquel l'autorisation maritale sera nécessaire ; mais qu'on remarque bien que cette autorisation spéciale est nécessaire seulement pour la validité de la convention, et qu'elle est inutile pour l'accomplissement de la formalité elle-même, qui se terminera peut-être par un refus de se concilier, ou par une renonciation pure et simple de l'adversaire à poursuivre le procès. Dans ces hypothèses le mari n'aura pas à intervenir. Et, quoi qu'en disent les partisans de l'autre solution, la tentative de conciliation avec une femme mariée n'est pas une vaine formalité, car la femme recevra les observations du juge de paix et en fera part à son mari ; il se peut donc que, malgré la non-conciliation, un arrangement se fasse plus tard, quand les époux auront eu le temps de réfléchir.

Nous pouvons encore tirer argument du texte même de l'article 49, il considère comme incapables de transiger les personnes qu'il énumère, à savoir les mineurs, les interdits, les prodigues pourvus d'un conseil judiciaire, et les curateurs aux successions vacantes, mais ne mentionne pas la classe d'incapables la plus importante, celle des femmes mariées. C'est évidemment intentionnel, et la loi a voulu ainsi marquer qu'elle ne les range pas parmi les dispensés. En effet, si les autres incapables sont exemptés de la conciliation, ce n'est pas parce qu'ils ne peuvent pas transiger, car leurs représentants en ont le pouvoir en observant certaines formes. Mais c'est parce que ces formes vont créer des obstacles, occasionner des frais, amener des longueurs qui empêcheront à peu près sûrement la tentative de conciliation de produire un heureux résultat. Or, ces motifs n'existent pas pour la femme mariée; il lui suffit pour transiger de l'autorisation de son mari et il est probable que le législateur a autant compté sur l'unité de vue des époux que sur l'accord qui est présumé exister entre deux défendeurs, lesquels sont tenus à la conciliation.

Carré et Berriat Saint-Prix considèrent que, tel étant l'esprit de l'article 49, on peut facilement réfuter l'argument suivant donné à l'appui de la thèse contraire par Boncenne. Pourquoi, dit-il, y aurait-il hésitation à dispenser de la tentative de conciliation la femme mariée, alors qu'on est d'accord pour en dispenser l'héritier bénéficiaire dont l'article 49 ne parle pas. C'est que celui-ci ne pourrait pas se concilier sans perdre sa qualité de bénéficiaire, et qu'il n'est pas à présumer qu'il y consente, tandis qu'il est naturel de penser que le mari. ou la justice, ratifieront la transaction passée par la femme.

Nous ajouterons que, dans la pratique, on a l'habitude de citer en conciliation la femme et le mari conjointement, quand il n'existe pas de cause spéciale de dispense. Et d'après la Cour d'Orléans (16 février 1849) (1), l'autorisation d'ester en justice que donne le mari à sa femme emporte celle de comparaître au bureau de paix ; en cas de conciliation, une nouvelle autorisation du mari serait nécessaire pour la validité du contrat (Carré, n° 207 ; Rodière, t. I, p. 166, Pigeau, p. 158).

Ces deux systèmes offrent ce caractère commun, qu'aucune distinction n'est faite entre les divers régimes matrimoniaux, et qu'aucun compte n'est tenu de la nature des biens qui font l'objet du procès. D'après l'un, la femme est toujours tenue de se présenter au bureau de paix, d'après l'autre elle en est toujours dispensée.

Mais, entre ces deux extrêmes a pris place une troisième théorie fondée sur une distinction à établir entre les régimes matrimoniaux et l'espèce des biens en cause. Si la femme est commune en biens, sa personnalité se confondant en quelque sorte avec celle de son mari qui a l'administration de tous ses biens, lui seul pourra être mis en cause. Mais si, au contraire, la femme est séparée de biens, soit contractuellement soit judiciairement, il faudra distinguer suivant que la demande visera les immeubles ou les meubles de la femme. Au cas où il s'agira d'immeubles, la femme ne pouvant pas en disposer sans le consentement du mari, sera dispensée de la tentative de conciliation. Mais si la demande a pour objet le mobilier, la

(1) *Journ. des av.*, 1851, p. 132.

femme en ayant l'administration, et pouvant en disposer
seule, en vertu de l'article 1449 du Code civil, il en résulte
qu'elle peut transiger ; elle devra donc, comme demanderesse ou comme défenderesse, subir le préliminaire qui
n'aura rien de frustratoire dans ces conditions. MM. Boitard, C. d'Aâge et Glasson (t. I, n° 84) estiment cependant
que l'assistance du mari est toujours nécessaire, même, si
le procès concerne la fortune mobilière d'une femme séparée de biens, car si le préliminaire de conciliation ne
commence pas le procès, il n'en constitue pas moins un
acte de juridiction gracieuse, pour lequel l'autorisation
maritale est indispensable, la loi n'établissant pas de distinction à cet égard entre la juridiction gracieuse, et la
juridiction contentieuse.

Cette opinion est maintenant très généralement adoptée par les auteurs (Garsonnet, t. 2, § CCXVII, Chauveau
sur Carré, n° 207). Mais ils présentent généralement cette
théorie sous une autre forme. En principe, la femme étant
incapable de transiger, le mari qui l'a simplement autorisée à ester en justice, ne l'a pas autorisée par cela même
à se concilier. Donc, elle est dispensée du préliminaire
comme incapable. Mais, par exception, elle y est astreinte
dans les cas où elle peut disposer de ses biens, c'est-à-dire
quand il s'agit des meubles pour une femme séparée de
biens, ou des paraphernaux pour une femme dotale. Quant
à la dot, elle est inaliénable et il ne saurait être question
de conciliation dans les procès où elle est en jeu.

Mineur émancipé. — L'article 49 du Code de procédure
civile ne parlant que des mineurs proprement dits, on se
demande s'il faut l'étendre aux mineurs émancipés, qui
ont une certaine capacité. Ils sont en effet assimilés aux
majeurs pour les actes de pure administration ; dans ces

limites ils ont le droit de transiger; et, par suite, il semble
que la dispense du préliminaire de conciliation ne doive
pas s'appliquer à cette sorte d'actes. A quoi servirait l'é-
mancipation si on voulait tenir les émancipés dans la même
situation que les mineurs en tutelle ?

Et cependant cette question est controversée ; MM. Carré et Chauveau (n° 217), Boitard, Colmet d'Aâge, Glasson
(n° 85), soutiennent avec raison qu'il n'y a pas lieu de
distinguer entre les actes du mineur émancipé, et que la
dispense de l'essai de conciliation est général. L'article 49,
disent-ils, est trop absolu pour permettre une distinction.
D'ailleurs l'article 83 du Code de procédure civile prescrit
la communication au Ministère public pour toutes les
causes qui intéressent les mineurs, ce qui les exempte de
la conciliation (1). Et s'il est incontestable qu'un émancipé puisse transiger sur les contestations relatives aux
actes de son administration, cela n'est pas un motif suffisant pour faire passer outre à la lettre de la loi. En suivant
l'opinion contraire on arriverait à des résultats inaccepta-
bles. On se trouverait conduit à dire, que le tuteur qui a
qualité pour faire au nom de son pupille les actes d'administration, aura, par ce fait seul, qualité pour transiger
sur les difficultés auxquelles cette administration peut
donner lieu, ce qui est inadmissible.

Enfin obliger l'émancipé à se présenter au bureau de
paix est contraire à l'esprit de la loi. Elle lui a bien permis de faire seul des actes simples et de tous les jours,
mais elle n'a pas voulu lui laisser faire des actes aussi
graves qu'une conciliation, dont il ne comprend probable-
ment pas toute l'importance.

(1) Argument, article 1004 du Code de procédure civile.

Mais MM. Delvincourt (t. 1, p. 500), Favard (t .1, p. 623), Pigeau (t. 1, p. 65), Garsonnet (t. 2, p. 201) n'acceptent pas cette solution. Pour eux, dire que le mineur émancipé peut, aux termes de l'article 481 du Code civil, faire seul les actes d'administration, par exemple toucher ses revenus et en donner quittance, signifie qu'il peut disposer de ces revenus, donc transiger sur les contestations qu'ils font naître, et que par conséquent il n'y a pas de raison pour le dispenser du préliminaire de conciliation. Le mineur émancipé a, en somme, le double état de majeur et de mineur, et il faut lui appliquer, selon les cas, les règles de l'un ou l'autre de ces états. Et c'est pourquoi, dans la question qui nous occupe, on ne saurait lui faire application de l'article 49 qui ne parle que des mineurs, non plus que de l'article 58 qui ne vise que les incapables proprement dits.

Pour le prodigue, comme d'après l'article 513 du Code civil, il lui est défendu de transiger sans l'assistance de son curateur, il est franchement incapable, et tombe sous l'empire de l'article 49. Et cependant la question est controversée pour des raisons analogues à celles que nous avons données en nous occupant de la femme mariée. Puisqu'il suffit, dit-on, de mettre en cause le conseil judiciaire pour arriver à une transaction, il n'est pas dans la situation des incapables énumérés par l'article 49, donc il est soumis à la formalité.

Curateur aux biens d'un absent, ou envoyé en possession provisoire. — D'après l'article 128 du Code civil ils ne peuvent ni aliéner ni hypothéquer les immeubles ; donc ils ne peuvent pas transiger dans les questions relatives aux immeubles sauf pour les actes d'administration.

Le curateur est dans cette situation même pour les actions mobilières, donc là encore il sera dispensé de la conciliation. Mais l'envoyé en possession provisoire a la disposition des meubles, et pour lui la tentative sera nécessaire.

Cette distinction entre les meubles et les immeubles ne doit pas être faite pour les envoyés en possession définitive qui ont la libre disposition de tous les biens de l'absent. Ils doivent toujours être appelés en conciliation.

La Cour de cassation (12 février 1806) (1) a décidé en ce sens qu'il n'y avait pas lieu à conciliation dans le cas où il s'agit d'assigner un absent auquel il faut nommer un curateur, procès dans lequel il faut mettre en cause le ministère public. Il n'en était pas de même sous l'empire de la loi de 1790. « Le tribunal, considérant que la loi n'excepte pas les absents de l'épreuve de la conciliation qu'elle prescrit, et qu'aucune des lois dont les demandeurs excipent pour établir le contraire ne justifie ni ne contient cette exception...... » (24 frimaire an IX).

Héritier bénéficiaire. — Il n'est qu'un administrateur des biens de la succession. Il ne peut pas en aliéner les meubles ou les immeubles sans se conformer à des formalités spéciales, sans quoi (art. 987 et suiv.,C. proc.civ., 806 et suiv., C. civ.) il perdrait sa qualité de bénéficiaire pour devenir héritier pur et simple. Il ne peut pas transiger, donc il est inutile de porter au bureau de paix les actions dirigées contre lui (Toulouse,12 décembre 1835)(2).

Au cas où il y a deux héritiers, dont l'un seulement est bénéficiaire, nous avons vu plus haut qu'il faut distinguer suivant que l'affaire est divisible ou indivisible.

____

(1) D. *Rép.*, V⁰ *Conciliation*, n⁰ 135.
(1) D.P., 36, 2, 94.

Enfin il faut faire attention que si la demande est portée contre l'héritier et non contre la succession, il faudrait aller en conciliation. Tel serait le cas d'un légataire réclamant la délivrance de son legs. Dans ce cas, en effet, la contestation n'intéresse pas les créanciers de la succession dont l'actif ne sera pas diminué. Donc l'héritier peut transiger au bureau de paix sans perdre sa qualité de bénéficiaire.

Syndics d'une faillite. — Dans les articles 487 et 535 le Code de commerce a posé les règles au moyen desquelles les syndics d'une faillite peuvent arriver à une transaction. Il faut donc suivre ces règles, et il est ainsi inutile de porter en conciliation une demande contre une faillite. Avant la loi de 1838, le Code de commerce ne contenait à cet égard aucune disposition, et cependant on donnait la même réponse, en se basant sur ce fait que les syndics ne sont que des administrateurs. Un arrêt de la Cour de Paris (10 juin 1836) (1) déclare dispensées de la conciliation les demandes des syndics en paiement de sommes dues au failli, même si le contrat d'union donne aux syndics le droit de transiger. D'ailleurs l'article 49 dispense de la conciliation les demandes en matière de commerce. Or les questions de faillite sont de cette nature.

Etranger. — L'étranger doit subir la loi commune de la conciliation, puisqu'aucun texte ne l'en dispense. Mais une difficulté vient de ce que l'article 50 désigne comme bureau de conciliation celui du domicile du défendeur. Or l'étranger, on le suppose, est défendeur, et n'a pas de domicile en France. C'est pourquoi, le 26 février 1819 (2), la Cour de Metz a jugé qu'il n'y avait pas lieu de tenter la

---

(1) D. *Rép.*, Vᵒ *Conciliation*, nᵒ 141.
(2) D. *Rép.*, Vᵒ *Concitiation*, nᵒ 76.

conciliation. Cependant un arrêt de Cassation du 22 avril
1818 (1) est en sens contraire : Aux termes de l'article 69
du Code de procédure civile, l'étranger doit être assigné
au domicile du procureur du roi près le tribunal où est
portée la demande. A quoi l'on objecte qu'il ne s'agit pas
de savoir où l'on remettra la copie de l'exploit, mais devant quel tribunal on assignera, et que l'arrêt précité ne
tranche pas cette question. Mais alors, si dans cette hypothèse il doit y avoir dispense de conciliation, il faudra qu'il
en soit de même pour toute demande personnelle dirigée
contre un Français sans domicile ni résidence connus, ce
à quoi personne ne consent. Il faut, en présence d'un étranger qu'on doit appeler en conciliation agir comme on le
ferait pour l'assigner devant le tribunal civil. Le demandeur choisit ce tribunal et assigne le défendeur conformément à l'article 69 du Code de procédure civile.

Administrateurs d'une société. — Les administrateurs
d'une société commerciale doivent-ils être cités en conciliation dans un litige de nature non commercial ? D'après
un arrêt de Cassation du 19 décembre 1866 (1), la solution
de cette question doit être différente suivant que les administrateurs ont ou n'ont pas le pouvoir de transiger. L'arrêt décide, en effet, que, dans un litige non commercial, et
lorsqu'il n'est pas justifié que les administrateurs n'ont
pas le pouvoir de transiger, il y aura obligation d'aller en
conciliation. Il faudrait donc pour dispenser de la formalité un procès de ce genre, que l'acte social, ou une décision de l'assemblée générale des actionnaires ait refusé
aux administrateurs le pouvoir de transiger.

Il faudrait plutôt dire le contraire. La loi n'attribue pas

(1) *D. alph.*, 6, 479.
(2) D. P., 67, 1. 113.

de plein droit aux administrateurs le pouvoir de transiger. Ils ne sont que des mandataires qui, en principe ne
peuvent pas transiger sur les intérêts qu'ils représentent.
Donc, pour les appeler en conciliation il faudrait prouver
qu'ils ont le droit de transiger.

Quant à nous, nous pensons simplement que le défendeur c'est la société elle-même, puisqu'elle a la personnalité civile c'est elle qui sera assignée, et les administrateurs ne seront ici que des mandataires. Par conséquent
nous croyons qu'il faudra tenter la conciliation. Il y a,
en cause, une seule personne, et qui est capable de transiger. On ne saurait nous opposer le terme de l'article 50-
2º du Code de procédure civile : « en matière de sociétés
autres que celles de commerce ». Avec M. Garsonnet,
nous pensons que cet article se borne à déterminer le
juge de paix compétent pour concilier les parties. et qu'il
n'a rien à voir dans le cas présent.

3º *Objet pouvant faire la matière d'une transaction.*

Cette troisième condition est la suite naturelle de la
précédente, et venant de ce que la conciliation est une
transaction. elle se comprend d'elle-même. L'article 49
du Code de procédure civile a encore à ce propos donné
une énumération des affaires dispensées de la conciliation
à cause de leur objet. On pourrait reproduire les mêmes
observations que nous avons faites tout à l'heure, car les
questions à résoudre sont les mêmes. Nous avons toujours
à nous demander quelle est la réponse à donner dans les
cas non prévus par l'article 49.

Remarquons tout d'abord que la plupart des causes
énumérées dans cet article l'ont été inutilement. Par

exemple sont dispensées du préliminaire : « 1°..... 2° les demandes qui requièrent célérité ». Pourquoi après cela venir parler des affaires de commerce, de la mise en liberté, des mainlevées de saisies, alors surtout que certaines de ces causes ne sont pas soumises à la formalité, comme n'étant pas des demandes principales et introductives d'instance. Sans cette malencontreuse forme de l'article on aurait évité de nombreuses discussions puisqu'elles ont toutes pour point de départ ce que l'article dit et ce qu'il ne dit pas. Il aurait bien mieux valu que l'on se bornât aux mots qui terminent cette disposition : sont exemptées « toutes les causes exceptées par les lois ». On se serait alors borné à formuler la dispense dans les lois concernant ces causes, par exemple aux titres du désaveu, du règlement de juges, de la procédure devant les tribunaux de commerce, du bénéfice d'inventaire, etc.

Le second paragraphe de l'article 49 ne peut donc pas suffire pour déterminer quelles sont les affaires que leur objet fait dispenser de la conciliation, et c'est en dehors de lui que l'on doit chercher le principe qui permettra de résoudre les différentes questions qui se posent en cette matière.

L'article 2045 du Code civil dispose que, pour pouvoir transiger, il faut avoir la capacité de disposer des objets sur lesquels s'accomplit cette opération. D'autre part, pour pouvoir compromettre, c'est-à-dire pour se soumettre à la décision d'arbitres que l'on choisit, l'article 1003 du Code de procédure civile décide qu'il faut avoir la libre disposition des droits objets du compromis. Il y a ainsi au point de vue de la capacité assimilation entre la transaction et le compromis (1). Quand donc l'article 1004 du

(1) Il ne faut cependant pas donner à cette proposition un sens absolu,

Code de procédure civile vient énumérer les objets sur lesquels on ne peut pas compromettre, on est conduit naturellement à croire que sur ces mêmes objets on ne peut pas transiger, donc se concilier. C'est ainsi que, par la combinaison des articles 1004 et 49-2° du Code de procédure civile, nous arriverons à déterminer les objets qui ne peuvent pas faire la matière d'une conciliation. L'article 1004 nous indique comme tels « les dons et legs d'aliments, logements et vêtements, les séparations d'entre mari et femme, les divorces, les questions d'état, et aucune des contestations qui seraient sujettes à communication au ministère public ». A quoi nous ajouterons, avec Boncenne (t. 2, p. 19), les causes qui touchent aux bonnes mœurs, à l'ordre public, aux intérêts de la société et à la dignité de la justice.

Cela posé, nous voyons que ces articles 49-2° et 1004 prêtent à la discussion. Tout d'abord le premier dispense de la conciliation les demandes en séparation de biens et le second « les séparations d'entre mari et femme, divorce ». Ni l'un ni l'autre ne s'expliquent sur les séparations de corps, et l'on se demande si ces séparations sont soumises à la conciliation. Le doute est augmenté par la disposition de l'article 878 du Code de procédure civile relatif aux séparations de corps. « Si le président du tribunal ne peut concilier les époux, il les renvoie à se pourvoir, sans citation préalable, au bureau de conciliation. » Par cette mauvaise ponctuation il semble que les demandes

---

car la loi se montre parfois plus rigoureuse quand il s'agit d'un compromis que quand il s'agit d'une transaction. C'est ainsi que le tuteur qui peut transiger au nom de son pupille, en observant les formalités prescrites par l'article 467 du Code civil, ne peut jamais compromettre (Arg. art. 83-6° et 1004, C. proc. civ.).

en séparation de corps doivent être portées au bureau de conciliation. Mais, de l'avis de la plupart des auteurs, cela ne doit pas être, parce qu'il n'est pas probable que le juge de paix puisse concilier les époux quand les efforts du Président du tribunal ont été inutiles. Cet article 878 doit donc être ponctué ainsi : « sans citation préalable au bureau de conciliation » (Carré sur l'art. 878, Garsonnet, t. 2, n. CCXXXVII-2º B note 36, Boitard, C. d'Aâge, Glasson, t. 2, n. 1115, note 1).

D'ailleurs l'article 1004 parle au pluriel des séparations, et il dispense formellement de la conciliation les questions relatives à l'état des personnes. Il serait au surplus illogique d'imposer l'épreuve de la conciliation aux demandes en séparation de corps, alors que celles en séparation de biens et en divorce en sont dispensées.

Pigeau (t. 1, p. 83) nous donne, dans les termes suivants, les motifs de cette opinion : « L'ordre public serait peu satisfait si l'on procédait ici aux voies de conciliation comme dans les causes ordinaires. Il faut ici, à raison de la gravité des circonstances, un magistrat, plus éminent pour exercer le ministère de paix et de conciliation, et c'est le Président même du Tribunal que la loi désigne. On ne pourra jamais s'adresser qu'à lui, et il devra entendre les époux. S'il échoue dans cette noble tentative, et après qu'il aura désigné la maison où la femme pourra se retirer, la procédure suivra son cours. »

Nous trouvons encore une omission à signaler. Pas plus dans l'article 1004 que dans l'article 49, il n'est parlé de la récusation, à propos du règlement de juges. Mais à cet égard il n'y a pas d'hésitation pour dispenser ces demandes de la formalité, surtout après avoir lu l'article 385 du Code de procédure civile. Ces demandes en règlement de juges étant destinées à faire cesser un conflit de juridiction, touchent à l'ordre public, et comme telles ne peuvent pas être l'objet d'une transaction. Il en est de même des récusations, qui intéressent la dignité de la justice et des magistrats.

Le cinquième paragraphe de l'article 49 dispense de l'essai de conciliation les actions des avoués « en paiement des frais par eux faits », et le décret du 16 février 1807 est ainsi conçu : « Les demandes des avoués et autres officiers ministériels en paiement de frais, contre les parties pour lesquelles ils auront occupé ou instrumenté, seront portées à l'audience sans qu'il soit besoin de citer en conciliation. » Donc la dispense établie au profit des avoués par l'article 49 se trouve étendue aux autres officiers ministériels. Nous verrons dans la suite cette question plus en détail.

Enfin, aux termes de l'article 2046 du Code civil, la transaction étant permise sur l'intérêt civil provenant d'un délit, il en résulte que l'action civile, étant intentée par voie principale, devra être précédée par la tentative de conciliation — sans préjudice, bien entendu, de l'action publique. Carré s'est demandé à cette occasion, si, conformément à l'article 29 du Code d'instruction criminelle, le juge de paix était tenu de dénoncer le délit. Il répond négativement, disant que ce serait une chose trop pénible de transformer le magistrat conciliateur en un juge dénonciateur.

4° Affaires de la compétence des tribunaux de première instance.

L'article 48 du Code de procédure civile ne soumet à la

conciliation que les affaires de la compétence des tribunaux d'arrondissement, que ce soient d'ailleurs, l'article ne distinguant pas, des affaires de compétence en premier ressort, ou en premier et dernier ressort (Boitard, C. d'Aage, Glasson, t. I, n° 57). Donc, ne seront pas soumises à cette formalité les affaires dépendant d'une autre juridiction, par exemple les affaires criminelles, administratives, commerciales (Pour celles-ci il existe une disposition spéciale dans l'article 49 du Code de procédure civile). Il en sera de même pour les affaires portées en premier et dernier ressort devant les Cours d'appel et enfin pour celles de la compétence en premier ressort des juges de paix, portées en appel devant les tribunaux d'arrondissement ; en effet ces tribunaux ne sont plus considérés alors comme étant de première instance, mais bien d'appel ; et il y aurait, d'autre part, trop peu de chances de conciliation, après un premier jugement rendu, pour qu'il vaille la peine d'imposer cette épreuve. Telle est la règle, mais elle comporte certaines exceptions.

L'article 429 du Code de procédure civile dispose que, en matière commerciale, quand une affaire est renvoyée devant des arbitres rapporteurs, ceux-ci reçoivent du tribunal la mission de concilier les parties ; et, s'ils n'y parviennent pas, ils doivent rédiger un rapport pour faire connaître leur avis. D'après une délibération du Conseil d'Etat du 20 février 1810, les affaires de la compétence des conseils de prud'hommes doivent, avant d'être portées devant leur tribunal, subir une tentative de conciliation devant deux prud'hommes, l'un patron, l'autre ouvrier.

Enfin la loi du 25 mai 1838 avait créé une tentative de conciliation spéciale pour les affaires de la compétence des juges de paix ; mais cette épreuve était purement fa-

cultative, le juge restant maître de la prescrire ou non. On
observa que souvent, lorsqu'elle était pratiquée, elle donnait des résultats satisfaisants, aussi la loi du 2 mai 1855,
article 2, la rendit-elle obligatoire pour toutes les affaires
de leur compétence, sauf pour celles qui requièrent célérité, ou encore quand le défendeur est domicilié hors du
canton du juge de paix compétent.

II. — Demandes dispensées du préliminaire
de conciliation.

Nous avons vu plus haut les discussions qui se sont
élevées au sujet des incapables dont n'a pas parlé l'article 49. Ici nous allons nous occuper des dispenses qu'il
a formellement établies dans son énumération. Ce texte
indique sept catégories de demandes qui échappent à la
nécessité de la conciliation ; quelques-unes étaient inutiles à rappeler, car elles sont déjà dispensées en vertu
du principe général, comme constituant des demandes
incidentes, ou comme intéressant des incapables. Elles
ne font donc qu'alourdir le texte sans lui donner plus de
force ou de précision.

Le premier numéro de l'article cite : « Les demandes
qui intéressent l'Etat et le domaine, les communes, les
établissements publics, les mineurs, les interdits, les cura-
rateurs aux successions vacantes ».

De l'avis de Boitard ce paragraphe est absolument inutile. L'article 48 établissant que la tentative de conciliation ne peut avoir lieu qu'entre personnes capables de
transiger, il n'était pas besoin de présenter comme une
exception à la règle générale des incapables qui se trou-

vent dispensés de la conciliation par la simple application du principe. Ce paragraphe, comme on l'a vu, est d'ailleurs incomplet dans son énumération des incapables (1).

Une observation est encore à faire. Le texte ne parle que des curateurs aux successions vacantes. Y a-t-il lieu alors, de dispenser de la conciliation les autres curateurs ?

On donne une réponse affirmative, en s'appuyant sur le n° 7 de l'article, qui parle d'une manière générale des curateurs, et on cite en ce sens un arrêt de la Cour de Rennes du 28 août 1813 (2) décidant que les actions engagées avec le curateur nommé à un militaire absent ne sont pas soumises par la loi du 11 ventôse an II à la tentative de conciliation. Ces raisons ne nous paraissent pas satisfaisantes. Le paragraphe 7 de l'article 49 s'occupe des tutelles et des curatelles, et semble bien n'avoir eu en vue que le curateur d'un mineur émancipé. Carré (n° 207 *ter*) nous donne un meilleur argument en disant que les de-

---

(1) A cette nomenclature nous ajouterons les départements qui, au moment de la rédaction du Code de procédure, ne constituaient pas encore des personnes morales. Cette personnalité vient du décret du 9 avril 1811 par lequel est concédée aux départements la propriété des édifices domaniaux affectés à l'administration de la Justice, et de l'Instruction publique. Cette disposition est confirmée par la loi du 10 mai 1838 qui suppose les départements propriétaires, débiteurs, créanciers, demandeurs et défendeurs. — Si on n'en dit pas autant pour l'arrondissement, c'est que la loi de 1838 dans ses travaux préparatoires montre qu'elle entend qu'ils ne deviennent pas des personnes morales (Ducrocq, t. 2, n. 1340) bien que le décret du 9 avril 1811 leur soit applicable. — Puisque nous sommes sur ce sujet, rappelons que les demandes autres que les demandes au possessoire dirigées contre l'Etat, les départements ou les communes doivent d'après les lois des 5 novembre 1790, 10 août 1871,6 avril 1884 être précédées d'un dépôt à la préfecture d'un mémoire adressé au préfet, exposant l'objet et les motifs du litige. Ce dépôt équivaut en quelque sorte à la tentative de conciliation.

(2) P. chr.

mandes dirigées contre les curateurs comptables sont dispensées de la conciliation parce que ces curateurs n'ont pas le pouvoir d'aliéner, et par conséquent de transiger. Nous retrouverons cette question quand nous étudierons le paragraphe 7 et nous l'exposerons alors en détail.

Vient maintenant le paragraphe 2. « Les demandes qui requièrent célérité ». Le motif de la dispense se saisit aisément : puisqu'il faut faire rapidement trancher une contestation, il ne serait pas logique de commencer par imposer une perte de temps, en l'envoyant au bureau de conciliation ; le tribunal aurait peut-être pu pendant ce temps prononcer son jugement.

Après avoir posé la règle que les affaires qui requièrent célérité sont dispensées du préliminaire, l'article 49 dans ses numéros suivants nous en donne des exemples. Mais avant de les étudier nous devons nous demander quelles sont les affaires urgentes d'après le paragraphe 2 de l'article 49. Le Code n'a pas jugé à propos d'en donner les signes distinctifs, et il a bien fait. On comprend que ce soit avant tout une question de fait, de circonstance, qui varie avec chaque procès. Tout ce que veut la loi est que, en cas d'urgence, on évite aux parties des lenteurs préjudiciables à leurs intérêts. C'est pourquoi une affaire qui se présente comme requérant célérité pourra ne pas être soumise aux délais ordinaires des assignations si le président du tribunal le juge à propos ; elle pourra être portée en référé en abrégeant également les délais, elle sera instruite sommairement, et enfin elle sera dispensée de l'essai de conciliation.

Nous pouvons citer comme exemples de causes requérant célérité : la demande en rescision pour lésion d'une vente d'immeubles, surtout si l'action est sur le point d'être prescrite (Riom, 10 juin 1842) (1) ; la demande en résiliation d'un bail (Rennes, 10 mars 1818) (2) ; la demande en dommages et intérêts formée par un accusé absous contre son dénonciateur, surtout quand celui-ci prend des mesures pour soustraire ses immeubles à l'hypothèque judiciaire (Nîmes, 19 juin 1819) (3) ; une demande d'aliments (Douai, 9 mai 1853) (4).

Mais n'a pas été considérée comme urgente : la demande en résolution d'une vente pour cause de non-paiement du capital et des intérêts (Caen, 9 août 1866) (5).

C'est ici que se pose une question très controversée : oui ou non l'ordonnance du président du tribunal ordonnant l'assignation à bref délai doit-elle être considérée comme un jugement décidant préalablement et souverainement de l'urgence de l'affaire, et la dispensant par cela même de la conciliation ?

Dans notre ancien droit il était généralement admis que si les tribunaux s'apercevaient que l'affaire sur laquelle on avait obtenu une telle ordonnance ne requérait pas célérité, il fallait déclarer cette ordonnance subreptice, et renvoyer les parties à se pourvoir à l'ordinaire. Mais aujourd'hui nous trouvons la question résolue de trois façons différentes.

Il a été jugé que, quand le président en vertu de l'article 72 du Code de procédure civile, considérant que l'affaire requiert célérité, a permis d'assigner à bref délai, le Tribunal n'a pas le droit de se prononcer en sens contraire, et de déclarer la cause non urgente et par suite soumise à

(1) D. P. 44, 2, 102.
(2) P. chr.
(3) P. chr.
(4) D. P. 56, 2, 54.
(5) S. 67, 2, 325.

la tentative de conciliation (Colmar, 17 avril 1817 (1), Pau,
29 février 1864 (2), Arras, 5 mai 1872) (3). « Considérant
que les causes requérant célérité sont, aux termes de l'article 49 du Code de procédure civile, dispensées du préliminaire de conciliation ; que le Président du tribunal a
décidé que la cause requérait célérité, que son ordonnance
est inattaquable d'ailleurs, puisque le président a un pouvoir discrétionnaire à cet égard » (Arrêt de Douai, 8 décembre 1836) (4).

En somme tous ces arrêts disent simplement que c'est
ainsi parce qu'il doit en être ainsi, ce qui n'est pas suffisant pour faire triompher leur manière de voir. Ils ajoutent, il est vrai, que s'il en était autrement, on causerait
un dommage au demandeur qui s'est conformé à la loi en
demandant une permission d'assigner à bref délai, car il
serait forcé de recommencer son procès.

En sens inverse, deux arrêts de la Cour de Limoges
(29 novembre 1832 (5) et 4 janvier 1834) (6) décident que
l'ordonnance d'assigner à bref délai n'est pas souveraine
au point de vue de la dispense de la conciliation et que
le tribunal peut rejeter la demande portée devant lui sans
l'accomplissement de ce préliminaire, si la cause ne lui
paraît pas urgente.

De même, d'après un arrêt de Cassation du 20 mai
1840 (7), la partie ainsi assignée à bref délai peut soutenir
devant le tribunal que la cause n'est pas urgente, et ne se

(1) D. alph., 3, 317.
(2) S. 64, 2, 100.
(3) *Journ. des av.*, 1873, p. 142.
(4) D. c. pr. annoté, p. 87, n. 40.
(5) P. chr.
(6) P. chr.
(7) D. P. 41, 1, 223.

trouve pas dispensée du préliminaire de conciliation.

Deux arrêts plus récents ont prononcé en ce sens que l'ordonnance du président ne lie pas le tribunal qui pourra par suite rejeter l'affaire portée directement devant lui sans le préliminaire de conciliation. Besançon (6 janvier 1863) (1) s'exprime ainsi : « si l'article 72 confère au président un pouvoir discrétionnaire pour abréger les délais d'ajournement, aucune disposition légale ne lui donne le même droit pour dispenser de la conciliation préalable. Ces deux attributions sont parfaitement distinctes ; l'une a pour objet d'accélérer la procédure, tandis que l'autre se réfère à un préliminaire ayant pour but d'empêcher le procès ». MM.Garsonnet (t. 2,p. 207), Boitard (n° 190),des arrêts de Paris (8 décembre 1852) (2) ; Toulouse (28 août 1884) (3), un jugement d'Albertville (18 mars 1893) (4) partagent cette manière de voir.

Entre les deux opinions contradictoires que nous venons d'indiquer, s'en est formée une troisième soutenue par Boncenne (t. 2, p. 261 et suiv.). Le défendeur assigné après l'ordonnance du président et sans tentative de conciliation, aurait le droit d'attaquer par la voie de l'opposition l'ordonnance du président. S'il ne le fait pas, cette ordonnance devient définitive et aura pour effet, non seulement d'abréger les délais, mais aussi de dispenser de l'essai de conciliation, en donnant à l'affaire un caractère définitif d'urgence.

En effet, dit Boncenne, celui qui souffre de cette ordonnance doit pouvoir l'attaquer. Comment le pourra-t-il ?

(1) D. P. 63, 2, 112.
(2) D. P. 56, 2, 20.
(3) D. P. 85, 2, 19.
(4) *France judic.*, 1894, p. 24.

Ce ne peut pas être par la voie de l'appel, comme on l'a prétendu en essayant d'assimiler le président juge des référés au président délivrant l'ordonnance. Le président juge des référés exerce une véritable juridiction contentieuse, et il prononce un jugement, les parties ouïes ou dûment appelées. Mais ici il ne s'agit pour lui que de délivrer une permission qui n'a rien de semblable à un jugement et qui ne confère aucun droit d'exécution sur les biens.

Ce sera donc par la voie de l'opposition que le plaideur non appelé devant le tribunal, et assigné à bref délai pourra attaquer l'ordonnance, et qu'il sera admis à démontrer aux magistrats, que le président a été trompé sur la nature de la cause ; cela est conforme au droit commun, qui est que celui qui n'a pas pu se faire entendre peut pratiquer l'opposition. Il faudrait pour qu'il n'en soit pas ainsi un texte exprès, qui n'existe pas.

C'est ainsi que la Cour de Bourges (20 décembre 1831)(1) a décidé que l'ordonnance pouvait être attaquée par l'opposition, et que le défendeur qui ne se pourvoit pas de la sorte contre elle n'est pas recevable à prouver que l'affaire ne requiert pas célérité, et qu'elle aurait en conséquence dû passer par le bureau de conciliation. Cette dernière opinion, ainsi que celle qui attribue à l'ordonnance du président l'effet de dispenser de la tentative de conciliation, ne nous paraît pas admissible. L'abréviation des délais, et la dispense du préliminaire appartiennent à deux ordres d'idées différents. Des textes du Code de procédure ont donné au président le pouvoir de hâter la solution d'une affaire en raccourcissant des délais. Ils n'ont pas parlé de la conciliation. Celle-ci étant en quelque

(1) D. P. 32, 2, 202.

sorte, et sauf controverse, d'ordre public, il serait peu sage de permettre à un magistrat statuant seul et sur requête, c'est-à-dire sans entendre les parties, de dispenser de cette formalité par ce simple fait qu'il permet d'assigner à bref délai.

Sur ce point le tribunal peut statuer. D'après Boncenne lui-même (t. 2, p. 165 et suiv.) les ordonnances du président sont aux risques et périls de ceux qui les demandent, et un examen ultérieur du tribunal est parfaitement licite.

« Autrement, dit-il, il faudrait admettre que sur l'exposé d'une seule partie le président peut renverser toutes les règles de la procédure, et que son erreur est irrévocable, parce que le mensonge qui l'a causée est inattaquable. »

C'est donc le danger que présente le premier système qui nous le fait repousser. Un autre motif nous pousse à ne pas accepter l'opinion de Boncenne. Sans doute le défendeur n'a pas été entendu par le président, et n'a même pas été appelé devant lui. Mais on ne peut pas voir là le genre de « défaut » que suppose l'opposition. Faire défaut, c'est ne pas se rendre à une citation, or dans le cas présent le défendeur n'a pas été cité, et ne devait pas l'être. On ne peut donc pas lui accorder la voie de l'opposition, pas plus d'ailleurs que l'appel. Tout ce qu'il pourra faire, ce sera de montrer au tribunal, comme il le pourra, l'erreur du président, et de prouver que l'affaire n'est pas urgente. Le tribunal alors se prononcera sur la question de l'urgence.

On a fait une objection assez sérieuse au système que nous proposons. Pour demander au président l'abréviation des délais, il a fallu lui faire constater que l'affaire requérait célérité. Si cette condition n'a pas été remplie, le demandeur n'est pas admis à invoquer l'urgence devant le tribunal. N'est-il pas naturel de penser que sur ce point la décision du président doit avoir de l'influence sur les autres juges ? On répond que c'est dans l'intérêt des plaideurs que cette faculté de demander l'abréviation des délais au président a été établie, et qu'ils sont libres de n'en pas user, et agir d'eux-mêmes comme si l'affaire requérait célérité sauf au tribunal à apprécier.

Il n'est pas nécessaire en effet, pour porter directement l'affaire devant le tribunal, d'avoir obtenu la permission du président ; le demandeur qui croit que sa cause requiert célérité peut agir ainsi de lui-même, le tribunal restant libre de reconnaître l'urgence ou non. Ainsi jugé : Bruxelles, 18 avril 1831 (1). C'est donc au tribunal seul qu'il appartient de décider s'il convient de dispenser de la conciliation.

Il est possible encore que l'urgence ne se manifeste qu'entre l'assignation et la comparution au bureau de paix. Et dans tous ces cas ce sera toujours au tribunal qu'il appartiendra de décider sur le caractère de la cause.

Nous terminerons en disant que l'article 2 de la loi du 2 mai 1855 dispense de la tentative de conciliation dite « petite conciliation » les affaires de la compétence du juge de paix en cas d'urgence. C'est le juge de paix qui doit apprécier sans qu'il y ait un débat contradictoire devant lui. L'article dispose : « Dans les cas qui requièrent célérité il ne sera remis de citation non précédée d'avertissement, qu'en vertu d'une permission donnée sans frais par le juge de paix, sur l'original de l'exploit. » Le juge de paix a donc un pouvoir plus étendu que celui

(1) *Rép.*, V° *Conciliation*, n° 66 à la note.

du président du tribunal lequel ne décide pas la question d'urgence. Cela s'explique parce que l'avertissement de la petite conciliation n'est pas, comme la citation, interruptif de prescription, et qu'aucune sanction n'existe contre les parties quand elles ne comparaissent pas. Et surtout cela tient à ce que les affaires dont s'occupent les juges de paix sont peu importantes, qu'elles doivent être traitées rapidement, et qu'en tous cas ce magistrat serait le seul juge de la question d'urgence.

Viennent en troisième lieu les « demandes en intervention et en garantie ». Vu l'article 48 du Code de procédure civile qui ne soumet à l'obligation du préliminaire de conciliation que les demandes principales et introductives d'instance, cette disposition de l'article 49 nous paraît inutile. Ce qui le montre bien, c'est que sous l'empire de la loi de 1790 alors qu'aucun texte n'existait sur la question, la jurisprudence était déjà fixée dans le sens de l'article 49-3º. Un arrêt de cassation du 23 pluviôse an IX (1), sur l'intervention, décidait que celui qui intervient dans une instance en adhérant aux conclusions prises par une des parties en cause n'est pas tenu de tenter la conciliation, et qu'il en serait de même en cas d'intervention forcée.

Aujourd'hui, avec l'article 49-3°, il ne peut plus y avoir de doutes que sur le point de savoir si telle ou telle action, prise en particulier. est ou non soumise à la conciliation, c'est-à-dire, en d'autres termes, si elle constitue ou non une intervention.

Sont déclarées affranchies de la tentative de conciliation: La demande d'un créancier hypothécaire formée contre

____

(1) D. *Rép.*, *Conciliation*, nº 171, à la note.

des tiers détenteurs, et tendant à faire reconnaître que son hypothèque affectera les immeubles qu'ils détiennent, quand elle se produit sur une action semblable intentée contre les principaux obligés (Cass., 2 mars 1830) (1) ;

La demande de celui qui, assigné en bornage, appelle en cause son voisin, afin que l'opération soit faite conjointement avec lui (Douai, 11 novembre 1842) (2).

Mais des difficultés s'élèvent au sujet de la tierce opposition. Doit-on la considérer comme une intervention ? La raison de douter vient de ce que l'article 566 du Code de procédure civile semble placer la tierce opposition sur la même ligne que l'intervention, en déclarant que seuls peuvent intervenir ceux qui ont le droit de former tierce opposition. D'après ce texte on est donc fondé à croire que la tierce opposition est toujours dispensée de la formalité. D'autre part les articles 475 et 476 distinguent, quand ils déterminent le tribunal compétent, pour connaître de la tierce opposition entre le cas où elle est formée par voie incidente et celui où elle est formée par voie principale.

Convient-il alors de faire la même distinction pour rendre la tentative de conciliation obligatoire ou non, ainsi qu'on le faisait avant le Code de procédure ?

Il est hors de doute que dans le cas prévu par le second paragraphe de l'article 475 il n'y a pas lieu de tenter la conciliation. « La tierce opposition incidente à une contestation dont un tribunal est saisi sera formée par requête à ce tribunal, s'il est égal ou supérieur à celui qui a rendu le jugement. » Nous sommes en face d'une demande incidente dispensée comme telle de la tentative. Il n'y aurait pas non plus de difficultés à affranchir de l'épreuve la

(1) D. P. 30, 1, 148.
(2) S. 43, 2, 408.

tierce opposition, quand elle se produit en appel ; ainsi l'a décidé un arrêt de Bordeaux (14 mars 1831) (1) assimilant la tierce opposition à l'intervention. Cet arrêt ne donne du reste pas cet argument qui est péremptoire, à savoir que dans l'espèce on se trouve en appel, et qu'il ne peut y avoir d'essai de conciliation qu'en première instance.

Et d'une manière générale nous pensons qu'il ne faut pas faire de distinction entre la tierce opposition introductive d'instance, ou incidente, bien que Carré et Chauveau ainsi que Boitard soient d'un avis contraire. En effet on peut soutenir d'abord que la tierce opposition est une sorte d'intervention et que pour l'intervention il n'est pas question de tentative de conciliation.

Cela est très exact, pour l'intervention, disent Carré et Boitard, car elle est forcément toujours incidente à une autre demande. Il est vrai que le plus souvent la tierce opposition le sera aussi. Mais il peut se faire qu'elle constitue une demande principale et introductive d'instance, soumise comme telle à la conciliation. Elle peut, en effet, être dirigée contre un jugement en dernier ressort ou contre un arrêt. Comment soutenir que, dans ces conditions, le tiers opposant intervient dans un procès, puisque la question qui faisait l'objet du litige a été tranchée ? Survenant quand les tribunaux ne sont plus saisis, quand l'instance est achevée, c'est un nouveau procès qui s'engage, et la tierce opposition est alors introductive d'instance ; d'où l'obligation au préliminaire.

A cela on peut répondre, et avec quelque raison, que cette tierce opposition qu'ils présentent comme introductive d'instance, n'est en somme qu'une voie de recours

____

(1) D. P. 31, 2, 243.

contre un jugement rendu qui est préjudiciable au tiers opposant, et qui a terminé une contestation dans laquelle ce tiers aurait dû être appelé en cause. Ce n'est donc qu'une suite du jugement, et on ne peut pas lui reconnaître le caractère introductif d'instance. Il n'y aurait pas lieu en conséquence de distinguer entre la tierce opposition prévue par l'article 475-1°, et les tierces oppositions des articles 475-2° et 476, car ces articles n'établissent cette distinction que pour régler une question de compétence ; cela ne saurait donc changer en rien le caractère de la tierce opposition qui est toujours incidente vis-à-vis de la première instance (Pigeau, t. I, p. 675).

On voit donc que pour affranchir la tierce opposition de la conciliation il n'est pas nécessaire de l'assimiler à une intervention, comme le font plusieurs décisions judiciaires. « La tierce opposition ne pouvant être considérée que comme une intervention est dispensée de la conciliation » (Rennes, 24 juin 1823) (1). « La tierce opposition même intentée par action principale doit être considérée comme une intervention dans l'exécution du jugement et être sous ce rapport dispensée du préliminaire de conciliation » (Bruxelles, 7 mai 1818) (2). La tierce opposition « n'étant ni une demande principale, ni une demande introductive d'instance, et s'appuyant au contraire sur une précédente procédure » (Paris, 24 janvier 1873) (3), (Bordeaux, 17 août 1852) (4) donne la même idée.

En somme la jurisprudence admet le système de la dispense générale, ce qui nous paraît conforme non seule-

---

(1) D. *Rép.*, V° *Conciliation*, n° 176.
(2) D. alph. 11, 841.
(3) D. P. 74, 2, 240.
(4) D. P. 56, 2, 177.

ment aux principes, mais encore aux intérêts des parties. Le tiers auquel on oppose un jugement qui le lèse ne sera guère disposé à consentir une transaction, et il est inutile de procéder à une formalité condamnée d'avance à ne donner aucun résultat satisfaisant.

Nous trouvons la même question à résoudre, à propos des demandes en garantie. Y a-t-il lieu de distinguer suivant qu'elles sont intentées par voie d'action principale et introductive d'instance, ou par voie incidente, au cours d'un procès ? Sous la loi de 1790 la jurisprudence faisait cette distinction, mais est-ce encore possible aujourd'hui en présence des termes généraux de l'article 184 du Code de procédure civile : « Si les demandes originaires et en garantie sont en état d'être jugées en même temps, il y sera fait droit conjointement ; sinon le demandeur originaire pourra faire juger sa demande séparément : le même jugement prononcera sur la disjonction, si les deux instances ont été jointes ; sauf après le jugement du principal, à faire droit sur la garantie s'il y échet. »

Pour défendre l'affirmative, on invoque la discussion du 5 floréal an XIII au Conseil d'Etat.

Le projet de Code de procédure ne dispensait jamais du préliminaire de conciliation. Il portait même qu'en matière de garantie le défendeur serait appelé, pour cette épreuve, devant le juge qui aurait été chargé de tenter la conciliation dans la demande originaire. On fit observer au Conseil d'Etat que l'intervention se trouvait dispensée du préliminaire, et qu'on avait les mêmes raisons pour en dispenser les demandes en garantie. Il fut répondu que cela n'était pas ; l'intervenant prend forcément part à un procès déjà entamé, tandis que, en matière de garantie, on peut concevoir deux procès, deux causes différentes ; une

de ces causes serait soumise alors à la conciliation et
l'autre pas. Mais, reprenaient les partisans de l'affirmative, la demande en garantie doit être jugée en même
temps que la contestation originaire, il ne faut donc pas
la soumettre à des formalités qui ne feront qu'en retarder
l'examen, sans qu'on puisse en espérer de bons effets.
L'archichancelier vint donner la conclusion de cette discussion : « La conciliation est inutile à l'égard de ces
sortes d'instances qui ne s'élèvent que quand le procès
principal est engagé. Le garant devient passible des frais
quand il est appelé dans le délai prescrit ; or il est bien
difficile de concilier les parties sur une contestation dont
les frais sont faits. » C'est ainsi que la dispense de conciliation pour les actions en garantie forma le troisième
paragraphe de l'article 49.

Mais on n'avait rien répondu à cette observation qu'il
peut y avoir deux instances distinctes en matière de garantie. Les paroles de l'archichancelier ne pouvant s'appliquer évidemment qu'au cas où les deux actions sont
jugées conjointement, est-ce donc que la loi a voulu conserver la distinction que l'on faisait en 1790 ? Cette question est controversée.

Boncenne (t. 2, p. 9) est partisan de l'affirmative, et il
suppose qu'au lieu de mettre le garant en cause pendant
la demande originaire, le garanti a plaidé seul et a perdu
son procès. C'est alors qu'il se retourne contre son garant.
L'auteur estime que cette nouvelle demande est manifes-
tement introductive d'instance, car elle ne peut pas être
l'accessoire de celle qu'une condamnation vient de terminer. Il n'existe donc pas de motif pour la dispenser de la
conciliation. Nous trouvons la même idée dans Boitard,
C. d'Aage, Glasson, n° 89.

Ce système revient donc à dire que, malgré l'apparente généralité de ses termes, le troisième numéro de l'article 49 doit être interprété en s'aidant du principe contenu dans l'article 48, et que seules doivent être dispensées de la conciliation les demandes en garantie non introductives d'instance. On ajoute que c'est conforme à l'esprit de la loi tel qu'on le conçoit après la discussion du 5 floréal.

Cependant Chauveau sur Carré voyant que l'article 49 contient un grand nombre d'affaires introductives d'instance qu'il dispense de la conciliation, se demande pourquoi il n'en serait pas ainsi pour le garanti. Pourquoi agir avec lui autrement que pour une demande en désaveu, en vérification d'écriture, actions qui elles aussi peuvent être introductives d'instance ou incidentes ? C'est donc exprès que l'article 49-3° s'exprime d'une façon aussi générale.

Pigeau (*Commentaires*, p. 242), qui est de cet avis, ajoute qu'il ne peut pas dépendre du garanti de soumettre, à son gré, son action à l'épreuve de la conciliation, ou de l'en dispenser, selon qu'il jugera à propos de l'intenter avant ou après le jugement à intervenir sur la demande originaire. D'ailleurs, dit-il, une transaction est bien improbable entre celui qui vient de perdre son procès, et celui qui lui doit la garantie, c'est-à-dire ici des dommages et intérêts.

En ce sens également Rodière (t. 1, p. 168) ; Garsonnet (t. 2, p. 211).

Il a été jugé : que « la demande en garantie formée après la huitaine du jugement sur la demande originaire n'est pas soumise à la conciliation (Bordeaux, 3 mai 1827) (1).

Pour notre part nous nous rangeons à l'opinion de Boncenne. On ne peut pas dire de la garantie ce que disait de la tierce opposition un arrêt de Paris cité plus haut, qui estimait que cette demande est toujours incidente comme s'appuyant sur une procédure précédente. Cela se comprend pour la tierce opposition qui, attaquant un jugement rendu, fait en quelque sorte recommencer au profit du tiers la cause originaire. Mais la demande en garantie ne change rien au jugement rendu sur cette cause originaire. Une question est soulevée entre une des parties qui ont figuré dans cette cause, et un tiers ; mais quel que soit le résultat de ce second procès, rien ne sera changé dans les rapports créés par le jugement entre le demandeur et le défendeur au premier procès. On se trouve donc bien en présence d'une demande introductive d'instance, à laquelle nous ferons l'application du droit commun, aucun texte n'établissant d'une manière précise et claire une dé_ rogation à la règle pour le cas qui nous occupe.

L'article 49 dispense ensuite de la conciliation les demandes en matière de commerce. C'est là, encore, une disposition inutile. Toute affaire commerciale est, en effet, réputée urgente, et affranchie comme telle de l'essai de conciliation. Comme le fait observer Pigeau (t. 1, n° 81), il y aurai' ur le crédit qui soutient le commerce, le plus gra convénient à surcharger de formalités les affaires s qu'il présente à juger. Et le Code de procédure mettant à la formalité que les demandes devant le naux de première instance, celles en matière de commerce qui doivent être portées devant d'autres tri-

(1) P. chr.

bunaux trouvent encore là un motif, en dehors de l'article 49, pour être affranchies de cette épreuve.

Cela est d'ailleurs si nécessaire que ce fut une des premières exceptions au principe général établies par la loi des 6-27 mars 1791 ; cette loi allait jusqu'à dire que ces demandes profiteraient de cette dispense, même quand elles seraient portées devant les tribunaux civils à défaut de tribunaux de commerce. Il en serait d'ailleurs ainsi aujourd'hui encore, en vertu de l'article 641 du Code de commerce, ordonnant qu'à défaut de tribunal de commerce une affaire de cette nature soit portée devant le tribunal d'arrondissement qui jugera dans la même forme qu'un tribunal de commerce.

Nous n'avons pas à examiner à quels signes se reconnaissent les affaires commerciales. Mais une remarque est nécessaire pour résoudre une difficulté que rencontre l'application de l'article 49-4°. Pour savoir si une affaire est ou n'est pas dispensée de la conciliation, il ne faut pas tant s'attacher à la qualité des personnes qu'au caractère de l'affaire ; c'est-à-dire qu'il ne suffit pas que le défendeur soit un commerçant pour qu'on applique la dispense, mais qu'il faut que l'affaire ait le caractère commercial. C'est ainsi qu'il a été jugé qu'une demande non commerciale formée contre une société de commerce était soumise au préliminaire de conciliation. Il s'agissait dans l'espèce d'une demande en réparation de dommages causés par la Société défenderesse à l'immeuble du demandeur (Cass., 19 décembre 1866) (1).

La difficulté dont nous parlions est relative à la demande en paiement d'un billet à ordre signé seulement

(1) D. P. 67, 1, 113.

par des non-commerçants ; cette instance doit-elle s'engager par la tentative de conciliation ? Cette demande, bien que non commerciale, est en principe de la compétence du tribunal de commerce. Mais le défendeur peut demander son renvoi devant le tribunal civil : c'est là ce qui fait hésiter sur la réponse à donner. Nous pensons que le motif de la clause à ordre est un motif de rapidité et que par suite le billet revêtu de cette clause réclame urgence, et doit pour cette raison être dispensé de la conciliation. D'ailleurs, bien que non commercial, ce billet, pour sa forme, sa négociation, les poursuites qu'il occasionnera, est régi par le Code de commerce. Enfin l'article 187 de ce Code dispose que l'article 165 est applicable au billet à ordre, c'est-à-dire que, quand le porteur du billet exerce son recours contre celui dont il le tient, il doit, à défaut de remboursement, et après lui avoir notifié le protêt, le *citer en jugement* dans les quinze jours. En jugement, dit la loi ; on n'est donc pas obligé de tenter la conciliation, ce que l'on n'aurait du reste pas le temps de faire dans un si court délai.

Ce qui vient d'être dit pour le billet à ordre est applicable à la lettre de change qui lui est assimilée par l'article 636 du Code de commerce.

Sont encore dispensées de l'essai de conciliation, d'après l'article 49-5° : « Les demandes de mise en liberté, celles en mainlevée de saisie ou opposition, en paiement de loyers, fermages ou arrérages de rentes ou pensions ; celles des avoués en paiement de frais. »

Toutes ces demandes rentrant déjà dans la catégorie des causes requérant célérité, sont dispensées de la formalité par le 2° de notre article. Il était donc inutile de faire cette énumération.

Pour les demandes de mise en liberté, pas de difficulté. Tous les auteurs sont unanimes à déclarer que toute cause relative à la liberté des citoyens réclame urgence, chaque instant de retard pouvant causer de graves préjudices (Pigeau, t. 1, p. 81 ; Boncenne, t. 2, p. 20 ; Boitard, C. d'Aage, Glasson, n° 88; Garsonnet, t. 2, p. 205).

Le même motif d'urgence a fait affranchir de la formalité les demandes en mainlevée de saisies ou oppositions qui paralysent la circulation des biens et le mouvement des affaires.

D'ailleurs il est à observer que la demande en mainlevée est en somme une défense à l'action du créancier, et se trouve ainsi dispensée de la conciliation. Sous la loi de 1790 qui n'admettait pas de dispense, les tribunaux jugeaient déjà dans ce sens, et ce fut une des premières exceptions établies par la loi des 6-27 mars 1791.

Le Code parle en termes généraux des mainlevées d'oppositions. Faut-il en tirer cette conséquence que ces demandes sont toujours dispensées de la conciliation, quelle que soit l'opposition dont il s'agisse ? Faut-il au contraire faire des distinctions ?

Certains arrêts ont décidé dans le premier sens, que la demande en mainlevée de l'opposition faite par un débiteur à la vente des biens qu'il a abandonnés, est dispensée de la conciliation. Il en serait de même (Liège, 27 février 1815) (1) d'une demande en mainlevée de l'opposition au paiement de loyers, faite entre les mains d'un locataire par le prétendu propriétaire de l'immeuble loué, qui fonde sa prétention sur divers titres établissant sa propriété contestée.

Quant aux mainlevées d'oppositions à mariage, plu-

(1) *Pasicr. belge*, 1815, p. 319.

sieurs raisons nous les feront dispenser de la conciliation.
C'est d'abord parce que ces oppositions portent sur l'état
des personnes, ce qui ne peut pas faire l'objet d'une transaction. C'est ensuite parce que ces demandes requièrent
célérité, les articles 177 et 178 du Code civil ordonnant
aux tribunaux de prononcer sur elles dans les dix jours.

Après avoir montré par voie d'exemples qu'un certain
nombre d'oppositions de diverses natures sont dispensées,
on peut d'une manière générale soutenir qu'il en sera toujours de même parce que la demande en mainlevée n'est
pas à proprement parler une demande, mais bien plutôt
une défense, le but de celui qui l'intente étant de protester contre l'acte fait contre lui ; il n'y a donc pas d'instance introduite. Et l'on peut ajouter qu'il sera possible,
quel que soit le cas qui se présente, d'invoquer un motif
d'urgence.

Toutefois d'autres décisions judiciaires sont contraires
à cette théorie. Il a été jugé que l'instance venue à la
suite d'une opposition à la notification faite aux héritiers
en vertu de l'article 877 du Code civil, n'est pas dispensée
de la conciliation, car « la notification n'est ni une poursuite ni un commencement de poursuites ; par conséquent
l'exception portée par la célérité n'est pas applicable dans
l'espèce » (Bourges, 9 mai 1821) (1).

Nous pensons qu'il faut s'en tenir au droit commun,
comme le fait cet arrêt, et que, s'il s'agit de demandes principales et introductives d'instance, il faudra tenter la conciliation. C'est ainsi qu'il a été décidé que la demande
qui suit l'opposition du tiers détenteur à la sommation
de payer que lui fait un créancier colloqué sur le prix de

____

(1) P. chr.

l'immeuble détenu, menaçant de plus, en cas de refus, de poursuivre la résolution de la vente doit aller en conciliation. « La Cour, en ce qui touche la demande introductive d'instance de Auquet : considérant qu'elle n'a pas été précédée d'une citation en conciliation, que cependant elle ne se trouve dans aucun des cas d'exception prévus par l'article 49 du Code de procédure civile. Que notamment cette demande par sa nature, ne requérait pas célérité, et n'était pas intentée à l'occasion d'une saisie, puisque l'exploit du 13 juillet 1834 qui l'a provoquée ne contenait que sommation à Auquet de payer à Bouchet le montant de son bordereau de collocation, avec menace, en cas de refus, de poursuivre la résolution de la vente de l'immeuble faite originairement par Turquet. »

Voulant l'application du droit commun, nous ne pouvons donc pas approuver un jugement du tribunal de Briançon à la date du 25 novembre 1846 (1). Voici ce dont il s'agissait :

Un commandement est fait par un créancier à son débiteur, en vertu d'un titre exécutoire. Le débiteur forme opposition à ce commandement. Pourra-t-il assigner le créancier au domicile élu dans le commandement, sans essayer au préalable de se concilier, car c'est la suite d'un commencement de saisie ? Non, dit le jugement, car l'article 49 ne peut être invoqué que par celui qui veut faire prononcer la mainlevée d'une saisie ou d'une opposition, et non par celui qui fait opposition ; au surplus l'article 554 du Code de procédure civile relatif aux difficultés qui s'élèvent sur l'exécution d'un jugement et l'article 584 du même Code relatif à l'élection de domicile par le créan-

____

(1) *Journ. des av.*, 1847, p. 260.

cier, ne dispensent pas de la conciliation les demandes qu'ils prévoient.

A quoi nous répondrons que le débiteur est très pressé de faire déclarer que le titre en vertu duquel a lieu l'exécution n'autorise pas à prendre une mesure aussi rigoureuse, et que les articles 554 et 584 du Code de procédure civile ne font pas obstacle à ce que le débiteur opposant soit dispensé d'appeler son adversaire en conciliation. L'article 554, en effet, prévoit le cas urgent où le tribunal du lieu des poursuites doit statuer provisoirement sur les difficultés qui s'élèvent sur l'exécution des jugements ou des actes ; l'article 584 prévoit bien lui aussi l'urgence, puisqu'il permet au débiteur de faire des offres réelles au domicile élu indiqué par le commandement. Il n'y a donc aucune disposition relative à la conciliation dans ces articles ; et de là il résulte que le débiteur qui a grand intérêt à se hâter ne sera pas obligé de se rendre préalablement au bureau de paix. Cela n'aura d'ailleurs pas pour effet d'arrêter les poursuites, seulement, si dans l'opposition sont proposés des moyens de défense sérieuse, et intimement liés à l'exécution, on ne devra pas déclarer l'instance introduite par le débiteur non recevable comme n'ayant pas été portée en conciliation, car il se trouve dans un cas d'urgence. Si, au contraire, les moyens ne sont pas sérieux, si cette opposition n'est pas intimement liée à l'exécution, alors ce sera l'annulation de l'instance qui n'a pas été commencée selon les règles imposées par la loi ; tout cela n'étant que l'application du droit commun.

Que décider relativement aux demandes en mainlevée d'inscriptions hypothécaires ? Il faut encore distinguer. Sans les assimiler aux demandes en mainlevée de saisie, on a jugé avec raison que si les inscriptions retardent le paiement de deniers exigibles, l'affaire requiert célérité et se trouve par suite dispensée de la formalité. Mais si cette circonstance fait défaut, la demande ne requiert plus célérité, et par suite n'est pas affranchie de la conciliation.

En ce qui touche les loyers, fermages, arrérages, nous observerons que très généralement les demandes ont un caractère alimentaire très urgent (Boncenne, t. 2, p. 20). D'autre part la dette sera presque toujours certaine et il ne saurait y avoir lieu à transaction. Mais si à une demande de ce genre se joint une demande en résiliation de bail, ou en résolution de la vente de l'immeuble grevé de la rente, ou en restitution du capital, il en sera autrement, car cette demande en réclamation de rente ou de loyers, se trouve jointe à une demande principale au sujet de laquelle une transaction peut intervenir.

La loi ne distinguant pas suivant la nature des rentes, il n'y a pas lieu de suppléer à son silence, et il faut appliquer dans tous les cas sa disposition ; on doit donc considérer comme une demande relative à des arrérages de rente ou pension la demande en payement d'une pension alimentaire (Douai, 9 mai 1853) (1).

Enfin vient la dispense établie pour les avoués en paiement de leurs frais. Le motif de cette dispense peut être dans une certaine mesure une question d'urgence ; d'autant plus que l'article 9 du décret supplémentaire du tarif de 1807 a étendu à tous les officiers ministériels la dispense créée pour les avoués. Ils ont en effet intérêt à être rapidement remboursés, car ces frais viennent le plus souvent d'avances qu'ils ont faites à leurs clients. Ce

____

(1) D. P. 56, 2, 54.

serait aussi leur imposer une perte de ce temps qu'ils doivent au public que de les forcer à aller en conciliation. Mais il existe une meilleure raison. Les frais sont fixés par un tarif. Il est donc à présumer que ces officiers ne les ont pas majorés et que, par suite, la tentative de conciliation n'aboutira pas à une transaction. Et, s'il y a eu majoration, il ne faut pas permettre à ces officiers de se soustraire à l'action disciplinaire par un accommodement.

Si cette dispense a été étendue des avoués à tous les officiers ministériels, elle doit n'être accordée qu'à eux. Il ne faut donc pas la donner aux avocats en paiement de leurs honoraires.

Sous l'empire du décret du 14 décembre 1810, on décidait le contraire, car ce décret appliquait aux honoraires en question les règlements et les tarifs ordinaires en usage devant les tribunaux. Il en est toujours ainsi en Belgique ; mais en France, depuis l'ordonnance du 20 novembre 1822, ce décret de 1810 n'est plus en vigueur. Les demandes des avocats seront donc soumises au droit commun, et il en sera de même pour les officiers ministériels qui n'exercent plus, ou pour leurs héritiers, car il n'existe plus pour les dispenser de raisons soit d'urgence, soit de discipline.

Mais seront dispensées du préliminaire de conciliation les demandes faites par un huissier, sans qu'il y ait lieu de distinguer s'il agit contre son client, débiteur des frais, ou contre l'avoué qui l'a chargé d'instrumenter, car nous retrouvons ici les raisons d'urgence et de discipline (Cass., 12 décembre 1871) (1).

Nous arrivons au sixièmement de l'article 49 : « Les demandes formées contre plus de deux parties, encore

____

(1) D. P. 71, 5, 90.

qu'elles aient le même intérêt ». Il faut ne considérer que la pluralité des défendeurs, et non celle des demandeurs pour savoir si une cause se trouve dispensée de la conciliation. On a donné l'explication de cette règle, en disant que les défendeurs n'ayant pas pu se mettre d'accord entre eux avant le procès, chacun d'eux se présentera devant le juge de paix avec ses idées particulières, et avec des intentions qui ne seront pas celles de ses consorts. Le succès de la tentative de conciliation est plus qu'improbable dans de telles conditions. S'il s'agit, au contraire, de plusieurs demandeurs, outre le silence des textes, on a pour les laisser dans le droit commun cette raison que leurs actes sont dirigés selon un plan commun arrêté à l'avance, de leur mutuel consentement, et qu'ils n'ont pour ainsi dire qu'une volonté, puisqu'ils forment ensemble une même demande et qu'ils veulent arriver au même but par les mêmes moyens. Nous croyons que le législateur a obéi à un motif plus simple, et qu'il a seulement pensé que plusieurs personnes réunies s'entendraient difficilement. Cela est vrai, aussi bien quand il y a plusieurs demandeurs, que dans le cas prévu par la loi, et nous ne comprenons pas pourquoi l'article 49-6° n'a pas envisagé cette hypothèse.

Donc, plus les défendeurs seront nombreux, plus la conciliation sera difficile, et c'est pour éviter des lenteurs, des augmentations de frais, pour ne pas déranger inutilement tous les défendeurs, sauf un, s'ils n'habitent pas dans le même canton, qu'on a établi cette dispense (Locré, t. 21, p. 527). Mais il ne faudrait pas conclure de là qu'il est défendu d'essayer la conciliation. Nous avons déjà dit qu'il s'agit de dispenses et non de prohibitions. Ainsi, les tribunaux ont pu décider avec beaucoup de raison qu'un procès-verbal du bureau de paix est valable, bien que la conciliation ait été tentée contre plus de deux défendeurs (Montpellier, 2 août 1807) (1).

Il importe de faire observer encore qu'une affaire qui pourrait être dirigée contre plusieurs personnes, ne sera pas dispensée de l'épreuve de la conciliation, si un ou deux seulement des défendeurs possibles sont attaqués, car seules les personnes assignées doivent comparaître. Et il en serait de même dans l'hypothèse d'une demande dirigée contre une seule personne « et ses consorts ou co-intéressés ». Ici encore une seule personne doit comparaître, et l'on ne trouve pas l'application de l'article 49-6°,

Mais où la question devient plus délicate, c'est lorsqu'il s'agit de savoir si la dispense de la conciliation est acquise par ce seul fait que l'assignation a été lancée contre plusieurs personnes.

La jurisprudence a commencé par répondre affirmativement (Cass., 22 février 1809 (2), Besançon, 15 décembre 1815) (3), et à l'objection qu'un demandeur de mauvaise foi pouvait alors se dispenser de la conciliation en assignant plusieurs personnes, on répondit qu'il serait suffisamment puni de sa fraude par la condamnation aux dépens, et par les dommages-intérêts envers les parties citées à tort. Le système contraire conduirait, disait-on à de fâcheux résultats, car si un demandeur se trouve avoir à attaquer plusieurs défendeurs, il devra porter directement son action devant le tribunal, sans faire essayer une conciliation ; et il ne serait sûr d'avoir bien agi, qu'après avoir obtenu condamnation contre

(1) *Ann. just. paix*, 1ʳᵉ série, t. 2, p. 68.
(2) P. chr.
(3) P. chr.

trois, au moins, de ses adversaires. Si le tribunal, en effet, déboute de la demande un certain nombre d'entre eux, peut-être un ou deux seulement vont-ils rester, et toute la procédure sera à recommencer parce qu'il n'y a pas eu de préliminaire de conciliation. C'était conforme à l'opinion de Boncenne (t. 2, p. 7) et de Bioche (n° 53).

Boncenne se demande si le tribunal pourra, après avoir déclaré que quelques-unes des parties ont été assignées sans besoin pour la cause, décider que la demande n'est pas recevable parce que la conciliation n'a pas été tentée avec les autres. Il pense qu'il est possible que le demandeur se soit trompé de bonne foi, que d'ailleurs la fraude ne se présume pas, que sous prétexte de conciliation ce serait donner naissance à de nouveaux procès, et qu'en conséquence il faut se borner à compter les défendeurs assignés. Ceux qui n'auraient pas dû l'être obtiendront leur renvoi avec des dommages-intérêts. Cependant cet auteur doute qu'un arrêt en sens contraire pût être cassé, mais il ajoute : « La recherche de l'intention en pareil cas, tournerait toujours un peu vers l'arbitraire ; il y aurait moins d'inconvénients à prononcer d'après ce qui a été fait, que d'après ce qui a pu être pensé. » Bioche, qui est du même avis, donne à l'appui des raisons identiques.

En ce sens il existe plusieurs décisions de justice :

Une demande contre plus de deux parties n'en reste pas moins dispensée de l'essai de conciliation, bien qu'il soit reconnu pendant l'instance que la demande n'a été valablement formée que contre une d'elles (Cass., 20 février 1810) (1).

On doit prendre en considération le nombre des parties

______

(1) P. chr.

assignées, et non pas l'intérêt plus ou moins grand qu elles ont à l'affaire (Bordeaux, 19 août 1829) (1).

Il suffit qu'il y ait assignation contre plus de deux parties pour que l'affaire soit dispensée de conciliation ; peu importe si l'action a été formée à tort contre une des parties (Besançon, 15 décembre 1815) (2).

Malgré l'autorité de Boncenne, nous croyons que l'opinion contraire est préférable. Avec Chauveau nous pensons que les différents arrêts que nous venons de citer n'ont pas tranché la question de principe. La vérité consiste à dire que l'affaire est exemptée de la conciliation quand plusieurs défendeurs sont assignés ; mais que s'il y a eu fraude de la part du demandeur, si elle vient à être prouvée, si elle est évidente (ce qui est une question de fait), l'action doit être annulée pour défaut de conciliation. Il se passerait alors un fait analogue à celui que prévoit l'article 181 du Code de procédure civile, qui ordonne le renvoi du garant devant ses juges naturels quand la fraude de celui qui l'a appelé en garantie vient à être découverte. Il faut s'attacher au texte de la loi, et frapper tous ceux qui le violent d'une façon manifeste. La loi dit que seront exemptées de la conciliation les demandes contre plus de deux défendeurs. Il est donc exact de penser qu'elle veut parler de défendeurs réels, et que l'on se conforme à son esprit et à sa lettre en renvoyant l'affaire devant le juge de paix, quand ces nombreux défendeurs sont en quelque sorte imaginaires, quand en fait ils n'existent pas. Le rejet de la demande constituera d'ailleurs un moyen de répression bien plus efficace qu'une simple condamnation aux dépens et à des dommages-in-

(1) D. P. 30, 2, 46.
(2) P. chr.

térêts, d'autant plus qu'il pourra avoir lieu sans préjudice de cette condamnation.

La jurisprudence récente a consacré cette théorie ; la demande introduite contre trois parties, ou un plus grand nombre cesse d'être dispensée de la conciliation, s'il est prouvé qu'en y comprenant plus de deux défendeurs, le demandeur a voulu faire fraude à la loi (Cass., 13 juillet 1880 (1). — Lyon, sur renvoi, 23 juin 1881) (2).

Il nous faut encore attirer l'attention sur les termes qu'emploie le législateur. Il nous dit que sont exemptées de la conciliation les demandes formées contre plus de deux parties, « encore qu'elles aient le même intérêt ». Faut-il en conclure que, à plus forte raison, si elles n'ont pas le même intérêt, une pareille demande sera dispensée de la conciliation ?

Assurément non. Boncenne, Chauveau et Carré, Garsonnet enseignent que c'est précisément l'unité d'intérêt jointe au grand nombre de défendeurs qui empêche la conciliation ; si, au contraire, il y a pluralité d'intérêts, la tentative de conciliation devra avoir lieu ; en pareil cas on peut considérer, en effet, que l'action est principale et introductive d'instance vis-à-vis de chaque défendeur, et que, par suite, une transaction est possible entre le demandeur, d'une part, et chaque défendeur pris isolément, de l'autre. Boncenne (t. 2, p. 14) s'exprime ainsi : « Quand on dit que la loi dispense de l'essai de conciliation les demandes formées contre plus de deux parties quoiqu'elles aient le même intérêt, il faut entendre cela des parties assignées aux mêmes fins, en vertu du même titre, et non pas de celles contre qui on agirait collectivement, mais par

(1) D. P. 81, 1, 75.
(2) D. P. 82, 2, 68.

des conclusions dont les chefs seraient divisés et appuyés sur des titres distincts. Par exemple, la vente d'un domaine a été faite en détail et par des actes séparés ; le vendeur assigne tous les acquéreurs et demande la résolution du contrat sous prétexte de l'inexécution d'une clause y insérée. Quel que soit le nombre des défendeurs, ce ne sera pas un motif pour se dispenser de les citer en conciliation, parce qu'il y aura dans la demande autant de procès, et dans le jugement à intervenir autant de sentences que d'acquéreurs. » Carré et Chauveau font remarquer que la loi aurait été plus claire et plus exacte en disant « lorsque les parties auront le même intérêt ».

La jurisprudence est conforme. La demande formée contre plus de deux individus ayant des intérêts distincts, et pour des obligations différentes bien que stipulées dans le même acte, n'est pas dispensée de la conciliation ; par exemple « la demande en expulsion de biens formée contre plusieurs individus qui ont pris à bail par un même acte, mais sans expression de solidarité, chacun un héritage spécial pour des prix séparés et même inégaux » (Bourges, 21 juillet 1838) (1). Et plus récemment un arrêt de cassation du 21 novembre 1882 (2) a été rendu à propos d'une demande en paiement de la prime due à une société d'assurance mutuelle contre les chances du tirage au sort. Formée collectivement contre les souscripteurs, après leur libération du service militaire, en vertu de titres distincts et ne tendant qu'au paiement de la souscription de chacun d'eux, cette demande devait s'engager par la conciliation. Au contraire : « une demande est dispensée du préliminaire de conciliation parce que les défendeurs,

(1) D. P. 39, 2, 13.
(2) S. 83, 1, 115, D. P. 83, 1, 477.

au nombre de quatorze, ont la même situation juridique, et représentent des intérêts communs (Cass., 4 juillet
1893) (1).

Toutefois il n'est pas nécessaire qu'il y ait identité absolue d'intérêts comme cela existe au cas de codébiteurs
de dettes indivisibles. Garsonnet et Rodière pensent qu'il
suffit d'un intérêt commun, comme on le rencontre chez
des cohéritiers, bien que l'un d'eux puisse être renvoyé
de la demande et les autres condamnés seulement pour
leurs parts. Enfin les défendeurs sont réputés avoir le
même intérêt, s'ils sont en vertu du même titre assignés
aux mêmes fins.

Et, plus spécialement, on s'est demandé, lorsque le
mari et la femme sont assignés conjointement avec un
autre défendeur, s'ils ne forment à eux deux qu'une seule
personne juridique, et s'il est nécessaire d'aller en conciliation ? Ici encore les avis diffèrent.

Boncenne (t. 2, p. 10), Chauveau et Carré (n° 212 *ter*)
pensent qu'il y a lieu de distinguer selon que les époux
seront ou ne seront pas communs en biens. Sont-ils communs ? Ils ne forment à eux deux qu'un défendeur représentant la communauté, et s'ils sont assignés en même
temps qu'une autre personne, la conciliation sera obligatoire, à moins que, dit Toullier, le contrat de mariage ne
contienne une disposition en sens inverse. Sont-ils au
contraire séparés de biens ? Chacun ayant son administration propre et des intérêts particuliers, on ne pourra pas
compter les époux comme un défendeur unique, et on se
trouve avoir ainsi trois défendeurs.

Boitard, C. d'Aage et Glasson (t. 1, p. 72) admettent cette opinion, après avoir fait remarquer que cette

(1) D. P. 93, 1, 470.

question suppose résolue affirmativement celle de savoir
si une femme mariée peut être assignée en conciliation,
sauf à être assistée de son mari. Et ils complètent cette
doctrine en montrant que, même sous le régime de communauté, lorsqu'il s'agit des propres immobiliers de la
femme, et si l'on veut que le jugement soit opposable aux
deux époux, il faut les mettre tous les deux en cause, car
ils ont des intérêts distincts, l'un ayant la nue propriété,
l'autre l'usufruit. L'affaire sera donc soumise à la conciliation. Et d'autre part, quand le mari n'est mis en cause
que pour autoriser sa femme , il ne doit pas compter
comme défendeur. Enfin, sous le régime dotal, on met-
trait en vain la femme en cause ; elle ne doit pas compter
comme défenderesse, puisque le mari a qualité pour défendre seul quant à la dot.

Mais telle n'est pas l'opinion de MM. Rodière et Garsonnet. D'après eux les époux défendeurs doivent toujours être
comptés comme deux personnes distinctes. Même si la
femme est commune en biens, elle a un intérêt éventuel
quant à l'obligation à la dette, et elle peut refuser de
transiger sur ce point. Si, d'autre part, le mari n'est mis
en cause que pour autoriser sa femme, il peut avoir un
intérêt moral ou pécuniaire à refuser son consentement. Il
y aura donc toujours deux volontés à réunir, et il n'y a pas
de bonnes raisons pour ne pas les compter toutes les deux.

A plus forte raison, quand le mari figure personnellement et pour son compte dans l'instance, et non pas seulement pour autoriser sa femme, il faut le compter comme
un défendeur spécial (Chambéry, 9 janvier 1884) (1).

Malgré cette jurisprudence, nous ne partageons pas l'o-
pinion de MM. Garsonnet et Rodière, et nous nous ran-

(1) D. P. 85, 2, 62.

geons à l'avis de Boitard. L'autorisation donnée par le mari
ne constitue qu'une formalité nécessaire pour habiliter sa
femme à ester en justice, mais insuffisante pour le rendre
lui-même défendeur. Supposons que la femme soit autorisée à plaider non pas par son mari mais par le juge, en
vertu de l'article 218 du Code civil. Pour que le jugement
soit opposable aux deux époux, le mari doit être rendu
défendeur et assigné en même temps que sa femme. Nous
pensons que la situation est la même, quand le mari, par
raison de convenance, et pour épargner à sa femme l'o-
bligation de s'adresser à un magistrat, a accordé l'autorisation qu'on lui demandait.

La jurisprudence n'est pas très fixe sur ce sujet. Un
arrêt de Bourges (9 juillet 1831) (1) établit que « la demande dirigée contre deux maris et deux femmes communs en biens n'est dirigée que contre deux défendeurs ».

Mais la demande formée contre deux époux communs
en biens, et un autre défendeur, est dirigée contre trois
personnes (Besançon, 13 février 1856 (2) ; Bordeaux,
29 mai 1888 (3) ; Douai, 4 juillet 1892) (4).

Voici les termes mêmes du dernier arrêt de Cassation
(4 juillet 1893) (5) sur ce point :

« Le mari et la femme doivent être comptés pour deux,
quand le mari n'est pas assigné seulement pour autoriser
sa femme, mais aussi en son nom personnel, la femme
étant obligée personnellement, et le mari tenu des suites
de cette obligation. » C'est la consécration du système que
nous adoptons.

(1) *Journ. du Palais*, 32, 2, 296.
(2) D. P. 56, 2, 119.
(3) *Journ. arr. Bordeaux*, 1888, 1, 300.
(4) Sous cass., D. P. 93, 1, 471.
(5) D P. 93, 1, 470.

En ce qui touche les sociétés civiles, si on les suppose formées de plus de deux personnes, on admet très généralement qu'on ne doit pas les considérer comme des êtres moraux, indépendants de la personne des associés, et cela qu'elles aient ou non la personnalité civile.

Delaporte (t. I, p. 48) se prononce contradictoirement à cette opinion. D'après cet auteur, assigner une société, c'est comme si l'on n'assignait qu'une partie. Ce sont moins des créanciers ou des associés que l'on attaque que l'union même, la société.

Cette manière de voir n'est pas la nôtre. Nous croyons qu'il y a au contraire de bonnes raisons pour dispenser de la conciliation. En effet, d'après Rodière, si on admet dans certains cas la fiction de la personnalité, on ne saurait le faire ici. On ne peut pas étendre cette fiction « à une matière où la loi ne peut avoir eu en vue que des individus qui souvent ne s'entendent pas mieux parce qu'ils font partie de la même société ».

Chauveau, Boncenne, Garsonnet, sont également de cet avis, ainsi que Carré et Boitard qui pensent que l'on peut assimiler les associés à des héritiers. Cela ne nous semble pas tout à fait exact, car les héritiers sont tenus personnellement, donc ont des intérêts différents, tandis que, généralement, dans les associations, il y a unité d'intérêt et de direction ; le demandeur contre une société ne considérera donc le plus souvent qu'une seule personne, la société, surtout si elle a la vie civile, dont le domicile serait situé à l'endroit de son principal établissement.

Mais Boitard fait justement remarquer qu'en principe une société n'a pas la personnalité morale (1). Donc, rien

(1) Il y a pourtant des sociétés civiles ayant la personnalité civile. Avec

ne peut faire considérer une société comme représentant tous les membres, car l'article 1862 du Code civil déclare qu'il n'y a pas de solidarité entre les associés, chacun d'eux n'étant tenu que pour sa part.

C'est ce qui a conduit Boitard à son assimilation des associés avec les héritiers. Boncenne en fait d'ailleurs autant en nous montrant que les sociétés ou les successions ne sont des êtres moraux que relativement à leur domicile, mais que cette fiction ne va pas jusqu'à « concentrer dans une expression unique, la pluralité des intérêts et la diversité des avis ». Les associés se sont donné le mandat d'administrer les uns pour les autres, mais chacun d'eux a le droit de s'opposer aux agissements de son collègue. On ne peut donc voir dans les associés, que la société ait ou non la personnalité civile, qu'une réunion d'individus qui spéculent sur le bénéfice à retirer de ce qu'ils ont mis en commun, et dont les combinaisons ne sont pas toujours fondées sur un parfait accord. Il faut donc les considérer comme autant de défendeurs, et s'ils sont plus de deux ils se trouveront dispensés de la tentative de conciliation. L'opinion de Boncenne nous paraît bonne, mais nous ferons cependant une réserve. Si la société a la personnalité civile, nous pensons que le défendeur sera la société, et non plus les associés, et qu'en ce cas l'essai de conciliation sera nécessaire.

Quant aux héritiers d'un individu, ils forment bien une masse, mais chacun d'eux ayant un intérêt distinct, il en résulte qu'il y a autant de défendeurs que d'héritiers, et qu'il y a encore dispense de la conciliation.

M. Lyon-Caen, nous pouvons citer : les sociétés civiles à capital variable (loi du 24 juillet 1867, art. 53), les sociétés civiles qui ont revêtu une forme commerciale.

Nous en avons fini avec ce paragraphe. Le suivant (n° 7) est ainsi conçu : « Les demandes en vérification d'écritures, en désaveu, en règlement de juges, en renvoi, en prise à partie, les demandes contre un tiers saisi et en général sur les saisies, sur les offres réelles, sur la remise des titres, sur leur communication, sur les séparations de biens, sur les tutelles et curatelles, et enfin toutes les causes exceptées par les lois. » Toute cette énumération est inutile, car il n'y est question que de demandes incidentes ou connexes à une cause déjà engagée ; elles étaient donc dispensées d'après l'article 48.

Demandes en vérification d'écriture. — On appelle ainsi une demande tendant à faire reconnaître qu'un acte sous seing privé émane bien de celui à qui on l'oppose, ou de ses auteurs. Cette demande peut être incidente ou principale.

Incidente, c'est ce qui arrive généralement. On peut supposer qu'une tentative de conciliation a échoué, et qu'elle a été suivie d'une assignation. A l'appui de sa prétention, le demandeur produit un acte sous seing privé portant la signature du défendeur. Celui-ci prétend que cet acte est faux, et c'est ainsi que le demandeur est conduit à conclure à une vérification d'écriture. C'est une demande incidente, dispensée naturellement de la conciliation.

Mais elle peut être intentée par voie principale et introductive d'instance. Par exemple, sans exiger immédiatement le remboursement, le demandeur voudra cependant faire vérifier à l'avance, et par un jugement, l'écriture du défendeur. La demande tendant à obtenir ce jugement sera dispensée de l'essai de conciliation pour un double motif.

D'abord à cause de la généralité des termes du paragra-

phe 7 ; ensuite parce que le but de cette vérification d'é-
criture est d'obtenir immédiatement sur les biens du défendeur, l'hypothèque judiciaire, en vertu de l'article 2123
du Code civil. Cette demande requiert célérité, ce qui
suffit encore à la dispenser de la formalité.

Nous voyons donc que la demande en vérification d'é-
criture sera toujours dispensée , sous quelque forme
qu'elle se présente.

Demande en désaveu. — Les actes qu'ont à faire les
officiers ministériels, les avoués, par exemple, peuvent se
diviser en trois catégories. Dans la première nous place-
rons les actes ordinaires de la procédure, que le client autorise l'avoué à accomplir, par cela même qu'il le constitue.
Ces actes seront toujours valables, même s'ils causent un
préjudice à la partie, sauf les dommages-intérêts que le
client pourra réclamer à l'avoué, en prouvant que celui-ci
a commis une faute. — La deuxième catégorie renferme les
actes particulièrement graves (inscription de faux, règlement de juges, etc.), que la partie doit faire par elle -même,
ou par un fondé de pouvoir muni de sa procuration spéciale. Aucune présomption de mandat n'existe en la circonstance, aussi pour faire tomber un pareil acte fait par
l'avoué sans un pouvoir spécial, il suffit que le client refuse de le reconnaître, sans qu'il soit besoin de recourir au
désaveu. — Le désaveu s'applique aux actes de la troisième catégorie, actes qui sont, d'une manière générale,
des renonciations (art. 352, C. proc. civ.) ; pour les faire,
l'avoué a besoin d'un mandat spécial, mais on présume
que ce mandat a été donné ; si le client veut renverser
cette présomption il doit recourir à la procédure du désaveu.

Des exemples vont montrer qu'ici encore on peut distinguer le désaveu incident et le désaveu introductif d'instance ; cette division est d'ailleurs présentée par le Code lui-même, dans les articles 354 et 355.

Si au cours d'une instance une demande en désaveu est introduite contre l'avoué qui a dépassé ses pouvoirs, nous serons en présence d'un cas de désaveu incident, et de par l'article 48 du Code de procédure civile il y aura dispense de la conciliation.

Après avoir perdu son procès, un des plaideurs découvre que son avoué a excédé ses pouvoirs, et qu'il faut voir là la cause de l'insuccès. Il intente alors une demande en désaveu contre cet avoué. Cette demande est principale et introductive d'instance, mais outre le texte de l'article 49-7°, nous les dispenserons encore de la conciliation à cause de la gravité du fait. En effet, d'après l'article 359 du Code de procédure civile, toute demande en désaveu doit être communiquée au ministère public ; il importe que celui-ci soit mis au courant des reproches faits à un officier ministériel, et il ne faut pas que la justice soit arrêtée par une transaction dans sa mission de surveillance.

Règlement de juges. — Cette demande est nécessairement incidente de sa nature, car elle consiste à s'adresser à une cour ou à un tribunal afin de faire fixer, en cas de conflit, lequel de deux juges de paix, de deux tribunaux, ou de deux cours, est compétent pour juger une affaire, ce qui suppose que deux tribunaux sont déjà saisis conjointement de la même cause. Donc il n'y aura jamais de conciliation.

Renvoi. — Comme la précédente cette demande est toujours incidente. Elle suppose qu'un tribunal se trouve saisi d'une affaire, et que ce tribunal est récusé en masse, par suite des liens de parenté ou d'alliance qui unissent certains des magistrats à la partie adverse. Même conclusion que pour le cas précédent.

Prise à partie. — Il s'agit ici d'un plaideur qui attaque le juge auquel il s'est adressé, par exemple pour déni de justice. Le juge de paix se trouvant placé tout en bas dans la hiérarchie judiciaire, on conçoit qu'il soit choquant de faire comparaître devant lui, en pareille circonstance, alors même qu'il n'est question que d'une tentative de conciliation, un magistrat qui lui est supérieur. De plus, comme nous le disions déjà pour le désaveu, si le juge est coupable, il faut que la justice soit saisie, et que dans l'intérêt de l'ordre public l'affaire ne soit pas étouffée par une transaction.

Cette matière étant du reste soumise à la communication au ministère public, est dispensée de la conciliation (Art. 83-5° et 1004, C. proc. civ.).

Les demandes contre un tiers saisi, et en général sur les saisies. — L'article 570 du Code de procédure civile reproduit encore cette dispense relativement au tiers saisi. A cela nous trouvons deux raisons. Tout d'abord il ne semble pas que le tiers saisi à qui défense est faite de payer ce qu'il doit au saisi, soit réellement partie dans le procès. Le procès roule sur la saisie, c'est-à-dire qu'il a lieu entre le saisissant et le saisi. Si le tiers saisi est mis en cause, c'est plutôt à titre de témoin, comme le fait observer Boitard, qu'à titre de plaideur. On lui demande avant tout de venir confirmer sa qualité de débiteur du saisi. Il est vrai qu'il peut le nier. Mais alors ce sera un nouveau procès entre le saisissant et le tiers saisi, et la cause sera assez embrouillée par elle-même, pour ne pas la compliquer encore par la formalité de la conciliation. D'autant plus que le tiers saisi fera naître tous les incidents possibles pour entraver la marche de l'affaire, et qu'il n'est pas besoin de lui fournir des prétextes.

« Sur les saisies en général », nous dit l'article, c'est-à-dire sur les procédés mis à la disposition d'un créancier pour amener la vente des biens de son débiteur afin de se payer sur le prix. Nous trouvons encore plusieurs motifs de dispense. En premier lieu il ne s'agit pas d'une instance puisque la saisie est un acte d'exécution. Ensuite les demandes sur les saisies requièrent célérité, dans l'intérêt du créancier comme dans celui du débiteur, l'un ayant besoin de son argent, l'autre se trouvant dans une position indécise relativement à ses biens, jusqu'à ce que son créancier soit désintéressé. Enfin, le saisi ne sera que trop disposé à soulever des difficultés pour retarder la vente, et il est inutile de l'encourager dans cette voie en lui montrant des chances de transaction.

Cette disposition très générale de l'article 49 doit être appliquée à toutes les saisies. Plusieurs autres articles viennent confirmer cette proposition et ne permettent pas le doute sur ce point. C'est l'article 566 sur la saisie-arrêt : « En aucun cas il ne sera nécessaire de faire précéder la demande en validité par une citation en conciliation. » La même règle est formulée par les articles 636 et 638 sur la saisie des rentes constituées sur des particuliers. L'article 718, enfin, dispose que « toute demande incidente à une saisie immobilière sera jugée sommairement et sans être précédée de citation au bureau de conciliation ».

La jurisprudence est toute en ce sens. La demande en validité d'une saisie-arrêt, bien que comprenant à la fois la demande en reconnaissance du titre, et la condamnation à la somme y portée, n'est pas soumise au préliminaire (Cass., 17 juillet 1834) (1).

Il y a également dispense de la conciliation pour une demande tendant à la fois au paiement du billet et à la validité de la saisie-arrêt pour sûreté du paiement (Riom, 19 décembre 1821) (2).

Un arrêt de Cassation du 27 juin 1827 considère comme incidente à une saisie immobilière et par suite comme dispensée de la conciliation la demande en nullité d'une transaction invoquée à l'appui des oppositions aux poursuites en saisie.

Les demandes sur offres réelles. — C'est-à-dire la demande en validité introduite par le débiteur, de la consignation qu'il a faite, et tendant à se faire déclarer libéré. Après le refus du créancier de recevoir le paiement, il y a trop peu de chances de conciliation pour que ce soit la peine d'essayer.

Les demandes sur remise de titres, et sur leur communication. — Ces demandes sont urgentes, puisqu'elles ont pour but de permettre à chacun d'établir son droit par la production de ces titres. Il importe donc d'éviter tout retard pouvant préjudicier aux intérêts des parties.

L'article 842 du Code civil, nous fournit un exemple de remise de titres et de communication. Quand un fonds se trouve partagé entre plusieurs cohéritiers, c'est celui qui a la plus grosse part qui garde les titres, mais « à charge d'en aider ceux de ses copartageants qui y auront intérêt, quand il en sera requis ». Nous pouvons encore citer l'article 839 du Code de procédure civile : « Le no-

(1) S. 1834, 1, 449, D. P. 34, 1, 392.
(2) S. et P. chr.
(3) D. P. 27, 1, 285.

taire ou autre dépositaire qui refusera de délivrer expédition ou copie d'un acte aux parties intéressées en nom direct, héritiers ou ayants droit, y sera condamné, et par corps, sur une assignation à bref délai, donnée en vertu de permission du président du tribunal de première instance, sans préliminaire de conciliation. »

Au reste, la loi est générale ; Chauveau et Carré font remarquer avec raison qu'il ne faut pas, comme on a voulu le faire, restreindre les mots « demandes en remise de titres » aux seules demandes contre les avoués ou gens d'affaires, pour qu'ils aient à remettre les titres confiés par leurs clients. Jugé d'ailleurs (Bourges, 11 juillet 1828) (1), que la demande en remise de l'expédition d'un acte de vente formée par le vendeur contre l'acquéreur, est dispensée de la conciliation.

Demandes en séparation de biens. — D'après le Code civil la séparation de biens, non prévue par le contrat de mariage, ne peut s'opérer qu'en justice, et jamais volontairement. En cette matière toute transaction se trouve donc impossible, et la dispense de la conciliation résulte suffisamment de cette considération pour rendre inutile la mention de l'article 49.

Cette disposition doit s'étendre aux demandes en séparation de corps, et aux divorces depuis la loi du 27 juillet 1884 (Voir l'article 1004, C. proc. civ.). Cette dispense du préliminaire de conciliation devant le juge de paix était imposée par l'établissement du mode spécial de conciliation institué pour cette sorte de demandes par l'article 239 du Code civil. Quant aux demandes postérieures à la séparation ou au divorce, et relatives aux rapports soit person-

(1) Sirey chr.

nels, soit pécuniaires des époux, elles sont dispensées comme relatives à l'exécution d'un jugement.

Les demandes sur tutelles et curatelles. — Il y a divergence sur la manière d'interpréter ces mots.

Le Code reproduit dans le paragraphe 7 ce qu'il a déjà dit dans le paragraphe premier de l'article 49, relativement aux mineurs et aux curateurs aux successions vacantes, pour insister sur cette idée que tout ce qui touche aux intérêts des mineurs ne doit pas être porté au bureau de conciliation, car en une telle matière on ne saurait admettre la transaction. Aussi tout le monde est d'accord sur ce point qu'il n'est pas besoin d'aller en conciliation, quand il s'agit des nominations ou des excuses des tuteurs ou de leur destitution. On doit toujours communiquer ces affaires au ministère public pour que, en cas de culpabilité du tuteur, il prenne la défense du pupille et que la justice statue. Il en est de même au cas de procès intéressant les mineurs, et dans lesquels ils sont représentés par leurs tuteurs.

Mais une controverse s'élève à propos des contestations entre le tuteur et son pupille devenu majeur, relatives au compte de tutelle.

D'après une opinion, tant que le compte de tutelle n'a pas été rendu, et cela dans la forme prescrite par l'article 472 du Code civil, aucune transaction ne peut intervenir entre l'ex-pupille et son tuteur, donc tout procès sur ce point se trouve dispensé de la conciliation. A l'appui de cette théorie, on rappelle les termes de l'article 2045-2° du Code civil, « le tuteur ne peut transiger avec le mineur devenu majeur, sur le compte de tutelle, que conformément à l'article 472 au titre de la minorité ».

Et l'article 472 dispose que « tout traité qui pourra intervenir entre le tuteur et le mineur devenu majeur sera nul, s'il n'a été précédé de la reddition d'un compte détaillé, et de la remise des pièces justificatives ; le tout constaté par un récépissé de l'ayant compte, dix jours au moins avant le traité. »

C'est d'après ces vues qu'il a été jugé que la demande de l'ex-pupille en reddition de compte est dispensée de la conciliation (Bastia, 19 novembre 1840) (1).

Est exempte du préliminaire de conciliation la demande formée par un majeur en rejet de compte qui lui a été rendu pendant sa minorité (Rennes, 22 mai 1809).

Il faut appliquer la dispense même aux contestations qui sont la suite de la reddition du compte de tutelle. Par exemple, le fils auquel son père aurait, pendant son émancipation, rendu un compte de tutelle, et qui, majeur, l'aurait ratifié, serait dispensé de la conciliation pour la demande en paiement d'une somme provenant d'erreurs dans le compte de tutelle.

Carré et Chauveau (1) ne veulent pas accepter cette solution. Pour eux, il faut en passer par le préliminaire de conciliation ; car, disent-ils, une demande par exemple en rejet de compte de tutelle, qu'un mineur devenu majeur forme contre son tuteur, qui lui a rendu le compte pendant sa minorité, n'est, quoi qu'on en dise, qu'une demande principale et introductive d'instance, formée par une personne capable de transiger, et portant sur un objet susceptible de transaction. On doit en conséquence appliquer le principe de l'article 48.

Mais c'est précisément la question : l'objet de la demande permet-il une transaction ; cela nous semble difficile à admettre d'après la combinaison des articles 2045 et 472 du Code civil.

(1) D. P. 41. 2, 60.
(2) Chauveau et Carré, quest. 216.

Que décider au sujet de la demande en reddition de comptes formée par un tuteur contre son mandataire auquel, en sa qualité de tuteur, et sous sa responsabilité personnelle, il a donné le pouvoir de toucher une somme due au mineur ? Il semble que cette demande soit dispensée de la conciliation, elle intéresse le mineur, indirectement il est vrai, car le mandat qu'a donné le tuteur l'a été au nom et dans l'intérêt du pupille.

. D'après Carré et Chauveau, on ne peut pas dire que le tuteur a le droit de transiger sur cette demande en reddition des comptes d'un mandat qu'il n'a donné qu'en sa qualité de tuteur, et sans que l'homologation du tribunal fût nécessaire.

Ne pourrait-on pas cependant soutenir qu'en réalité il s'agit non pas d'une somme due à un mineur, mais bien de l'exécution d'un mandat confié à un tiers par le tuteur ? Aux yeux de la loi la somme appartient non au mineur mais au tuteur, et autoriser celui-ci à invoquer contre le mandataire l'intérêt et la position du mineur, c'est lui permettre de se prévaloir du droit des tiers. A l'appui de cette manière de voir, nous ajouterons qu'en admettant même qu'aux termes de l'article 454 du Code civil, le conseil de famille ait autorisé le tuteur à se faire aider par des administrateurs, sa responsabilité vis-à-vis du mineur n'en serait pas moins la même, et que ce sera toujours contre lui que le mineur devra agir en reddition de compte.

« *Enfin*, termine l'article 49, *toutes les causes exceptées par les lois.* »

Nous trouvons dans le Code de procédure plusieurs articles formels pour dispenser certaines causes de la conciliation.

Citons : l'article 320 disposant qu'en cas de refus des experts de déposer leur rapport, ils peuvent être assignés à trois jours sans préliminaire de conciliation devant le tribunal qui les a commis.

L'article 345 : le défendeur, qui n'a pas constitué avoué avant le changement d'état ou le décès du demandeur, doit être assigné de nouveau sans conciliation préalable. L'article 839 que nous avons déjà cité plus haut (page 107 : demandes sur remise des titres).

L'article 856 : quand il y a lieu à la rectification d'un acte de l'état civil, les parties intéressées sont appelées par exploit, sans conciliation.

L'article 883 : quand il s'agit de se pourvoir contre les délibérations du conseil de famille, les tuteur, curateur, subrogé tuteur, peuvent le faire sans conciliation préalable.

Enfin, l'article 8 de la loi du 23 mai 1838 dispose que si les demandes reconventionnelles excèdent les limites de la compétence du juge de paix, celui-ci peut renvoyer les parties à se pourvoir devant le tribunal, sans tentative de conciliation, tant pour la demande principale que pour la demande reconventionnelle. En effet, dit M. Garsonnet, ou bien la demande principale a subi déjà la petite conciliation avant d'être renvoyée devant le tribunal, et il n'y a pas de chance pour qu'un nouvel essai de conciliation soit plus heureux, ou bien elle en était dispensée, auquel cas il n'y a pas lieu de la soumettre à l'épreuve de la grande conciliation. Il en serait de même, d'après Carré et Chauveau, si le juge de paix avait renvoyé à tort devant le tribunal, car on ne peut pas à première vue distinguer s'il a bien ou mal agi.

Il peut se faire que des demandes soient implicitement dispensées de la conciliation. Nous en avons vu quelques-unes, et, d'une manière générale, on peut dire que ce seront toutes celles qui concernent les incapables et l'ordre public.

CHAPITRE III

I. En matière d'action personnelle, réelle, ou mixte. — II. Cas où il y a deux défendeurs. — III. En matière de société. — IV. En matière de succession. — V. Effets de l'exception d'incompétence.

I. — En matière d'action personnelle, réelle, ou mixte.

Avant le Code de procédure la loi des 16-24 août 1790 disposait que l'essai de conciliation ne pouvait avoir lieu devant le juge de paix qu'autant que toutes les parties étaient domiciliées dans son canton. Si elles étaient domiciliées dans différents ressorts de juges de paix, on devait essayer la conciliation devant un bureau de paix formé de six personnes, et organisé par l'article 4, titre 10 de ladite loi, dans chaque chef-lieu de district. Aujourd'hui, comme on le voit en lisant l'article 50 du Code de procédure civile en entier, la conciliation a toujours lieu devant un juge de paix.

Nous trouvons dans l'article 50 du Code de procédure civile les règles qui gouvernent cette matière :

« Le défendeur sera cité en conciliation : 1° en matière personnelle et réelle devant le juge de paix de son domicile » ; cette disposition nous montre par les termes qu'elle emploie, qu'elle ne peut s'appliquer qu'au cas où il y a excitation, et ne concerne pas celui où les plaideurs se présentent volontairement devant le juge de paix pour tenter la conciliation, car les parties peuvent alors choisir un magistrat à leur convenance. Il y a en effet de fortes présomptions pour qu'en de telles circonstances une transaction soit consentie : il serait donc peu raisonnable de créer à des adversaires animés d'aussi bons sentiments, des difficultés dont le résultat ne pourrait qu'être fâcheux.

D'autre part on ne peut pas remplacer la formalité de la conciliation par un équivalent ; c'est ainsi qu'il a été jugé qu'un tribunal de police qui, sur la question préjudicielle de propriété, renvoie les parties à fins civiles, ne remplace pas *ipso facto* la tentative de conciliation (Grenoble, 23 mars 1820) (1). Et c'est pourquoi il faut se demander si cette mission conciliatrice que la loi attribue au juge de paix, pourrait être remplie par une autre personne ou par un autre juge.

La jurisprudence a souvent consacré l'affirmative. Une Cour d'appel peut, d'elle-même, ordonner la comparution des parties devant elle à l'effet de les concilier ; à plus forte raison en est-il de même quand elle le fait sur la réquisition des parties : « Attendu qu'il paraît évident que c'est à la sollicitation des parties elles-mêmes que la Cour de Liège a ordonné leur comparution devant elle pour tenter une conciliation, et que c'est parce qu'elles étaient en pourparlers d'accommodement qu'elle a, sur leur réquisition, renvoyé la prononciation du délibéré d'un jour à l'autre ; que toute mesure qui tend à favoriser un rapprochement entre les plaideurs est tellement morale, que quand bien même la Cour d'appel de Liège aurait de son propre mouvement ordonné la comparution des parties devant elle à l'effet de les concilier, elle n'aurait violé

______

(1) D. alph., 11.686.

aucune loi, et commis aucun excès de pouvoir (1). » Nous ne pouvons qu'approuver cet arrêt. Le vœu de la loi étant avant tout que les parties s'accordent, et pensant qu'un mauvais accommodement vaut, au point de vue pratique, mieux qu'un bon jugement, nous croyons que le fait pour un tribunal ou une cour de tenter la conciliation est conforme à la volonté du législateur, et qu'on ne saurait blâmer des juges pour avoir ainsi fait œuvre de sagesse et de conscience.

D'après l'article 50, il faut en matière tant personnelle que réelle citer le défendeur devant le juge de paix de son domicile. Dans sa première partie, cette règle n'est que l'application du droit commun établi dans l'article 59 du Code de procédure civile. Mais au contraire sa seconde partie diffère de ce même article 59 qui dispose qu'en matière réelle le défendeur sera assigné devant le juge de la situation de l'immeuble. La tentative de conciliation, même en matière immobilière, doit toujours avoir lieu devant le juge du domicile du défendeur. Cela tient à ce que le juge n'a pas de questions à trancher ; qu'il n'a pas besoin d'ouvrir une instruction ou d'examiner les lieux ; on a choisi en conséquence le magistrat appelé à avoir le plus d'influence sur les parties ; il est probable en effet que le juge du domicile du défendeur connaît au moins un des plaideurs.

Tout le monde est d'accord sur ce point, mais il s'élève une controverse quand il s'agit de décider si les articles 111 du Code civil et le dernier paragraphe de l'article 59 du Code de procédure civile, qui permettent d'assigner devant le juge de paix du lieu où a été faite une élection de domicile spéciale pour l'exécution d'un acte, doivent recevoir

(1) D. *Rép.*, Vᵒ *Conciliation*, nᵒ 239 à la note.

leur application en matière de conciliation, pour la raison
que le juge de paix du défendeur, ayant plus qu'un autre
la confiance des parties, c'est lui qui réussira le mieux à
les concilier.

Un premier système veut que l'on ne puisse citer en
conciliation que devant le juge de paix du domicile réel
du défendeur. Ce système est consacré par les arrêts des
Cours de Caen (18 mars 1847 (1) et d'Alger (3 janvier
1849) (2) et appuyé par les auteurs les plus considérables.
Il est fondé sur l'argument suivant : l'article 50 n'a indiqué que trois exceptions à la règle qu'il pose, d'après laquelle les citations en conciliation doivent se faire devant
le juge du domicile réel du défendeur, et le cas qui nous
occupe ne s'y trouve pas. Il doit donc rentrer dans la règle
générale. Et cette considération va encore augmenter de
poids, quand nous aurons fait remarquer que les exceptions établies par l'article 50 ont été puisées dans l'article 59 du Code de procédure civile, lequel détermine, selon
les circonstances, le tribunal de première instance devant
lequel on doit assigner le défendeur.

Etant donné le voisinage de ces deux dispositions, et ce
fait qu'elles ont été rédigées presque en même temps,
nous pensons que l'article 50 n'a pas voulu établir d'exception à la règle générale pour le cas d'élection de domicile, et qu'il se sépare ainsi des articles 111 du Code civil
et 59-9° du Code de procédure civile (En ce sens Boitard,
C. d'Aage, Glasson, t. 1, n° 104 ; Carré et Chauveau. t. 1,
n° 213 *bis*). M. Garsonnet (t. 2, p. 213) estime « que les
rédacteurs du Code de procédure ont fait exprès de ne pas
reproduire cette disposition dans l'article 50, et que le

(1) D. P. 49, 2, 51.
(2) D. P. 49, 2, 51.

principe de l'article 111 du Code civil doit s'effacer ici devant l'esprit de la loi, qui désireux de voir l'essai de conliation s'engager dans les conditions les plus favorables, n'a pas dû vouloir qu'il fût tenté par un magistrat peut-être inconnu aux deux parties. Je crois donc que le défendeur eût-il élu domicile, il faut toujours l'appeler devant le juge de paix de son domicile réel. »

Et cependant un arrêt de Cassation vient soutenir le contraire. D'après cette décision, il serait peu équitable d'enlever à une partie qui a fait élection de domicile, justement pour ne pas avoir à se déranger à propos des contestations à naître, une partie des avantages qu'elle s'est ainsi réservée en réglant d'avance la juridiction qui doit en connaître. En effet, obliger une des parties à comparaître devant le juge de paix du domicile réel du défendeur, c'est l'obliger à un déplacement, ou à la nomination d'un mandataire, c'est-à-dire à des pertes de temps, et à des frais qu'elle a précisément voulu éviter.

Ce raisonnement de la Cour de cassation se base sur la généralité de la disposition par laquelle toutes les notifications, demandes, poursuites, tendant à l'exécution d'un acte doivent se faire au domicile élu, ou devant le juge de ce lieu ; par suite elle s'applique à la conciliation comme à toutes les autres significations ou demandes faites en vue d'arriver à l'exécution de l'acte (Cass., 9 décembre 1851 (1).

II. — Cas où il y a deux défendeurs.

L'article 50 porte ensuite que la conciliation doit avoir lieu : « S'il y a deux défendeurs, devant le juge de l'un

(1) D. P. 1852, 1, 29.

d'eux, au choix du demandeur. » On ne pouvait pas songer à tenter séparément une conciliation avec chacun des défendeurs. Ignorant réciproquement ce qu'a dit et ce qu'a fait son consort, ni l'un ni l'autre n'aurait osé transiger, trouvant plus prudent de se montrer intraitable. C'est pourquoi le législateur a pris la disposition que nous venons de reproduire.

Mais il faut nécessairement pour cela que les deux défendeurs se trouvent liés par des intérêts communs, comme le seront, par exemple, des cohéritiers. Il y aura, contre eux et pour eux, mêmes moyens d'attaque et de défense, car s'il y a maintenant deux dettes, elles se rattachent à la même dette préexistante. Si ce lien n'existe pas, on n'est plus dans le cas prévu par la loi. Nous pouvons supposer que deux propriétaires par indivis d'un même immeuble ont vendu chacun leur part à la même personne mais par des contrats distincts. Il faudra, en cas de contestation, citer chacun d'eux devant son juge de paix, car les procès sont séparés et n'ont rien de commun.

Si les défendeurs sont plus de deux il n'y aura pas lieu de tenter la conciliation, et la question de compétence ne s'élèvera pas (art. 49-6° C. proc. civ.).

III. — En matière de société.

« En matière de société autre que celle de commerce, tant qu'elle existe, devant le juge du lieu où elle est établie » (art. 50-2°).

Beaucoup d'auteurs ont écrit que cette disposition ne vise que les sociétés civiles parce que les autres sociétés, vu leur caractère commercial, se trouvent dispensées de la conciliation. Il est vrai que, d'après la nature des affaires qu'elles traitent, le plus souvent ces sociétés seront dispensées de l'essai de conciliation, mais il ne faut pas oublier d'autre part, que si elles plaident en matière civile, elles y seront soumises. Ayant la personnalité civile, elles devront en ce cas être assignées devant le juge de paix de leur domicile, c'est-à-dire de leur principal établissement.

Boitard (t. I, p. 82) pense que la disposition de l'article 50 ne sera que rarement applicable, car généralement les sociétés civiles n'ont pas de siège d'établissement, et ne font que créer des rapports d'intérêts entre leurs membres. Leur existence, ou tout au moins leur lieu d'existence, distinct de celui des associés, sera même souvent ignoré. Il faudra donc la plupart du temps appliquer l'article 50-1° prévoyant le cas où il y a deux défendeurs, ou l'article 49-6°, s'ils sont plus de deux. Chauveau et Carré (t. I, n° 232) croient qu'en matière de société civile, et dans les hypothèses que nous venons de faire, il faut citer devant le juge de paix du lieu où la société a été formée ; d'après Pigeau (t. I, p. 84) ce serait devant le juge de paix de l'un des associés. Pour notre part nous trouvons quelque arbitraire dans ces deux solutions, et celle que donne Boitard nous semble préférable.

Il y a pourtant des sociétés civiles ayant un siège d'établissement. C'est dans ce cas que l'article 50-2° trouvera son emploi. Mais, encore ici, nous sommes obligés de faire une réserve. Ces sociétés n'ayant pas en principe la personnalité civile, il faudra appeler les associés en conciliation, ce qui suppose qu'ils ne sont que deux, ou bien que, s'ils sont plus nombreux, deux seulement ont été mis en cause ; on peut encore supposer qu'il s'agit d'un procès entre co-associés, et que deux d'entre eux seulement sont défendeurs. S'il y a plus de deux associés en cause, en vertu de l'article 49-6°, il n'y aura pas lieu de tenter la conciliation, car la société civile n'ayant pas la personnalité morale, ce n'est pas elle, mais ses membres qui seront défendeurs.

Tant que la société existe, dit la loi. Donc la disposition n'est plus applicable après la dissolution de la société. En effet, à partir de ce moment il n'y a plus de masse ; l'être moral a disparu, et il n'y a plus que les associés avec leurs patrimoines particuliers dans lesquels se sont confondus les biens de la société. On retombe donc sous la règle générale. Mais d'après M. Garsonnet (t. 1, n° CLXXXI et t. 2, n° CCXXXIX), il faudrait considérer comme existante la société dont la liquidation n'est pas entièrement terminée. Cette disposition de l'article 50 est fondée sur les mêmes motifs qui ont fait établir le cinquième alinéa de l'article 59 du Code de procédure civile. Ce paragraphe exige aussi pour son application l'existence de la société. Celle-ci, de même qu'une succession, est censée exister tant qu'elle n'est pas liquidée, ce qui conduit à dire que les actions en partage et en liquidation doivent être portées devant le tribunal du siège de la société, devant le juge de paix de son canton pour la conciliation.

En effet, jusqu'à la liquidation parfaite, c'est au siège de l'association que se trouveront les papiers, les registres, les documents, et c'est le tribunal de ce lieu d'après l'article 59, le juge de paix de ce canton d'après l'article 50, qui seront le plus à même de se procurer les moyens de vérification des dires des parties.

D'après Pigeau (t. I, p. 84) il en serait de même des demandes relatives à la garantie des lots, et à l'action en rescision du partage, car l'article 1872 du Code civil applique aux partages entre associés la règle des partages entre cohéritiers ; or l'article 822 du Code civil déclare que, dans ce dernier cas, c'est devant le juge du lieu de l'ouverture de la succession qu'il faut se rendre.

IV. — En matière de succession.

Une autre exception au droit commun est contenue dans le paragraphe 3 de l'article 50 : en matière de succession, partage, disposition à cause de mort, la citation en conciliation doit être donnée devant le juge de paix du lieu du domicile du *de cujus* :

« 1° Sur les demandes entre héritiers jusqu'au partage inclusivement ; 2° sur les demandes intentées par les créanciers du défunt avant le partage ; 3° sur les demandes relatives à l'exécution des dispositions à cause de mort jusqu'au jugement définitif. »

Boitard pense que les trois expressions employées par la loi sont synonymes. En effet, « jusqu'au partage inclusivement » et « avant le partage », le sont évidemment ; « jusqu'au jugement définitif », désigne le jugement d'homologation du partage, parce que généralement celui-ci se fait en justice. C'est donc bien pour les trois demandes la clôture du partage qui va déterminer la compétence, parce que après cet acte il n'y a plus de raison pour rester dans une situation exceptionnelle. La succession partagée, il n'y a plus d'héritiers, l'être fictif de la succession ayant disparu.

Une difficulté se présente immédiatement : s'il s'agit d'une action en garantie de lots, ou en rescision du partage, faut-il suivre les règles de compétence établies par l'article 50 ? En d'autres termes, faut-il comme en matière de société civile, par application de l'article 822 du

Code civil, considérer ces demandes comme antérieures au partage ?

On a soutenu que cela devait être, car du moment que le partage est attaqué, la loi ne le considère plus comme définitif ; par suite on se retrouve dans l'hypothèse prévue par le numéro 3 de notre article. Boncenne (t. 2, p. 27) va même jusqu'à dire que l'existence légale du partage étant remise en question, c'est comme s'il n'y en avait jamais eu. M. Garsonnet (t. 2, p. 214), croit qu'on doit appliquer à la conciliation les dispositions de l'article 822 du Code civil, car, dit-il, il serait singulier que cet article qui se combine avec l'article 59 ne se combinât pas aussi avec l'article 50. D'après cet auteur, les mots « jusqu'au partage inclusivement » signifient, dans l'article 59 : « jusqu'à ce que le partage soit devenu définitif et inattaquable » ; et alors les actions qui remettent en question le sort du partage rétablissent une indivision provisoire qui a pour effet de les faire porter devant le tribunal du lieu de l'ouverture de la succession. Or l'article 50 s'occupe des mêmes questions que l'article 59, emploie les mêmes termes, a été rédigé presque au même moment que lui. Il faut donc nécessairement que les expressions qui se trouvent dans ces deux articles aient le même sens ; et c'est ainsi que l'on arrive à dire que la combinaison s'impose des articles 50 du Code de procédure civile, et 822 du Code civil ; Bioche dans son *Dictionnaire de procédure* partage cette manière de voir.

Mais tous les auteurs ne pensent pas de même. Boitard, Bonnier estiment que, malgré l'article 822 du Code civil, c'est le juge de paix du domicile de l'un des défendeurs qui sera compétent. En effet, si l'article 822 du Code civil, veut que ces demandes en garantie ou en rescision soient portées devant le tribunal du lieu de l'ouverture de la succession, c'est parce que ce tribunal qui a fait le partage est tout désigné pour connaître des attaques dirigées contre lui, ayant plus que tout autre des éléments d'information à ce sujet, et étant déjà au courant des difficultés que la succession a pu soulever.

Mais il serait faux d'en tirer la conséquence que cela suffit pour rendre le juge de paix du domicile du *de cujus* compétent pour tenter la conciliation.

Voici par exemple une demande en garantie de lots, principale et introductive d'instance, condition nécessaire pour que l'épreuve soit imposée ; nous croyons que l'article 822 ne s'y applique pas. Cet article désigne le tribunal qui jugera le procès, mais cela suppose que le préliminaire a déjà eu lieu, et nous avons à déterminer justement le juge de paix à qui cette mission incombe. Pourquoi donc serait-ce celui du lieu d'ouverture de la succession, puisqu'il est resté étranger aux opérations du partage primitif ? Or venant de voir, quelques lignes plus haut, le motif qui a dicté la disposition de l'article 822, et ne le retrouvant pas ici, nous pensons qu'il est préférable de s'adresser pour la conciliation à un magistrat qui se trouvera plus ou moins connaître une des parties défenderesses, et qui aura peut-être quelque influence sur elle.

Il faut donc rester dans le droit commun, ce qui, d'après Boitard, est conforme au texte et à l'esprit de la loi ; Au texte, car le partage ne cesse pas d'être définitif parce qu'il est attaqué par un cohéritier. Le mot « définitif » employé par la loi doit être opposé à l'épithète de « provisionnel » qui indique un simple partage de jouissance. Si l'on adopte l'opinion contraire, on est conduit à reconnaître que l'éventualité même d'une demande en garantie ou en rescision modifierait la compétence du juge de paix pour toutes les actions intentées par les héritiers, les légataires, ou les créanciers. Il faut donc décider que ces demandes sont postérieures au partage, et, comme elles ont un caractère personnel, c'est devant le juge de paix du défendeur qu'on devra les porter. C'est conforme à l'esprit de la loi, qui veut ne pas désigner un juge de paix étranger aux deux parties. Il est vrai que l'article 50-3° contient une disposition contraire, mais elle n'a de force que jusqu'au partage inclusivement, car c'est une exception ; or les exceptions sont de stricte interprétation.

Qu'arriverait-il si le défendeur était cité devant un juge de paix autre que celui qui est compétent? Nous verrons en détail dans un chapitre suivant que le juge incompétent ne pourrait pas trancher la question de compétence, et devrait se borner à dresser un procès-verbal de non-conciliation, en indiquant le motif qui a amené ce résultat. Et alors, si le défendeur était assigné devant le tribunal sans avoir été à nouveau cité en conciliation, et cette fois devant le juge compétent, il pourrait faire rejeter la poursuite pour défaut de tentative régulière de conciliation, sauf cependant, si devant le juge incompétent il avait discuté le fonds du procès, car il serait censé avoir renoncé à son déclinatoire (Carré et Chauveau). Pigeau (t. 1 p. 146) pense que le mérite de l'exception doit être examiné par le juge de paix auquel on oppose son incompétence.

Une autre controverse porte sur les « demandes relatives à l'exécution des dispositions à cause de mort », quand il s'agit d'interpréter les mots « jusqu'au jugement définitif ». Signifient-ils jusqu'au jugement d'homologation du partage, ou bien jusqu'au jugement qui doit trancher une contestation entre un héritier et un légataire ?

Pour certains auteurs,ces mots signifient jusqu'au jugement d'homologation du partage. Carré et Chauveau en donnent comme raison que le partage a généralement lieu en justice et Boitard ne croit pas que l'on puisse appliquer cette expression au jugement qui termine la contestation entre un héritier et un légataire qui demande la délivrance de son legs, car on ne voit pas quelle question de conciliation peut s'élever entre le commencement de ce procès, et son jugement. C'est donc le jugement d'homologation du partage.

Ils ajoutent que la loi a employé ces mots pour ne pas répéter trois fois la même formule, et que les contestations entre héritiers et légataires sont soumises aux mêmes règles de compétence que les procès entre cohéritiers, ou entre héritiers et créanciers. Si, disent-ils, le législateur avait voulu pour les légataires d'un système spécial de compétence, il se serait exprimé autrement. D'ailleurs il est évident qu'après le partage accompli, il n'y a plus ni succession ni héritiers, et que la compétence exceptionnelle basée sur l'existence de la succession en tant que personnalité fictive doit cesser d'exister en même temps.

A l'appui de cette thèse, ces auteurs invoquent un précédent historique. La disposition dont nous parlons a été tirée de l'article 3 de la loi du 26 ventôse an IV, ordonnant que « toutes contestations entre cohéritiers ou autres parties intéressées, jusqu'au partage », soient « portées, pour la conciliation, par devant le juge de paix du lieu où la succession est ouverte ». Il est bien certain que, d'après cette loi, le juge de paix de la succession n'était compétent que jusqu'au partage, et rien ne vient montrer que le Code a entendu innover sur ce point. — Nous tirerons donc cette conséquence que, au cas d'un héritier unique, comme il se trouve immédiatement dans la situation des cohéritiers après le partage, le juge de paix de la succession ne sera jamais compétent pour tenter la conciliation.

Cependant un second système, qui est plus généralement adopté aujourd'hui, donne à cette expression le sens de jugement à intervenir sur les contestations entre légataires et héritiers ; c'est-à-dire que les contestations entre légataires et héritiers doivent toujours être portées en conciliation devant le juge de paix du lieu de l'ouverture de la succession, tant qu'il n'a pas été rendu entre eux un jugement définitif. C'est l'avis de Pigeau qui croit que, tant qu'il s'agit de reconnaître les droits de l'héritier, le juge du lieu de l'ouverture de la succession est compétent, mais qu'une fois un jugement rendu c'est au juge de paix de l'héritier, que l'on a affaire pour les contestations relatives à l'exécution de la sentence. D'après Rodière, l'article 50 attribue au juge de paix une compétence analogue à celle que l'article 59 du Code de procédure civile attribue au tribunal ; ces articles se servant des mêmes termes, il faut les interpréter de la même façon. Or, d'après cet auteur, les mots *jusqu'au « jugement définitif »*, dans l'article 59, signifieraient que les légataires peuvent saisir le tribunal du lieu d'ouverture de la succession, à la différence des créanciers ou des cohéritiers, même après le partage opéré, et tant qu'un jugement définitif n'est pas venu faire une novation dans leur titre, novation qui ne permet plus de considérer, dans les rapports entre héritiers et légataires, la succession comme un être moral. Et il en serait ainsi quand bien même il n'y aurait qu'un seul héritier.

La Cour d'Agen (24 avril 1882) (1) a adopté ce système, et voici ses motifs : « Attendu, en droit, que des dispositions combinées et identiques des articles 50 et 59 du Code de procédure civile, il résulte que le défendeur doit être cité en matière de succession, sur les demandes relatives à l'exécution des dispositions à cause de mort devant le tribunal du lieu où la succession s'est ouverte, jusqu'au jugement définitif, et que par ces mots il faut nécessairement entendre jusqu'au jugement qui clôt les contestations auxquelles ces dispositions à cause de mort ont donné lieu (Cass., 11 juillet 1864) (2). Que le jugement définitif dont il est questiond ans le n° 3, paragraphe 4, article 59, du Code de procédure civile est celui qui met fin aux contestations entre héritiers et légataires, de manière à produire dans les qualités des parties une novation qui ne permette plus de considérer la succession du *de cujus* comme un être moral continuant sa personne ; qu'ainsi les demandes relatives aux dispositions à cause de mort, soit qu'elles aient pour objet l'exécution par voie de délivrance, soit l'annulation de ces dispositions, doivent, jusqu'au jugement définitif qui clôt les contestations, être portées devant le tribunal du lieu de l'ouverture de la succession, même dans le cas où, comme dans l'espèce actuelle, il n'y a qu'un héritier en présence de plusieurs légataires, la loi ne faisant à cet égard aucune distinction. Que cette interprétation de la volonté du législateur est d'autant plus certaine que l'exécution des dispositions à cause de mort nécessite toujours des règlements qui équivalent pour ainsi dire à un partage entre héritiers et légataires, lesquels ne peuvent être faits, jusqu'à ce qu'il y ait été

(1) D. P. 83, 2, 185.
(2) D. P. 64, 1, 425.

statué définitivement, que devant le tribunal du lieu de
l'ouverture de la succession, là où la personne du défunt se
continue dans ses biens, tant qu'ils n'ont pas été partagés. »

Mais ce système, bien que basé sur de solides raisons,
est difficile à admettre. Il est justement critiqué sous l'arrêt du 24 avril 1882, dans une note de M. Glasson, qui
montre le sens très obscur que cette décision donne aux
mots « jusqu'au jugement définitif ». D'après M. Glasson, si le législateur avait voulu, au sujet des contestations qui s'élèvent entre héritiers et légataires, donner à
ces mots une signification autre que celle de jugement
d'homologation du partage, il aurait employé une autre
formule, car rapprochés des dispositions qui précèdent,
ces mots ne sauraient être compris autrement. Et si l'on
conçoit aisément qu'une succession puisse avoir une sorte
de personnalité jusqu'au partage, au point de vue de la
compétence, on est toutefois forcé d'admettre que le partage fait cesser cette personnalité, même dans les rapports
existant entre héritiers et légataires.

Il importe de faire remarquer que dans tout ceci nous
avons supposé qu'une citation a été faite à comparaître
devant le juge de paix, comme l'indique le commencement de l'article 50 : « Le défendeur sera cité en conciliation ». Ces règles ne sont pas d'ordre public ; il s'ensuit
que les parties peuvent user du droit que leur accorde
l'article 48 du Code de procédure civile, pour comparaître
volontairement, sans citation, devant le juge de paix. Et
dans ce cas, elles peuvent s'entendre pour comparaître
devant celui qu'elles auront choisi d'un commun accord,
et qui, jouissant de leur confiance, arrivera mieux qu'un
autre à les concilier.

V. — Effets de l'exception d'incompétence.

Nous devons nous demander maintenant ce que doit faire le tribunal quand le défendeur soulève l'exception d'incompétence. D'après Chauveau et Carré, Boitard, Bioche, Pigeau, si le tribunal trouve que le déclinatoire sur l'incompétence du juge de paix opposé par le défendeur, n'est pas fondé, il doit le considérer comme un refus de se concilier. Par suite la formalité doit être considérée comme accomplie, et le tribunal se trouve valablement saisi. Si, au contraire, le tribunal estime que ce déclinatoire est bien fondé, il doit, avant de se saisir de l'affaire, renvoyer les parties en conciliation devant le juge de paix compétent.

La comparution du défendeur devant un juge de paix autre que celui devant lequel il aurait dû être assigné, aura-t-elle pour effet de proroger la juridiction de ce magistrat ? Autrement dit, les parties peuvent-elles, expressément ou tacitement, saisir valablement un juge de paix incompétent? L'analogie de la situation avec celle des juges de paix en matière civile nous dicte la réponse. Boitard, C. d'Aage, Glasson (t. I, n° 615) enseignent que, on peut déroger aux règles de la compétence *ratione personæ* des juges de paix. Tous les auteurs l'admettent ; et nous pensons en conséquence que, à plus forte raison, quand il s'agit de la conciliation, on peut comparaître devant un juge de paix incompétent *ratione personæ*. En ce sens, Rennes, 9 février 1813 (1).

(1) P. chr.

Donc le défendeur ne pourra pas, plus tard, opposer la nullité à raison de l'incompétence du magistrat conciliateur, si bien entendu celui-ci n'était pas incompétent à raison de la matière. Cela paraît exact, car c'est se conformer à la volonté de la loi que de désigner le juge le mieux placé pour opérer la conciliation. D'autre part, ce préliminaire n'étant pas d'ordre public, d'après l'opinion actuelle, son absence pourrait se couvrir par la défense au fond. A plus forte raison en sera-t-il ainsi quand il ne s'agira que d'une question de compétence. La prorogation de la compétence du juge de paix est donc possible ; mais la comparution du défendeur dans de telles circonstances ne couvrira pas la fin de non-recevoir tirée de l'incompétence du juge de paix, si le défendeur fait toutes réserves de faire valoir devant qui de droit ses moyens de nullité (Cour de Caen, 18 mars 1847) (1).

La comparution des parties couvrirait également la nullité de la citation en conciliation, provenant par exemple de ce que la matière qui fait l'objet du procès est dispensée de la formalité. Mais cela n'aurait pas pour effet d'influer sur la compétence du tribunal qui doit plus tard statuer sur le fond. Supposons qu'un commerçant soit appelé en conciliation pour affaire de commerce. La cause est dispensée du préliminaire, et cependant ce plaideur comparaît sans opposer l'exception d'incompétence. Le tribunal civil ne sera pas saisi à la suite de cette comparution, et le tribunal de commerce devra juger le débat. Si, sans citation préalable, et de bonne volonté, les parties se présentent devant le juge de paix pour le faire statuer sur une contestation, le juge qui rendra la décision ne statuera

____

(1) D. P. 49. 2. 51.

pas comme juge contentieux, mais comme conciliateur, ce qui a pour effet d'empêcher son jugement de produire l'hypothèque légale. Mais il faut pour cela que les parties n'aient pas manifesté l'intention d'en faire un juge, et que la valeur de l'objet excède les bornes de sa compétence.

CHAPITRE IV

DÉLAIS ET FORMES DE LA CITATION EN CONCILIATION.

I. Loi du 2 mai 1855. — II. Enonciations que doit contenir la citation. — III. Des délais (art. 51 du Code de procédure civile).

I. — Loi du 2 mai 1855.

D'après l'article 48 du Code de procédure civile, les parties ont le choix entre la comparution volontaire devant le juge de paix conciliateur, et la comparution à la suite d'une citation. Dans le chapitre que nous entamons, il ne sera question que des délais et des formes de la citation en conciliation ; nous n'aurons donc pas à parler de la comparution volontaire qui trouvera sa place dans le chapitre relatif aux effets du préliminaire de conciliation.

Nous devons tout naturellement commencer par dire ce que doit faire le demandeur au début de son procès, c'est-à-dire au moment où il se dispose à provoquer la tentative de conciliation. Nous trouvons immédiatement une question très discutée. Il s'agit de savoir si le demandeur dont la demande est principale et introductive d'instance, susceptible de transaction, et formée contre un défendeur habitant le même canton, doit commencer par s'adresser au juge de paix du canton, pour que celui-ci, par un avertissement sans frais, invite le défendeur à se présenter devant lui pour essayer un accommodement.

Ou bien le demandeur peut-il ne rien demander au juge de paix, et envoyer immédiatement, par huissier, une citation en conciliation à son adversaire? Autrement dit, l'article 2 de la loi du 2 mai 1855 s'applique-t-il au procès de la compétence du tribunal d'arrondissement?

Pour bien voir l'étendue de cette question, il faut remonter à une époque antérieure à 1855.

La comparution volontaire en conciliation, avons-nous dit, répond parfaitement au vœu de la loi, car cette manière de se rendre au tribunal de paix donne de bien meilleurs résultats qu'une comparution forcée. Quand deux adversaires se sont entendus pour se faire concilier, l'accommodement est aux trois quarts consenti. Malheureusement, comme le remarque Boncenne, la comparution volontaire est très rare, et on ne voit guère que des comparutions sur citation.

D'autre part, Favard de Langlade montre qu'il arrive fréquemment que les juges de paix invitent officieusement les parties à se présenter devant eux, et qu'il est rare, lorsqu'ils ont quelque influence dans leur canton, qu'elles ne se rendent pas à cette invitation. Comme les plaideurs ne sont pas encore montés l'un contre l'autre par la remise d'une citation et la visite d'un huissier, il y a des chances pour que l'affaire s'arrange.

Considérant ces avantages, l'article 17 de la loi du 25 mai 1838 a transformé cette habitude extra-légale des juges de paix en une faculté légale: « Dans toutes les causes, excepté celles où il y aurait péril en la demeure, et celles où le défendeur serait domicilié hors du canton ou des cantons de la même ville, le juge de paix pourra interdire aux huissiers de sa résidence de donner aucune citation en justice, sans qu'au préalable il n'ait appelé, sans frais, les parties devant lui. »

Cette disposition est comprise de deux façons différentes. Curasson (t. 2, p. 638) croit qu'elle ne vise que les affaires de la compétence contentieuse des juges de paix. Il s'agit en effet d'une disposition en dehors du droit commun, il convient donc de ne pas l'étendre, c'est-à-dire qu'on ne peut pas l'appliquer à la conciliation sur citation. La citation en conciliation n'est pas une citation en justice, elle ne fait pas partie de l'instance, car elle n'est qu'un préliminaire pour arriver à celle-ci. L'instance ne commence qu'avec l'assignation à comparaître devant le tribunal. Le juge de paix conciliateur n'a pas à statuer sur un litige, puisqu'il doit empêcher ce litige de se produire. L'article ne peut donc avoir en vue que la citation en conciliation de l'article 4 du Code de procédure civile, et non celle de l'article 50. Le but de la loi en autorisant les avertissements préalables a été, écrit Curasson, de mettre le juge à même d'employer sa médiation afin d'éviter aux parties un procès pour des affaires de modique intérêt. Mais à quoi bon essayer de concilier les adversaires avant l'envoi de la citation au bureau de paix, qui n'est elle-même que le préambule de l'essai de conciliation? Curasson ajoute que, dans l'autre système, il y aurait deux préliminaires de conciliation, l'un sur avertissement préalable, l'autre sur citation, et qu'il n'est pas probable que le second réussisse quand le premier a manqué. Enfin, la loi de 1838 ne s'occupe que de la conciliation des affaires de la compétence contentieuse des juges de paix, et par suite elle n'a pas eu en vue dans cet article les affaires de la compétence des tribunaux de première instance. « Cette loi qui ne s'est proposé que de modifier la compétence des juges de paix, ne pouvait rien innover quant à leurs attributions gracieuses. »

Une autre opinion défendue par Carré et Chauveau
(n° 220 *bis*) soutient que la théorie que nous venons d'exposer n'est pas admissible en présence des termes généraux de l'article 17. Pourquoi refuser à toute une catégorie d'affaires la conciliation sur avertissement préalable ?
Ne doit-elle pas donner de meilleurs résultats que celle
qui a lieu obligatoirement, après l'envoi de papier timbré
remis par huissier ? D'ailleurs la loi de 1838 ne fait que
donner une autorisation au juge de paix. Il « pourra »,
dit-elle, et non pas il « devra ». Il en résulte que si, par la
nature de l'affaire, ou par les circonstances qui l'accompa-
gnent, le conciliateur ne croit pas avoir chance de réussir,
s'il pense que l'avertissement préalable ne doit que créer
des lenteurs inutiles, il n'aura qu'à s'abstenir, et à laisser les choses suivre leur cours ordinaire.

Quoi qu'il en soit, l'article 2 de la loi du 2 mai 1855
oblige aujourd'hui le juge de paix à appeler devant lui les
parties par un avertissement sans frais, afin de les concilier, alors que la loi de 1838 ne faisait qu'autoriser ce juge
à envoyer l'avertissement.

Il nous paraît donc que cette obligation ne s'applique
qu'à la « petite conciliation », c'est-à-dire à celle qui précède les affaires de la compétence contentieuse du juge de
paix. Nous pensons ainsi d'abord à cause du caractère obligatoire que la loi de 1855 a attribué à cette conciliation sur
simple avertissement. Beaucoup d'auteurs sont de cet avis,
qui partageaient l'opinion contraire avant 1855 (Chauveau
et Carré, supplément de 1872, Bioche). Ensuite l'article 2
contient ces mots « dans toutes les causes ». A l'objection
que cet article ne fait pas de distinction entre les causes,
nous répondrons que le préliminaire de conciliation n'est
qu'une formalité antérieure à l'instance et non pas une

cause. Ajoutons que généralement l'avertissement fera double emploi avec la citation, bien qu'on puisse procéder par cette voie dans les cas où on ne saurait envoyer une citation, et que moins menaçant et moins brutal que celle-ci, il puisse disposer mieux les parties à conclure un arrangement. Il y a alors un manque de logique à imposer la conciliation ordinaire quand la tentative la plus apte à donner un résultat satisfaisant a échoué.

La loi de 1855 a simplement voulu compléter et améliorer la législation existante, en soumettant à la conciliation des causes qui jusqu'à elle n'y étaient soumises qu'à titre facultatif. Cela résulte clairement du rapport au Corps législatif : « Ce serait se tromper gravement que de soumettre ainsi à cette formalité les citations en conciliation données en vertu des articles 48 et suivants du Code de procédure civile. Une semblable interprétation est aussi contraire à l'esprit qu'au texte du projet de loi. On établit par là, pour les instances appartenant aux tribunaux ordinaires, deux tentatives de conciliation, l'une sur lettre, l'autre sur citation : dès lors on occasionne des retards et des déplacements dispendieux, on fait dégénérer en une formalité vexatoire une prescription salutaire. »

La très grande majorité des auteurs actuels est d'accord pour reconnaître que la citation en conciliation ne doit pas être précédée d'un avertissement, et que celui-ci ne peut et ne doit s'appliquer qu'aux contestations de la compétence contentieuse des juges de paix (Garsonnet, t. 2, n° CCLV). Carré (*Compétence judiciaire des juges de paix*) écrit que, du moment où l'on reconnaît aux parties le droit de comparaître volontairement en conciliation, d'après l'article 48 du Code de procédure civile, on ne peut pas exiger l'avertissement préalable. Mais Rodière (t. 1,

p. 173), tout en reconnaissant que la question est douteuse, semble être de l'avis opposé, étant donné la généralité des termes de la loi qui défend aux huissiers de remettre aucune citation en justice de paix avant que
l'avertissement n'ait été donné.

II. — Énonciations que doit contenir la citation.

L'article 52 du Code de procédure civile nous apprend
que « la citation sera donnée par un huissier de la justice
de paix du défendeur ; elle énoncera sommairement l'objet
de la contestation ».

L'article 52 s'est trouvé modifié par la loi de 1838. Le
demandeur n'est plus obligé de faire remettre la citation
par un huissier de la justice de paix du défendeur, car elle
lui accorde la faculté de choisir entre tous les huissiers
du canton. C'est encore une dérogation à la règle générale
qui veut que ce soit entre tous les huissiers de l'arrondissement. Il existe donc une prohibition faite aux huissiers
d'instrumenter en dehors de leur canton pour le compte
de la justice de paix.

La loi est muette sur les autres formalités auxquelles
est assujettie la citation. L'article 51 du Code de procédure
civile ne parle que des délais, et nous connaissons la disposition de l'article 52. D'après Boitard (t. 1, p. 87), il ne
faudrait pas conclure de ce silence qu'aucune forme n'est
à observer, et que chacun est maître d'insérer ce qu'il veut
dans la citation ; l'article premier du Code de procédure
nous indique les formes de la citation à comparaître devant le juge de paix, siégeant il est vrai comme juge et
non pas comme magistrat conciliateur. Cet article indi-

quant des formes générales, et la raison engageant à l'appliquer ici, nous soumettrons la citation en conciliation aux règles qu'il pose.

La citation devra donc contenir :

1° La date : jour, mois, année.

2° Les noms, profession, domicile du demandeur ; — les noms, domicile, immatricule de l'huissier ; — l'indication du défendeur ; — l'indication du juge de paix.

3° La date de la comparution.

Que va-t-il se passer si quelqu'une de ces mentions est omise, s'il y a vice de forme ? On hésite quand il faut décider si oui ou non la citation sera nulle. En effet, l'article premier du Code de procédure civile, après avoir indiqué les mentions que doit contenir une citation, ne tranche pas la question de nullité. Or l'article 1030 du Code de procédure civile, pose cette règle que l'on ne peut pas créer des cas de nullité en dehors de ceux qui ont été expressément prévus par la loi. Il semble donc qu'on puisse impunément commettre des vices de formes dans la citation, par l'omission de certaines mentions. Mais tel n'est pas notre sentiment. Nous croyons qu'il faut distinguer entre les mentions essentielles dont l'omission entraînera la nullité, parce qu'elles sont en quelque sorte les éléments constitutifs de la citation qui ne saurait être sans elles, et les mentions accidentelles, qui ne figurent dans l'exploit que par la volonté de la loi, et qui ne sont en aucune façon des conditions nécessaires à l'existence de la citation. Ces dernières pourraient être omises.

C'est ainsi qu'il a été jugé :

Que la nullité d'une citation par ce fait qu'elle ne contient pas l'indication vraie du domicile du défendeur est couverte par la comparution de celui-ci (Bordeaux, 30 juin

1836) (1). Donc cette omission entraîne la nullité si le défendeur l'invoque, ou s'il ne comparaît pas.

Que l'omission de la date dans la copie de la citation en conciliation a pour conséquence la nullité de la procédure de première instance qui a suivi. La date est une qualité substantielle de tout exploit, et la copie d'un exploit tient lieu d'original pour celui qui la reçoit (Marseille, 12 mars 1885) (2).

Tous les auteurs approuvent cette théorie (Boitard, Colmet d'Aage ; Glasson, t. 1, n°s 111 et 112 ; Boncenne, t. 2, p. 28 ; Carré et Chauveau, n° 219 *quater*).

Bien que nous nous soyons basé sur l'article premier du Code de procédure pour établir ce système, il importe néanmoins de signaler deux différences entre la citation en conciliation et la citation dont s'occupe l'article 1.

D'après l'article 52 du Code de procédure civile, la citation en conciliation doit contenir sommairement l'objet de la contestation. Doit-elle aussi, suivant les règles générales, contenir l'exposé sommaire des moyens d'attaque du demandeur ? (Art. 1.)

Pigeau (t. 1, p. 86) était partisan de l'affirmative, parce qu'il pensait que les mêmes motifs existaient dans l'un et l'autre cas. En effet, par la citation en conciliation, on veut arriver à une transaction.

Comment veut-on que le défendeur transige étant dans l'ignorance du bien fondé des prétentions de son adversaire ? Sans doute celui-ci produira ses arguments et ses moyens devant le juge de paix, lors de la comparution, mais le défendeur pris au dépourvu ne sera pas disposé à les accepter ; se défiant de la sincérité du deman-

(1) *Journal arr. Bordeaux*, 1836, p. 443.
(2) *Bull. arr. Aix*, 1885, 2, 152.

deur, se disant qu'il a peut-être de bons moyens de défense auxquels il ne songe pas pour l'instant, il refusera de transiger. Qu'on lui donne au contraire le temps de penser à son procès avant de comparaître, il se sera rendu compte de sa situation, et sera peut-être très disposé à s'accommoder.

Mais cette opinion n'est pas la nôtre. Sans doute il est regrettable que la loi n'ait pas ordonné cette mention, mais nous ne pouvons pas suppléer à son silence. Nous le pouvons d'autant moins que les termes de l'article 52 sont formels, et que, si le législateur avait voulu que la citation contînt l'indication des moyens, il l'aurait dit, comme il l'a fait dans l'article 1 du Code de procédure civile, relatif aux citations devant le juge de paix, et dans l'article 1-3° du Code de procédure civile, sur les ajournements. Les exploits d'ajournement doivent contenir d'abord l'objet de la demande, et ensuite l'exposé sommaire des moyens.

Nous pensons que la raison de cette différence est que la conciliation n'est pas un jugement, et qu'elle n'est pas le résultat d'une action, c'est-à-dire d'une attaque. Dans ces conditions, introduire dans la citation l'exposé sommaire des moyens d'attaque, ce serait encombrer inutilement l'exploit par des mentions n'ayant aucun rapport avec le but à atteindre (En ce sens Boitard, Colmet d'Aage, Glasson, t. I, n° 112 ; Carré et Chauveau, n° 221 ; Bioche, n° 201).

III. — Délais.

C'est à ce sujet que nous signalons la seconde différence. L'article 51 du Code de procédure civile, dispose que « le

délai de la citation sera de trois jours au moins ». Ce délai
est plus long que celui que fixe l'article 5 du Code de
procédure civile (un jour),pour comparaître devant le juge
de paix siégeant comme juge contentieux. La raison en
est peut-être qu'en cette qualité, ce magistrat n'intervient
que dans des affaires de peu d'importance, mais qui demandent à être rapidement expédiées. Comme magistrat
conciliateur, il devra examiner des questions plus importantes et moins urgentes ; et il est bon d'autre part de
donner plus de temps à la réflexion afin que le défendeur
puisse se rendre un compte plus exact de sa situation, et
se prépare à transiger s'il y a lieu.

Cette particularité signalée, nous avons à résoudre
une question qui se pose toujours quand on s'occupe de
délais. Ces trois jours dont nous parle l'article 51 sont-ils
trois jours francs ? Nous lisons dans le projet de Code :
« Le délai de la citation sera de trois jours francs au
moins, et de huitaine, au plus, pour le domicile hors de
la justice de paix. » Le Tribunat modifia cette rédaction,
faisant observer que ce délai de huitaine serait tantôt
beaucoup trop long, tantôt beaucoup trop court, et il pro-
posa de faire ici l'application des règles générales. Il fit
de plus supprimer le mot « franc », disant qu'il était inutile, et que conformément à l'article 1033 du Code de procédure civile, tout le monde devait s'accorder sur ce que
dans un délai, jamais ne devaient être comptés ni le jour
de la citation, ni celui de la comparution. Ces trois jours
sont donc francs (Boncenne, t. 2, p. 31 ; Boitard, C. d'Aage,
Glasson, t. I, nº 112 ; Pigeau, t. I, p. 86).

Ce délai de trois jours constitue un minimum (argument art. 51) ; peut-il s'augmenter alors, à raison des distances ? Les auteurs sont encore ici unanimes à le recon-

naître, toujours par l'application de l'article 1033 qui comprend d'une manière très générale les ajournements, citations et autres actes. Ainsi les parties auront droit à une augmentation de un jour par 5 myriamètres ; et même le droit à l'augmentation plus considérable accordée par l'article 73 du Code de procédure civile, aux personnes domiciliées hors de France doit leur être reconnu.

En ce sens il a été jugé que l'article 1033 du Code de procédure civile, qui accorde que les augmentations de délais à raison de la distance entre le domicile du défendeur et le lieu où il doit comparaître, est applicable aux citations en conciliation. Que par conséquent le procès-verbal de non-conciliation est nul si les délais de comparution n'ont pas été observés, et spécialement que (affaire de Mevolhon contre Mevolhon) le procès-verbal de non-conciliation dressé trois jours après la citation donnée à Sisteron contre un individu domicilié à Paris, en matière de succession, est nul, encore que cette citation eût été donnée au défendeur, parlant à sa personne, rencontré dans la ville où siège le juge de paix compétent (Cass., 21 février 1837) (1).

On ne peut pas, comme on a tenté de le faire, attaquer cette décision en s'appuyant sur l'article 74 du Code de procédure civile et en disant que le défendeur aurait dû se présenter et demander un délai. Cet article 74, outre qu'il ne vise pas la conciliation, statue sur un cas spécial, celui d'une assignation lancée contre un Français domicilié à l'étranger. On ne pourrait même pas étendre sa disposition à un Français domicilié en France. On peut essayer de justifier cet article en disant qu'un Français

____

(1) *Journ. de proc.*, n° 727.

domicilié à l'étranger et qui revient en France doit avoir pris ses précautions et s'attendre à ce qui lui arrive. Mais il est absolument inadmissible qu'un huissier puisse arrêter, en lui remettant une citation ou une assignation, un Français voyageant dans son pays, et qui, évidemment, n'étant préparé à rien, ne sera pas en mesure de se rendre compte de ce qu'il a à faire, et ne transigera jamais s'il s'agit d'une tentative de conciliation.

Mais, on s'est demandé si cette augmentation de délais est applicable quel que soit le cas qui puisse se présenter. D'après Boncenne (t. II, p. 31), elle n'aurait lieu qu'au cas où deux défendeurs sont en cause, et s'ils habitent des cantons différents, parce que s'il n'y a qu'un défendeur ou deux défendeurs demeurant dans le même ressort de juge de paix, il faudra toujours les citer devant le juge de paix de leur domicile.

Cela nous paraît inexact. Il est d'abord un autre cas que celui cité par Boncenne, où le défendeur ne sera pas cité devant le juge de paix de son domicile, c'est celui qui est prévu par l'article 50 du Code de procédure civile ; on citera alors devant le juge de paix de la situation des biens, ou de l'ouverture de la succession. Ensuite Boncenne semble croire que jamais il n'y aura plus de cinq myriamètres de distance entre le domicile du défendeur et le juge de paix de son canton. Il faut reconnaître que, en fait, il en sera presque toujours ainsi, mais cela peut ne pas être. Si donc la distance entre ces deux points est supérieure à 5 myriamètres, il faudra appliquer la disposition générale de l'article 1033.

Carré et Chauveau (t. I, p. 236) sont de cet avis, et ils font remarquer que, pour fixer l'augmentation des délais, la loi ne s'inquiète pas de savoir si le défendeur a son domicile en dedans ou en dehors des limites du canton, mais bien de savoir quelle est la distance qui le sépare du lieu fixé par la citation.

Voilà quels sont les délais quand il s'agit de personnes domiciliées en France. Que faut-il décider si le défendeur est à l'étranger? Faut-il lui appliquer l'article 73 du Code de procédure civile? Cet article est placé au titre des ajournements, et il ne s'occupe pas de la citation en conciliation. On peut encore ajouter que chaque fois que la loi veut accorder des délais spéciaux à des personnes domiciliées à l'étranger elle le fait formellement, et qu'il faut par suite répondre négativement à notre interrogation. Cela est bien possible, mais une raison nous semble péremptoire pour adopter l'avis opposé. Les étrangers, ou les Français domiciliés hors de France, sont soumis à la tentative de conciliation quand ils sont parties dans des procès dont connaissent les tribunaux français. Il faut donc qu'ils puissent comparaître devant le juge de paix, et cela leur sera impossible si on ne leur accorde pas des délais. La raison de fait nous semble ici plus forte que la raison de droit. Nous pourrions examiner encore les questions soulevées à propos du billet d'avertissement envoyé par le greffier du juge de paix, et invitant officieusement les parties à comparaître, mais ces discussions se trouveront mieux placées dans le chapitre consacré à la petite conciliation.

Enfin, pour terminer sur cette question de la citation, disons qu'il nous paraît difficile d'admettre qu'on puisse dans un même exploit réunir une citation à comparaître devant le juge de paix pour qu'il tranche sur une affaire de sa compétence contentieuse, et une citation en conciliation. Rien, à la vérité, ne défend de comprendre dans un

même exploit plusieurs demandes si elles doivent être
portées devant la même juridiction, quitte à voir les magistrats prononcer la disjonction. Mais si cela est vrai, en
règle générale, cela me paraît difficile à admettre ici, car
il se produit une sorte de dédoublement dans la personne
du juge de paix. Il sera d'une part magistrat conciliateur,
et de l'autre il sera juge. Comme conciliateur sa mission
se bornera à la rédaction d'un simple procès-verbal ; comme
juge contentieux il aura d'autres devoirs à remplir, et il
devra obéir à des règles différentes. Il y a entre ces attributions une séparation trop marquée pour qu'il nous soit
possible d'admettre que le même acte d'huissier puisse appeler à la fois devant un tribunal et devant un médiateur.

CHAPITRE V

I. De la comparution en personne ou par fondé de pouvoir et de la publicité de l'audience. — II. Du défaut de comparution.

I. — De la comparution en personne ou par fondé de pouvoir, de la publicité de l'audience.

L'article 53 du Code de procédure civile dispose : « Les parties comparaîtront en personne ; en cas d'empêchement, par une fondé de pouvoir. »

De l'avis unanime, la comparution personnelle répond à la volonté de la loi. C'est en matière de conciliation, c'est-à-dire de transaction, que la présence des parties est surtout nécessaire, puisqu'il s'agit pour elles de consentir à des sacrifices réciproques, et que ne pas venir au tribunal de paix, c'est se soustraire aux conseils, aux remontrances, aux exhortations du magistrat, ainsi qu'aux propositions d'accommodement de l'adversaire. En principe la comparution personnelle est donc obligatoire, et par exception seulement la comparution par un représentant est autorisée.

Mais cela établi, la discussion commence. La seconde partie de l'article 53 autorise la représentation en cas d'empêchement. Faudra-t-il alors que la partie qui envoie un mandataire justifie d'un empêchement, ce qui revient à se demander à qui il appartient d'apprécier l'empêchement. Est-ce au juge de paix ? Est-ce au plaideur ?

On a soutenu que ce soin revient aux plaideurs, et que
le juge de paix n'a pas le droit d'ordonner la comparution personnelle, lors même qu'il estimerait peu sérieuse
la cause de l'empêchement. Ce serait de sa part, a-t-on
dit, s'ériger en juge contentieux et oublier qu'il n'est
qu'un pacificateur. On ajoute encore qu'il est dangereux
de laisser à ce magistrat le soin d'apprécier les causes
d'empêchement, puisque la loi ne les a pas fixées, et que
souvent elles ne seront pas physiques, en quelque sorte,
ce qui rend très difficile leur appréciation par un étranger. Thomine (t. I, p. 136) suppose qu'une des parties
n'ayant pas l'habitude des affaires se sent incapable de
s'expliquer clairement devant le juge de paix, et craint
de s'exposer ainsi aux embûches d'un adversaire adroit et
instruit. Alors elle se fait représenter sans qu'il y ait
d'empêchement matériel à sa comparution personnelle.

M. Garsonnet adopte cette opinion. Il pense que les parties n'ont pas à justifier de l'empêchement, tout en reconnaissant que l'article 53 semble exiger cette justification,
surtout quand on le compare à l'article 9 du Code de procédure civile, qui, parlant du juge de paix saisi comme
juge contentieux, dispose que les parties comparaîtront
« en personne, ou par fondé de pouvoir ». M. Garsonnet
admet encore que la tentative de conciliation ne peut pas
être sérieuse si les parties peuvent se faire représenter
simplement pour s'épargner la peine d'aller devant le
juge, mais il croit, malgré ces considérations, qu'elles sont
absolument libres.

En effet, la conséquence du défaut de comparution est
une amende insignifiante de dix francs, ce qui donne
à penser que la loi ne tient pas beaucoup à ce que la conciliation soit sérieusement tentée. L'auteur ajoute que le

juge de paix, simple conciliateur ne faisant qu'exercer une juridiction gracieuse, n'a aucun moyen de forcer les parties à comparaître, et ne peut, sans excès de pouvoir, recourir à aucune mesure coercitive pour exiger la preuve de l'existence de l'empêchement (1).

En sens inverse d'autres auteurs veulent que l'empêchement qui oblige les parties à se faire représenter, soit justifié. Cette opinion est la conséquence des termes mêmes de l'article 53 du Code de procédure civile : « Les parties comparaîtront en personne, en cas d'empêchement, par un fondé de pouvoir. » Ce n'est pas là, dit-on, le langage que tient le législateur, quand il veut donner aux parties la liberté de comparaître à leur gré en personne, ou par un fondé de pouvoir. Tel est le cas de l'article 9 du Code de procédure civile qui accorde cette faculté et dispose que les parties comparaîtront « en personne ou par un fondé de pouvoir ». Il y a bien là une alternative laissée à la volonté des plaideurs, tandis que l'article 53 indique une exception à une règle générale qui est la comparution personnelle. La partie doit donc justifier que son cas rentre dans l'exception, pour pouvoir être représentée.

Cette opinion a en outre l'avantage d'être conforme à l'esprit de la loi qui compte sur l'heureuse influence du médiateur sur les plaideurs ; et à l'objection que le juge de paix devant se borner à tenter la conciliation ne peut pas prendre des mesures de coercition, que par suite il n'y a pas de sanction à l'obligation qu'ont les parties de se présenter en personne, il est facile de répondre que le juge peut se refuser à entendre le mandataire qui ne justifie pas de l'empêchement de son mandant, et qu'ainsi la com-

_____

(1) En ce sens également Bioche, n° 108 et Boncenne, t. II, p. 38.

parution du représentant n'empêchera pas le représenté d'être frappé de l'amende (Chauveau et Carré, t. I, p. 238 et 240 ; Rodière, t. I, p. 174 ; Boitard, C. d'Aage, Glasson, t. I, p. 91).

Nous adoptons de préférence la manière de voir de ces auteurs. Mais il faut reconnaître que la pratique admet que l'appréciation de la valeur de l'empêchement est laissée au plaideur, qui par suite n'a pas à faire connaître au juge de paix les motifs qui l'empêchent de comparaître en personne. La plupart du temps, c'est un clerc de l'avoué auquel la partie a confié le soin de diriger son affaire qui la représente ; aussi, comme l'écrit M. Bonfils, « le but de la loi est complètement manqué ; on se fait presque toujours représenter par un homme d'affaires plus soucieux de voir naître des procès que de les éteindre ».

Si nous pensons que la représentation devant le juge conciliateur ne doit être qu'exceptionnelle, nous accordons au moins aux plaideurs le droit de se faire assister par un homme de loi, lors de leur comparution. Il y a bien une circulaire ministérielle du 15 mars 1882 qui donne au juge de paix conciliateur le droit de s'opposer à cette assistance, quand il craint que la présence de l'homme de loi ne fasse obstacle à la conciliation. Mais il ne nous semble pas qu'une circulaire ait une autorité assez grande pour trancher cette question. D'après nous, il faut la résoudre au moyen de l'analogie qu'elle présente avec cette autre question qui sera étudiée plus loin : par qui peut-on se faire représenter ? Nous verrons que l'article 16 de la loi du 6 mars 1791 interdisait aux parties de se faire représenter par un homme de loi, mais que cette disposition offrait de graves inconvénients qui ont été assez promptement reconnus. Elle exposait en effet une partie ignorante en face d'un adversaire habile à des erreurs préjudiciables à ses intérêts et à ses droits. Loin de favoriser la conciliation, elle ne faisait que la rendre plus difficile. Comme le montre Boitard, on se faisait tracer un plan de défense par un homme habitué aux affaires, par exemple par un avoué, et l'on ne s'en écartait jamais, de peur de faire fausse route. Le résultat était que l'on refusait toute conciliation, alors que, si le plaideur ignorant eût été représenté par son avoué, celui-ci distinguant le bon et le mauvais, l'utile et le dangereux des propositions de l'adversaire, n'eût pas craint de transiger, sûr de ne le faire qu'à bon escient. Nous avons dans la question qui nous occupe les mêmes raisons pour permettre aux parties de se faire assister par un homme habitué aux affaires. Ici encore le comparant abandonné à lui-même, ou bien courra le risque d'être trompé, ou bien refusera de transiger. L'assistance me paraît donc conforme à l'esprit de la loi.

Il est vrai qu'en faveur de la circulaire de 1882 on cite les paroles du rapporteur de la loi du 25 mai 1838, à la Chambre des Députés. « Les juges de paix doivent écarter de leur prétoire tout ce qui tendrait à vicier cette belle institution (la conciliation). Ils ont le droit de renvoyer les causes, de refuser d'entendre les hommes qui seraient un fléau pour la société tout entière. Si la partie se méprend et choisit un procureur fondé indigne de sa confiance, le juge lui doit sa protection : il la doit à la société. »

Nous trouvons encore en 1892 une décision du Garde des Sceaux en ce sens (*Moniteur des juges de paix*, 1892, p. 52). Un juge de paix avait interdit aux avocats et avoués d'assister leurs clients en conciliation et il notifia sa décision au bâtonnier de l'Ordre. Le Conseil de l'Ordre s'adressa au Garde des Sceaux qui décida « que le juge de paix aurait dû s'abstenir de prendre une mesure générale d'exclusion ; qu'il convient toutefois d'ajouter qu'on ne saurait lui dénier la faculté d'exclure individuellement des audiences de conciliation des hommes d'affaires, toutes les fois que leurs conseils et agissements pourraient avoir pour effet d'entraver, contrairement à l'esprit de la loi, les tentatives de conciliation ».

Les audiences du juge de paix siégeant comme magistrat conciliateur ne sont pas nécessairement publiques. La loi sur la publicité des audiences ne concerne que les audiences contentieuses, et n'a pas été faite en vue des audiences de juridiction gracieuse, notamment de celle que nous étudions. Il semble en effet qu'en matière de conciliation, plus qu'ailleurs, le secret et la tranquillité soient nécessaires. Devant un nombreux auditoire les parties en présence vont se trouver gênées pour développer leurs divers arguments ; leur amour-propre, comme le dit M. Garsonnet, va les pousser à ne pas se faire les concessions qui seules peuvent amener une entente. Il paraît donc conforme à l'esprit de la loi que le juge conciliateur reçoive les plaideurs seuls, ou, tout au plus, assistés de leurs conseils. On tire facilement argument du silence de la loi à cet égard, pour soutenir qu'elle n'exige pas ici la publicité habituelle, et que le juge de paix est libre de tenter la conciliation publiquement ou à huis clos, selon que l'un ou l'autre lui semble préférable. Carré partage ce sentiment, et donne à l'appui les raisons que nous venons d'exposer (t. I, p. 108). Mais Chauveau le corrige sur ce point (t. I, p. 242). Cet auteur croit que cette réponse n'est pas exacte dans tous les cas. « Toutes les fois que la

loi ne dit pas le contraire, les audiences des juges de paix
doivent avoir lieu les portes ouvertes, et cette règle générale ne fléchit que quand l'exception est écrite dans un
texte formel. » Et à l'appui de son système, Chauveau invoque l'autorité de Favard de Langlade qui affirme qu'en
général le bureau de conciliation doit être ouvert au public, toutes les fois que le juge de paix croit pouvoir le
faire sans inconvénients, parce que le vœu du législateur
l'oblige de donner cette garantie à la justice et à l'opinion
publique.

Nous avons déjà montré que nous n'étions pas de l'avis
de Chauveau, et il nous semble en outre que Favard de
Langlade pense comme nous. En effet, si le juge de paix,
d'après cet auteur, doit avoir ses audiences publiques
quand il croit pouvoir le faire sans inconvénients, cela
revient à dire qu'il a le choix entre le huis clos et la publicité, donc que celle-ci n'est pas obligatoire.

Ajoutons que nous ne sommes pas en présence d'une
audience proprement dite ; il s'agit d'empêcher un procès
de s'engager; le magistrat conciliateur, comme nous l'avons
déjà souvent répété, n'est pas un juge. Et, si l'on comprend
bien que pour garantir une justice plus impartiale le législateur ordonné que les audiences soient publiques, il
est tout aussi facile de comprendre que rien de pareil
n'existe en matière de conciliation, puisqu'il n'y a pas de
justice à rendre, mais des conseils à donner, et un procès-
verbal à dresser. C'est pourquoi on nous semble mieux
obéir à la loi, en écartant des étrangers qui ne servent qu'à
gêner les parties par leur présence indiscrète. D'ailleurs
l'usage est de tenter la conciliation entre soi, comme on
traite une affaire privée. Il est à peine besoin de faire remarquer que le greffier du juge de paix doit assister à

l'audience, puisqu'il doit dresser le procès-verbal ou mentionner la non-comparution d'une des parties.

Ainsi donc, seront généralement seuls présents à l'audience les parties, leurs conseils, ou leurs représentants. Et c'est ici que trouve sa place une question que nous avons annoncée déjà : qui peut être admis à l'audience comme représentant une des parties ?

La loi des 6-27 mai 1791 faisait interdiction aux « avoués, huissiers, greffiers, et ci-devant hommes de loi, ou procureurs », de représenter les parties en conciliation devant les juges de paix. Le Code de procédure n'a pas reproduit cette interdiction. Mais l'article 18 de la loi du 25 mai 1838 est ainsi conçu : « Dans les causes portées devant les justices de paix, aucun huissier ne pourra ni assister comme conseil, ni représenter les parties en qualité de procureur fondé, à peine d'une amende de 25 à 50 francs, qui sera prononcée sans appel par le juge de paix, sauf cependant s'il s'agit d'une cause intéressant l'huissier, sa femme, ses parents en ligne directe, et ses pupilles (art. 86, C. proc. civ.). Sauf cette exemption relative aux huissiers, les parties sont donc libres de prendre qui bon leur semble pour les représenter devant le juge de paix. Et encore on ne s'accorde pas en ce qui touche les huissiers. Certains auteurs soutiennent, et nous partageons leur manière de voir, que l'article 18 de la loi de 1838 n'est pas applicable à la tentative de conciliation. Curasson (t. II, p. 645) Boitard (t. I, n° 113) nous font voir que le juge de paix conciliateur exerce une juridiction purement gracieuse, et par conséquent qu'on ne peut pas lui appliquer cet article 18 qui ne vise que l'article 9 du Code de procédure, c'est-à-dire le juge de paix exerçant une juridiction contentieuse.

Le législateur de 1838 n'a certainement pas voulu revenir aux dispositions de la loi de 1791, car il aurait prononcé la même incapacité contre tous les gens intéressés à voir les procès se multiplier, et, si ç'avait été son but, il aurait surtout écarté les agents d'affaires. La proposition en fut faite, mais elle fut écartée. La loi ne prohibe l'assistance et la représentation des huissiers que devant les juges de paix siégeant comme juges contentieux. Toute incapacité étant de droit étroit, il faut user de l'interprétation restrictive, et ne pas l'étendre jusqu'au juge conciliateur. Ajoutons que la loi parle de « causes » portées devant le juge de paix, et que la tentative de conciliation n'est ni un procès ni une cause.

M. Garsonnet est d'un avis opposé (t. II, p. 217). Il pense que c'est par crainte de l'humeur processive des huissiers qu'on a établi cette prohibition, et que par suite il y aurait contradiction à les admettre comme représentants dans un essai de conciliation, puisque là surtout leur disposition d'esprit serait dangereuse. Mais il reconnaît que cette cause de nullité se couvrirait par le silence des parties à cet égard. Déjà sous l'empire de la loi des 6-27 mars 1791, la jurisprudence était en ce sens, puisqu'il a été jugé que des parties, qui avaient été représentées par des huissiers, n'étaient pas recevables à se prévaloir, dans la suite, de l'incapacité de leurs mandataires respectifs, et que l'on ne peut pas proposer pour la première fois une telle cause de nullité en appel.

En tous cas si, contrairement à notre sentiment, il y a une exception établie pour les huissiers, c'est la seule qui puisse s'appuyer sur un texte de loi ; il en résulte que les parties peuvent choisir qui elles veulent, par exemple un clerc d'avoué, ou même le greffier de la justice de paix.

Avant de quitter ce sujet, une autre question doit nous arrêter encore. Le juge de paix aurait-il le droit de refuser d'entendre un mandataire dont la moralité lui semblerait douteuse? D'après M. Garsonnet, le juge de paix aurait ce pouvoir, et cela résulterait des travaux préparatoires de la loi de 1838, et d'une circulaire du ministre du 23 juin de la même année. Si le juge de paix ne peut pas contraindre les parties à comparaître elles-mêmes, il peut néanmoins exiger qu'elles se fassent représenter par une personne jouissant d'une réputation intacte. En ce sens également, Carré et Chauveau (t. II, p. 239) qui reproduisent les paroles du rapporteur à la Chambre des députés : « Ils (les juges de paix) ont le droit de renvoyer les causes, de refuser d'entendre les hommes qui seraient un fléau pour la société tout entière. Si la partie se méprend et choisit un procureur fondé indigne de sa confiance, le juge lui doit sa protection... » (Voir aussi en ce sens Bioche, n° 111). Nous ne saurions accepter cette manière de voir, car rien dans la loi ne vient la confirmer. Nous venons de voir au contraire que chacun était libre dans le choix de son représentant, et que, sauf controverse en ce qui concerne les huissiers, tout le monde était capable de représenter une des parties en conciliation. Permettre au juge de paix de refuser d'entendre certaines personnes serait donc créer une classe d'incapables dont la loi n'a pas parlé. Nous pensons, en outre, qu'il peut être dangereux de donner au juge le droit de n'entendre que ceux qui lui conviennent.

Celui qui est chargé de représenter une des parties doit être muni d'un pouvoir à cet effet. Ce pouvoir doit-il être authentique, ou suffit-il d'un acte sous seing privé?

La loi n'a pas fixé de forme particulière. De son silence

on peut conclure que l'acte peut être indifféremment authentique ou sous seing privé. Cependant, il est plus prudent de dresser un acte authentique, car une des parties peut avoir intérêt à récuser le pouvoir donné sous seing privé. D'autre part, l'acte sous seing privé offre l'avantage d'être plus économique, et de causer moins d'embarras à dresser, puisqu'il se fait sans l'intervention du notaire. Aussi, l'usage général s'est-il établi de se servir d'actes sous seing privé, mais écrits sur papier timbré, et enregistrés, en quoi l'on se conforme d'ailleurs aux prescriptions de l'article 1985 du Code civil, au titre du mandat. Cependant Favard de Langlade (page 627), enseigne que l'adversaire peut refuser de reconnaître un tel pouvoir, et que, dans ce cas, le mandant ne se trouvant plus représenté, il y aurait lieu de prononcer contre lui l'amende de l'article 56 du Code de procédure civile. Tel est aussi l'avis de Pigeau (t. I, p. 21). Mais, le 25 avril 1817 (1), la Cour de Colmar a jugé que des parties qui, pour terminer leurs différends, se sont adressées à un juge de paix dont elles ne sont pas justiciables, ont la faculté d'avoir pour les représenter des mandataires munis de procurations sous seing privé.

- Il faut même aller plus loin et dire que, dans la tentative de conciliation sur simple avertissement, le juge de paix ne pourrait pas se refuser à entendre un mandataire chargé même verbalement de représenter une partie. Il a en effet le devoir d'écouter toutes les explications qu'on peut lui fournir. La loi de 1855 dispose que l'huissier ne peut pas remettre de citation avant que le juge de paix n'ait appelé les parties devant lui. La loi ne dit pas que

(1) S. (1791-1830), 1817, 2, 267.

ce doivent être les parties personnellement; elles peuvent donc être représentées par des mandataires. Auquel cas je crois que si un procès-verbal de conciliation est dressé, les représentants devront produire un pouvoir écrit et enregistré. Les frais de tout ceci restent naturellement à la charge du mandant.

Faut-il que ce pouvoir soit spécial, ou bien suffit-il d'avoir donné un mandat général de représenter la partie dans tous les procès qu'elle peut avoir ? Il est généralement admis qu'une procuration générale suffit (Garsonnet, t. II, p. 218 ; Rodière, t. I, p. 174). Mais elle doit être générale pour tous les procès que peut avoir la partie. Un arrêt de Bordeaux (4 février 1835) (1) est en ce sens. « Attendu que, sur la citation en conciliation signifiée pour l'objet ci-après aux époux Cabanes par Labrousse, agissant comme fondé de pouvoir d'Antoine de Guilhem, les dits Cabanes ont répondu qu'ils ne se présentaient que pour obéir à justice ; que ces derniers ayant été par suite du procès-verbal de non-conciliation, appelés devant le tribunal de Bergerac, y ont conclu à ce que l'assignant fût déclaré non recevable, par le motif que le pouvoir dont il était investi ne contenait pas celui de citer en conciliation. — Attendu que l'acte du 24 juillet 1821, par lequel un pouvoir est donné, confère celui de citer devant les tribunaux, de poursuivre tous procès qui pourraient exister ou être intentés, de les traiter par arbitrage ou suivant la rigueur des lois ; que là se trouve l'autorisation suffisante à l'effet d'assigner au bureau de paix ; qu'il s'ensuit qu'il y a lieu de rejeter la fin de non-recevoir admise par les premiers juges, et prise de ce que la conciliation n'avait pas été valablement tentée... »

(1) P. chr.

Mais faut-il, au moins, que la procuration contienne des pouvoirs suffisants et exprès à l'effet de transiger? L'article 16 de la loi de 1791 l'exigeait, mais le Code de procédure est muet à cet égard. On a prétendu que cette condition était nécessaire, parce que la tentative de conciliation n'a de raison d'être que si on s'efforce d'amener les parties à une transaction. On a même été jusqu'à dire que la défense de transiger serait une clause qui anéantirait la procuration. Malgré cela, je crois, avec la plupart des auteurs, que cela serait une erreur (Boncenne, t. II, p. 39 ; Carré et Chauveau, n° 225 ; Boitard, Colmet d'Aage, Glasson, t. I, p. 90 ; Garsonnet, t. 2, p. 218). Pour soutenir cette opinion on se base sur une discussion du Tribunat, d'où il ressort qu'il serait mauvais de forcer les parties qui ne peuvent pas se présenter elles-mêmes, à confier leur sort à l'appréciation d'un étranger, surtout puisque ces mêmes parties ont le pouvoir, si elles comparaissent en personne, de rendre vain le préliminaire en refusant de s'arranger. La section du Tribunat a dit : « On a pensé que l'intention des auteurs du projet n'était pas que ce fût un pouvoir à l'effet de transiger, mais uniquement à l'effet de comparaître. Si la section s'était trompée sur leur intention, elle déclare que son vœu bien formel est, en effet, que les parties ne soient pas tenues de donner des pouvoirs illimités. Que la loi force les parties à se présenter devant le juge de paix, à peine d'une amende, cela se peut ; mais lorsqu'une partie est empêchée de comparaître elle-même, vouloir exiger qu'elle remette, entre les mains d'un tiers, la disposition de sa fortune, c'est ce que la raison et la justice ne peuvent admettre. Il ne faut pas d'ailleurs perdre de vue que ce ne sera plus que dans les affaires de grand intérêt que la tentative de conciliation sera pres-

crite. Au reste les parties ne seront pas empêchées de donner des pouvoirs à l'effet de transiger ; mais du moins il
n'y aura pas de nullité (1). »

D'où nous conclurons, contrairement à l'avis de Pigeau
(t. 1, p. 88) que la procuration donnant le pouvoir de comparaître en conciliation, ne donne pas implicitement le
pouvoir de transiger, car un tel pouvoir doit être spécial
et ne se présume pas. Et, puisque l'on a abandonné le
système de la loi de 1791 qui forçait à donner le pouvoir
de transiger, nous pensons que, dans la procuration, on
peut faire interdiction absolue au mandataire de se concilier, ne donner que la mission de réclamer le rejet pur
et simple de la demande de l'adversaire.

Il est possible que le pouvoir autorise le mandataire à se
« concilier ». Cette manière de s'exprimer signifie-t-elle
que le mandataire a le pouvoir de transiger ? La Cour
de Douai l'a pensé (13 mai 1836) (2). D'après elle, le procureur fondé aurait le droit de transiger, c'est-à dire de reconnaître la dette jusqu'à concurrence d'une certaine
somme. Bioche (n° 115) estime que les tribunaux, en pareil cas, peuvent et doivent maintenir les concessions les
plus importantes. Ce tempérament nous fait douter de
la bonté du système de Bioche. On peut ou l'on ne peut
pas transiger ; il faut donc maintenir les concessions pour
le tout, ou bien les annuler toutes ; on ne voit pas d'ailleurs ce qui servira de base d'appréciation au tribunal,
comment il déterminera la limite au delà de laquelle une
concession cesse d'être importante. Nous pensons que le
Code de procédure n'ayant pas reproduit la disposition de
la loi de 1791 par laquelle le mandataire ne pouvait se

(1) Locré, t. I, p. 398.
(2) D. *Rép.*, v° *Concil.*, n° 163.

concilier que s'il avait expressément le pouvoir de transiger, le fait de l'autoriser dans la procuration à « se concilier » semble indiquer que le mandant a eu l'intention de
lui donner des pouvoirs suffisants pour accepter un arrangement amiable.

Un cas particulier se présente, pour lequel on s'est demandé si le mandataire avait besoin d'une procuration
pour représenter valablement le mandant. C'est celui où
une femme mariée est représentée par son mari.

Deux arrêts, l'un de Bourges (6 pluviôse an X) (1), l'autre de Cassation (6 prairial an II) (2), ont décidé qu'une
procuration était inutile, parce que le mari est le représentant, le mandataire légal de sa femme ; que d'ailleurs
le simple consentement, même tacite, de la femme, suffit
pour l'habiliter, et qu'on peut regarder comme tel le fait de
laisser son mari comparaître pour elle en conciliation
sans le désavouer. Chauveau ajoute à cela que la femme
étant seule intéressée à se plaindre de ce que son mari a
agi pour elle sans procuration, si elle garde le silence,
l'adversaire ne pourra pas invoquer cette cause de nullité
(arg. art. 225, C. civ.). Si donc, après que son mari l'a
représentée, sans procuration, devant le juge de paix, la
femme poursuit le procès, l'adversaire ne pourra pas se
plaindre, d'autant plus que le défaut de comparution de
la femme lors de l'essai de conciliation va se trouver cou-
vert par la procédure sur le fond du procès.

Certains auteurs reprochent à cette théorie d'être trop
absolue. D'après eux, si l'adversaire de la femme n'a
pas contesté la qualité du mari comme mandataire au
moment de la comparution en conciliation, il ne pourra

(1) *Journ. des av.*, t. 7, p. 186.
(2) *Journ. des av.*, t. 1, p. 66.

pas le faire plus tard, car la nullité sera couverte. Mais il pourra le faire devant le juge de paix, car il y a un grand intérêt, quoi qu'on en dise. Il s'agit pour lui de ne pas être lié envers la femme, sans que celle-ci le soit envers lui. Ensuite, en vertu de l'article 1428 du Code civil, le mari peut être le représentant légal de sa femme dans les actions mobilières et possessoires, mais on ne peut pas le considérer comme tel dans les actions immobilières. Cependant, il a été décidé par la jurisprudence que le mari était le représentant légal de sa femme tant que celle-ci ne lui conteste pas cette qualité, même en matière immobilière, et surtout quand la femme intervenant dans l'instance se joint à son mari (Bourges, 1er juillet 1816) (1). — Dans le même sens : le mari qui, au bureau de conciliation, se porte fort pour sa femme la représente valablement et n'a pas besoin d'une procuration spéciale, même s'il s'agit d'une matière immobilière, si d'ailleurs le défendeur n'y fait pas opposition, et déclare seulement ne pas vouloir se concilier (Cass., 10 mars 1814) (2).

Pour notre part, nous croyons qu'il est nécessaire d'établir la distinction entre les actions mobilières et les actions immobilières de la femme. D'une manière plus générale, nous croyons que le mari ne peut pas être réputé représentant légal ayant qualité pour se concilier, dans les procès intéressant les biens de sa femme dont il n'est pas administrateur. Mais nous pensons qu'il ne faut pas s'arrêter là, et que l'on doit se souvenir ici d'une distinction que nous avons déjà eu l'occasion de faire, entre la tentative de conciliation elle-même et la transaction qui en est le résultat espéré.

(1) S. et P. chr.
(2) S. (1791-1830), 1810, 1, 544.

Avec deux arrêts (Rennes, 9 février 1813 (1) et Cassation, 10 mars 1814) (2), nous distinguons la comparution du mari et la transaction qu'il pourrait consentir sans la procuration de sa femme. En effet, comparaissant sans procuration devant le juge de paix, même pour une action immobilière, le mari ne fait qu'obéir à la loi qui lui enjoint d'accomplir tous les actes utiles et conservatoires. S'il ne le faisait pas, la femme serait condamnée à l'amende pour défaut de comparution, et elle serait tenue de l'acquitter avant de pouvoir défendre son droit devant les tribunaux. Le mari a donc tout pouvoir pour accomplir un acte qui, loin de causer du tort à sa femme, ne fait que lui conserver ses droits. Quant à la transaction consentie par le mari non muni d'un pouvoir spécial de sa femme, et portant sur les droits immobiliers de celle-ci, elle n'est pas valable.

Le juge de paix a-t-il le droit d'examiner d'office la procuration, dans le cas où elle a été donnée, afin de voir si elle est régulière, et si elle contient des pouvoirs suffisants ? Bioche est d'avis qu'il le peut. Puisque la loi exige une procuration, le magistrat doit refuser d'entendre un mandataire qui n'a pas les pouvoirs nécessaires. Thomine (t. I, p. 137) est de l'avis opposé. Le juge de paix ne peut pas se refuser à entendre un mandataire non muni de pouvoirs suffisants pour transiger, car il n'est pas juge du différend qui n'est porté devant lui que pour la conciliation. Il n'a pas qualité pour décider si le demandeur est fondé pour agir ou le défendeur pour proposer des défenses. C'est l'affaire du tribunal. Et ce serait indirectement ôter à une personne le droit d'agir en justice que de ne

(1) P. chr.
(2) S. 1791-1830, 1, 544.

pas vouloir entendre son mandataire à l'essai de conciliation, sous prétexte qu'il n'a pas qualité pour représenter
son mandant, puisque, pour pouvoir porter l'action devant le tribunal, il faut signifier en tête de l'exploit le
certificat de comparution devant le juge de paix.

Il faudra seulement mentionner dans le procès-verbal
que la régularité de la procuration a été contestée devant
le juge conciliateur, afin que le contestant puisse proposer
son refus de se concilier comme une exception devant le
tribunal. S'il ne résultait pas du procès-verbal qu'il y a
eu contestation, l'adversaire serait censé avoir reconnu
la validité de la procuration (Grenoble, 25 mai 1825 (1);
Riom, 2 février 1847) (2).

II. — Du défaut de comparution.

Nous avons deux articles du Code de procédure relatifs
à ce sujet : « En cas de non-comparution de l'une des parties, il en est fait mention par le greffier, sur le registre
du greffe de la justice de paix, et sur l'original ou la copie
de la citation, sans qu'il soit besoin de dresser procès-verbal » (art. 58). « Celle des parties qui ne comparaîtra pas,
sera condamnée à une amende de 10 francs, et toute audience lui sera refusée jusqu'à ce qu'elle ait justifié de la
quittance » (art. 56).

Nous voyons immédiatement qu'en cas de non-comparution, il n'y a pas besoin de dresser procès-verbal. Le
greffier n'a qu'à faire les mentions indiquées par l'article 58, sur l'original si c'est le demandeur qui ne comparaît pas, sur la copie si c'est le défendeur. Le procès-ver-

(1) *Journ. des av.*, 1827, p. 147.
(2) *Journ. des av.*, 1847, p. 268.

bal, en effet, ne sert qu'à constater que les parties se sont conciliées, ou bien que les efforts du juge de paix ont été impuissants à amener une entente, ce qui suppose toujours la comparution des parties.

Il en était de même sous l'empire de la loi de 1790 qui ordonnait que copie du certificat de non-comparution fût faite en tête de l'exploit de première instance ou d'appel (car cette loi obligeait à tenter la conciliation avant l'appel). Cette même loi ordonnait aussi la rédaction d'un procès-verbal en cas de comparution des parties. Actuellement, à peine de nullité, on doit copier et signifier avec l'exploit d'ajournement (art. 65, C. proc. civ.), le procès-verbal de non-conciliation ou la mention de non-comparution.

Le greffier est chargé de ce soin. C'est une remarque qui a son importance, car il n'en était pas ainsi avant le Code de procédure. C'était alors le « Bureau de paix » qui exécutait cette prescription. Or ce bureau se composant du juge et de deux assesseurs, on se demandait s'il fallait que le bureau fût au complet pour remplir ce devoir ; il fut jugé qu'il n'était pas nécessaire que le bureau tout entier fût présent, et que les deux assesseurs suffisaient ; mais n'aurait pas pu les suppléer à lui seul, et en signant de son nom, un individu se disant secrétaire du bureau.

L'article 56 du Code de procédure civile frappe de 10 francs d'amende celui des plaideurs qui ne comparaît pas en conciliation, et il lui refuse toute audience jusqu'à ce qu'il ait justifié du paiement. M. Garsonnet remarque justement que le chiffre de cette amende est dérisoire, et par suite absolument inefficace. Avant le Code de procédure, la loi de 1790 prononçait déjà une amende, mais son

système était bien compliqué. L'amende se montait à
9 livres, n'existait que contre le défendeur, et seulement
dans le cas où il perdait son procès. En cas d'appel la tentative de conciliation était obligatoire, aussi l'amende
était-elle prononcée contre ceux qui avaient interjeté appel
sans s'être présentés au bureau de paix, et dans ce cas
elle s'élevait à 18 livres. Cette loi fut remplacée par celle
de mars 1791 qui créait une amende de 30 livres, contre
le demandeur aussi bien que contre le défendeur qui ne
comparaissait pas ; mais contre ce dernier seulement, s'il
perdait son procès. Cela existait en appel comme en première instance.

Depuis le Code, l'amende est prononcée soit contre le
demandeur, soit contre le défendeur, selon que l'un ou
l'autre a fait défaut. Mais on ne distingue plus pour l'in-
fliger au défendeur d'après l'issue du procès, car cette
amende est considérée comme la sanction du défaut de
comparution. Un procès n'a pas pu être évité par la faute
d'une des parties, voilà ce que l'on punit : « La Cour,
attendu que l'amende de 10 francs prononcée par l'article 56 du Code de procédure civile contre celle des parties
qui ne comparaît pas en conciliation, doit être appliquée,
que la partie succombe ou non, dans l'action intentée ;
que cette amende n'est pas l'accessoire de la condamnation au fond, comme le sont les dépens, mais une peine
spéciale, portée par la loi dans le but de prévenir les procès, et dont est nécessairement passible celui qui se
soustrait à la tentative de conciliation » (Douai, 22 décembre 1840) (1). Le projet du Code a du reste été corrigé sur
ce point. Il y était dit en effet : « Le défaillant sera con-

____

(1) D. *Rép.*, v° *Conciliation.*, n° 240.

damné. » Le Tribunat fit remarquer que cette expression « le défaillant » ne s'appliquait très généralement qu'au défendeur, et que, si l'on voulait atteindre également le demandeur, ce qui paraissait équitable, il convenait de changer ces mots ; c'est ainsi qu'on rédigea l'article 56 tel que nous l'avons reproduit.

Certains auteurs croient qu'il n'est pas possible d'appliquer à la lettre l'article 56. Le « Praticien » (t. I, p. 272) croit que cet article ne peut s'appliquer qu'au cas où le défaillant en conciliation est le demandeur, parce que le refus de l'audience est une peine, et que le demandeur seul peut être ainsi puni. Si on a affaire à un défendeur de mauvaise foi, il n'a qu'à ne pas comparaître lors du préliminaire ; toute audience lui étant refusée, il ne comparaîtra pas devant le tribunal, et il sera loin d'être puni. Cela est parfaitement d'accord avec les termes de l'article 56 : « Toute audience lui sera refusée », car le défendeur ne fait que subir une audience sans la demander.

Cette opinion est absolument fausse. L'action du demandeur ne peut pas être arrêtée par le non-paiement de l'amende par le défendeur. Tout ce que veut dire l'article 56, c'est que ce défendeur sera considéré comme défaillant en première instance s'il n'a pas payé son amende. Boncenne (t. II, p. 46) est de cet avis.

Une autre controverse porte sur la question de savoir qui doit prononcer l'amende. Dumoulin (*Bibliothèque du barreau*, 1810, 1re partie, p. 24) indiquait le juge de paix.

En effet, d'après lui, le début de l'article 56 étant ainsi conçu : « La partie qui ne comparaîtra pas sera condamnée à l'amende », deux choses sont étroitement rapprochées, la non-comparution et la condamnation. Et

ce rapprochement semblerait indiquer que c'est au juge
de paix devant lequel on n'a pas comparu, à prononcer la
condamnation.

D'autre part cette question se trouve résolue par une
décision du ministre de la justice, du 31 juillet 1808.
« Il résulte de la disposition de l'article 56, que l'amende
n'est pas encourue de plein droit, et qu'elle ne pourrait
pas être exigée, si la demande n'était pas portée au tribunal de première instance ; mais quand le demandeur
poursuit devant le tribunal, et y obtient contre le défendeur un jugement qui le condamne au paiement du principal, et aux dépens, ce jugement, quoique par défaut,
doit comprendre l'amende comme un accessoire de la
condamnation principale, parce que c'est un véritable jugement définitif qui termine le procès, et qui, pour cette
raison, doit contenir toutes les condamnations qui résultent de la loi, conséquemment celle portée par l'article 56
du Code de procédure civile ; autrement ce serait violer la
disposition formelle de cet article. » Cette théorie nous
semble devoir être acceptée, surtout si l'on songe qu'elle
est en harmonie avec cette idée que nous avons souvent
exprimée, à savoir que le juge de paix conciliateur n'exerce
qu'une juridiction gracieuse, et que, en dehors de sa mission conciliatrice, il n'a aucun pouvoir.

Il est constant que le défaut de paiement de l'amende
par le défendeur ne va pas entraver l'action du demandeur. Le défendeur sera seulement considéré comme défaillant devant le tribunal. D'où il suit que le demandeur
qui veut intenter son action n'a pas besoin, comme le
veut Chauveau dans le *Journal des avoués*, de consigner,
pour pouvoir plaider, l'amende, à la place du défendeur,
et que celui-ci pourra se présenter à la justice, s'il répare

à temps son omission, s'il paye. D'ailleurs, jusqu'au paiement, le défendeur serait considéré comme défaillant, même s'il avait constitué avoué. Bien plus, s'il y a eu des conclusions prises sur le fond, le tribunal pourrait refuser l'audience à la partie défaillante qui ne justifierait pas du paiement de l'amende.

La partie défaillante qui voudrait éviter la condamnation à l'amende a pour cela un moyen. C'est d'en consigner la valeur entre les mains du receveur de l'enregistrement, qui, pour la recevoir, n'a pas besoin d'un jugement. Il suffit de lui présenter l'original ou la copie de la citation qui mentionne la non-comparution. Le receveur donnera quittance de l'amende, sauf à la restituer si dans la suite le tribunal l'ordonne ainsi.

Dans le silence des parties, le ministère public peut d'office requérir l'application de l'article 56. Mais il est établi que, pour que le ministère public puisse requérir l'amende, il ne suffit pas que le demandeur ait introduit son action, mais qu'il faut encore que l'affaire se soit présentée à l'audience, à son rang fixé par le rôle. « Toute audience sera refusée. » C'est qu'il se peut que jusqu'à l'appel de la cause le demandeur se désiste, ou que le défendeur s'exécute, ou bien encore que les deux adversaires se réconcilient.

Peut-on attaquer par l'opposition un jugement qui, sur la réquisition du ministère public, et après conclusions prises sur le fond, refuse l'audience à la partie en se basant sur le non-paiement de l'amende? Il y a lieu de faire une distinction.

La partie du jugement qui condamne à l'amende est inattaquable par l'opposition parce qu'elle est définitive et contradictoire. Au contraire celle qui statue sur le fond

est par défaut faute de plaider, et par suite le défaillant
en conciliation pourra faire opposition quand il aura payé
l'amende. Cependant on oppose à cette théorie un arrêt
de Cassation du 25 novembre 1828 (1). « Attendu : 1° que
l'article 56 du Code de procédure dispose que celle des
parties qui ne comparaîtra pas sera condamnée à une
amende de 10 francs, et que toute audience lui sera refusée jusqu'à ce qu'elle ait justifié de la quittance ; 2° que le
défendeur, demandeur en cassation, n'a jamais justifié de
la production de cette quittance ; 3° attendu que le ministère public avait le droit de requérir l'application de l'article 56.... » Nous avons reproduit cet arrêt pour montrer qu'il ne résout pas notre question ; la seule décision
que l'on y trouve est celle qui est contenue dans son 3°.
On ne peut donc pas en conclure que le jugement rendu
sur le fond était contradictoire et non par défaut ; cependant comme le demandeur en cassation alléguait ce moyen
dans son pourvoi et que celui-ci a été rejeté, on pourrait
peut-être penser que la Cour admet que le jugement sur
le fond est contradictoire. Mais cela nous semble au moins
douteux.

II a d'ailleurs été décidé que le jugement sur le fond
n'est contradictoire qu'à l'égard de l'amende (Paris, 19 février 1834) (2), et que le défaillant ne pourra être admis à
plaider sur l'opposition qu'en exhibant la quittance de
paiement (Paris, 10 août 1809) (3).

Si c'est le demandeur qui ne comparaît pas en conciliation, il est absolument certain, que les choses se passeront comme pour le défendeur, c'est-à-dire qu'on lui refu-

(1) D. P. 29, 1, 32.
(2) D. P. 34,1,183.
(3) *Journ. des av.*, t. 15, p. 330.

sera toute audience jusqu'au paiement de l'amende. Mais une fois le paiement fait, il pourra citer immédiatement devant le tribunal, sans avoir à se présenter devant le juge de paix. La loi paraît bien nette, et pourtant on a soutenu qu'il fallait une nouvelle assignation en conciliation, parce que la première citation du demandeur défaillant n'a aucune vertu. Le citant, en effet, n'a pas rempli le vœu de la loi, puisque, par son défaut de comparution, il a empêché une conciliation qu'il était obligé de tenter. Mais cette opinion ne tient pas devant les termes formels de l'article 56 qui n'établit pas de distinction entre le demandeur et le défendeur, et qui se borne à dire que celle des parties qui ne comparaît pas sera condamnée à une amende.

De tout cela il faut conclure que le juge de paix ne doit pas prononcer l'amende, et que ce soin revient au tribunal. L'esprit de la loi et la mission du juge de paix conciliateur ne permettent pas le doute. C'est l'avis de la plupart des auteurs, appuyé par plusieurs décisions judiciaires : Rennes, 2 septembre 1808 (1) notamment. Et la Cour de cassation a décidé (8 août 1832) (2), que les tribunaux de première instance, seuls compétents pour prononcer l'amende, doivent refuser toute audience à la partie qui n'a pas comparu, jusqu'à ce qu'elle présente la quittance. Donc est nul un jugement qui en pareil cas prononce sur le fond, et déclare le tribunal incompétent pour prononcer l'amende, sous prétexte que c'est au juge de paix à le faire.

Les choses peuvent se passer d'une manière un peu différente. Supposons que les parties se présentent devant

____

(1) S. 1791, 1830, 1808, 2, 345.
(2) D. P. 32, 1, 340.

le tribunal sans avoir passé au bureau de paix. Que va-t-il se passer ?

Nous savons déjà que le tribunal peut les renvoyer en conciliation, à moins que l'irrégularité de cette omission ne soit couverte par les défenses au fond. Mais le tribunal peut-il prononcer l'amende ? Nous ne le pensons pas. Il faudrait en effet pour cela qu'il y ait eu citation en conciliation, et que sur l'exploit ou sur sa copie mention ait été faite du défaut de comparution. Le tribunal ne peut pas prononcer l'amende, quand cette condition ne se trouve pas réalisée, car l'article 56 la considère comme la sanction du défaut de comparution. Or pour qu'il puisse y avoir comparution, il faut une citation préalable : « Le défaut de comparution, dit Carré, a sa peine, c'est l'amende ; le défaut de citation a la sienne, c'est l'irrecevabilité de l'action. »

Il peut encore se faire qu'après la citation aucune des parties ne comparaisse. On estime alors que ce défaut de comparution équivaut à un refus de se concilier, et le greffier du juge de paix doit remettre à la partie la plus diligente un certificat constatant que ni le demandeur ni le défendeur n'ont comparu. Tous les effets de la tentative de conciliation se produiront alors, à la date à laquelle ce préliminaire aurait dû avoir lieu. Avec l'exploit d'ajournement, on donnera copie de ce certificat pour avertir le tribunal qu'il doit prononcer l'amende de l'article 56, contre les deux parties, et l'audience ne sera accordée qu'après présentation des quittances.

Il se rencontre, d'autre part, des cas où l'amende ne doit pas être prononcée, bien qu'il y ait eu défaut de comparution. Il en sera d'abord ainsi quand la partie qui n'a pas comparu, justifie avoir été dans l'impossibilité de le faire. Nous avons à cet égard une décison du Ministre de la Justice datée du 18 novembre 1808 : « S'il résulte des articles 53 et 56 du Code de procédure civile, que celui qui n'a pas comparu en personne, ou ne s'est pas fait représenter au bureau de paix, ne peut être entendu devant le tribunal sans produire la quittance de l'amende, néanmoins, lorsque la partie prouve l'impossibililé où elle a été de comparaître, et que l'excuse est reconnue valable par le tribunal, la peine cesse et rien n'empêche qu'il ne soit statué par le même jugement sur le fond de la contestation. Dans ce cas il n'y a pas lieu de diriger des poursuites pour le paiement de l'amende. »

Et il a été jugé que le défendeur défaillant ne doit pas être condamné à l'amende, quand, son domicile étant inconnu au demandeur, il a été assigné au Parquet en vertu de l'article 69-8° du Code civil.

Cette circulaire ministérielle de novembre 1808 donne lieu à une remarque portant sur une difficulté d'exécution. Elle dispose que, dans le cas où l'excuse du défaillant est reconnue valable par le tribunal, la peine ne sera pas appliquée, et qu'il pourra être statué sur le fond par le même jugement. Or, s'il n'y a ainsi qu'un seul jugement, on doit forcément plaider sur le fond avant que l'excuse soit admise, ce qui est contraire à l'article 56. Il faut en conséquence que le tribunal commence par admettre l'excuse, c'est-à-dire par prononcer son jugement sur ce point, car ce n'est qu'à partir de ce moment qu'il pourra s'occuper du fond, pour obéir aux prescriptions de l'article 56 qui refuse toute audience jusque-là. Le tribunal pourra ne pas rendre un jugement particulier sur l'excuse, mais il doit toujours commencer par faire trancher cette question, et dans son jugement sur le fond il déclarera qu'il a

admis l'excuse et donné la faculté de plaider (Boncenne,
t. II, p. 47 ; Chauveau et Carré, n° 45).

Faudra-t-il prononcer l'amende quand le défaillant ex-
cipera de ce fait que la demande était dispensée de la
conciliation ? Les avis sont partagés. Un premier système
maintient l'amende, parce que la loi ne distingue pas, et
que, même dans les cas où il y a dispense, l'intimé doit
comparaître s'il a été cité, afin de proposer ses exceptions, ou afin de permettre au juge de paix de tenter la
conciliation (on se rappelle que ce magistrat a toujours le
droit de le faire), ou bien, si la matière n'est pas susceptible de transaction, pour opposer au juge une fin de non-
recevoir. C'est l'opinion de M. Garsonnet (t. 2, n° CCXLII)
et de Carré. La jurisprudence est aussi orientée en ce sens,
quand elle décide que, en cas de non-comparution après
citation, le défaillant doit être frappé de l'amende, même
si la cause est dispensée du préliminaire de conciliation,
et sans recours possible contre celui qui l'a cité à tort
(Limoges, 14 août 1860) (1).

Cependant, nous ne partageons pas cette opinion. Pourquoi en effet le tribunal prononce-t-il une amende contre
le défaillant ? C'est pour le punir d'avoir manqué à une
obligation imposée par la loi. Or, à quelle obligation a-t-il
manqué dans le cas présent ? On ne peut pas la nommer.
Nous sommes en face d'un acte qu'on a la faculté d'accomplir, ce qui signifie qu'on est libre de n'en rien faire. L'intention du législateur n'a certainement pas été, quand il
dispensait de la formalité certaines demandes, de forcer
cependant un des plaideurs à se rendre devant le juge de
paix ; il nous semble donc que la dispense établie par la

(1) D. P. 61, 2, 165.

loi doit suffire pour légitimer l'abstention de celui qui n'a pas comparu.

En poussant les choses plus loin, les partisans du premier système sont conduits à dire que si le motif du défaut de comparution réside dans la nullité ou dans l'irrégularité de la citation, le défendeur défaillant doit encore être puni. Il aurait dû comparaître pour opposer une exception de nullité. Nous pensons au contraire qu'il n'a pas à comparaître. D'abord, le juge de paix n'est qu'un conciliateur, et il n'a pas le pouvoir d'apprécier les irrégularités de la citation. C'est donc inutilement que le défendeur en exciperait devant lui. D'autre part, ces irrégularités peuvent parfois empêcher la comparution, si, par exemple, une date fausse est indiquée pour l'accomplissement de la formalité. On ne saurait prononcer l'amende dans la circonstance. On peut encore supposer que le défendeur est cité devant un juge de paix incompétent et très éloigné. Il ne jugera pas à propos de faire des dépenses de temps et d'argent pour se rendre devant lui, et il aura raison. Nous supposons bien entendu dans tout ceci, que les défenses du défaillant à ce sujet auront été reconnues bien fondées par le tribunal, sans quoi il y aurait lieu d'appliquer l'article 56.

Au cas où l'excuse est admise, si l'amende a déjà été payée, il faut procéder à sa restitution. Elle sera ordonnée par le jugement qui interviendra sur le fond du procès. Mais il ne suffit pas, pour obtenir la restitution de l'amende, de mettre en cause la régie de l'enregistrement qui l'a perçue. Un arrêt de cassation du 20 juin 1810 (1) décide qu'il faut aussi appeler la partie avec laquelle on

____

(1) D. *Rép.*, v° *Conciliation*, n° 330 à la note.

s'est trouvé en procès : « Attendu que le jugement rendu le 2 mai 1792, et qui a condamné le sieur Liauzu en l'amende de 30 livres pour n'avoir pas comparu au bureau de paix, a été prononcé sur la poursuite du sieur Alquier partie civile ; qu'il est constaté et reconnu que le sieur Liauzu, en formant opposition à ce jugement, n'a point appelé le sieur Alquier pour faire réformer avec lui la condamnation prononcée. Considérant que ce même jugement subsiste tant qu'il n'est pas détruit dans les formes prescrites par la loi ; que les juges qui ont déchargé le sieur Liauzu de ladite amende, sans que la partie qui avait fait donner la citation fût en cause, et sans même rapporter le premier jugement, ont à la fois commis un excès de pouvoir, et une contravention aux lois... »

Il faut appliquer la prescription trentenaire à l'action en réclamation de l'amende, car il n'existe pas de loi fixant un délai plus court. La prescription de deux ans des lois du 22 frimaire an VII (Cass., 11 novembre 1806) (1) et 16 juin 1824 est inapplicable ici.

Remarquons, pour terminer, que l'article 56 ne frappe de l'amende que les défaillants, demandeur ou défendeur, sur une réclamation qui les constitue partie au procès qui aura peut-être lieu. Le mari ne sera pas considéré comme partie dans une instance à laquelle il n'aura été appelé que pour autoriser sa femme ; par conséquent, il ne doit pas être frappé de l'amende au cas où il ne comparaîtrait pas sur une citation en conciliation qu'on lui aurait remise en vue d'une instance où il n'est appelé que pour donner une autorisation (Niort, 16 novembre 1883) (2).

Si la conciliation était tentée selon les règles posées

(1) S. et P. chr.
(2) *Gaz. Palais*, 1883, 4· partie, 2, 160.

dans l'article 17 de la loi du 25 mai 1838 et dans l'article 2 de la loi du 2 mai 1855, il n'y aurait pas lieu de prononcer une amende contre les défaillants ; en aucun cas, l'inobservation de l'avertissement n'entraînera la non-recevabilité de la demande, ces lois ne donnant pas de pouvoirs aux juges de paix à cet effet.

En effet, les sanctions prévues par ces lois n'atteignent que l'huissier, qui aura à supporter, sans répétition possible, les frais de la citation remise sans avertissement préalable ; il se verra en outre interdire par le juge de paix de remettre aucune citation pendant un délai de quinze jours à trois mois, et il sera frappé de mesures disciplinaires.

CHAPITRE VI

Nous supposons dans ce chapitre que les deux adversaires se présentent au bureau de conciliation. Il s'agit donc d'exposer quelle doit être la conduite des parties, l'attitude du juge de paix, et de quelle façon ce dernier doit remplir sa mission de conciliateur.

I. — Rôle des parties.

Ce rôle peut se résumer ainsi : les parties doivent formuler leurs prétentions et conférer sur l'objet de la contestation, parce que de leurs explications peut résulter une entente. Se trouvant réunies, étant à même d'apprécier les arguments et les sentiments de l'adversaire, elles peuvent être conduites à abandonner une partie de leurs droits pour éviter un procès. Le demandeur, naturellement, prend les devants, et expose ses griefs ainsi que ses espérances. Il est possible en effet que le défendeur ne les connaisse qu'imparfaitement, n'étant renseigné que par l'exposé sommaire contenu dans la citation.

Non seulement le demandeur peut et doit dire ce qu'il voulait en lançant la citation, mais encore l'article 54 du Code de procédure civile l'autorise à augmenter sa demande. « Lors de la comparution, lisons-nous dans ce texte, le demandeur pourra expliquer, même augmenter sa demande, et le défendeur former celles qu'il jugera convenables. » Cela signifie que le demandeur aura le droit d'ajouter à ses prétentions primitives, toutes les réclamations qui n'en sont, en quelque sorte, que les conséquences, et que le défendeur a dû ou pu prévoir. Celui-ci est réputé avoir cherché les moyens de se défendre contre elles, et avoir examiné les suites d'un accommodement sur cette base. Mais il est évident qu'on ne peut pas permettre au demandeur de formuler une demande nouvelle n'ayant aucun rapport, ou seulement une relation éloignée, avec celle qui se trouve indiquée dans la citation. Le défendeur n'a pas pu prévoir cette demande nouvelle, et on ne doit pas le prendre au dépourvu. Aucun doute ne peut s'élever à cet égard, puisque la loi veut que la citation en conciliation indique au défendeur l'objet de la demande, et qu'un certain délai lui soit accordé pour préparer sa réponse.

C'est pourquoi celui qui dans la citation indique comme objet de sa demande la réclamation d'un capital, pourra devant le juge de paix réclamer aussi les intérêts. S'il s'agit de la revendication d'un immeuble, il pourra réclamer également les fruits. Si au contraire l'exploit indique la réclamation d'une somme déterminée, le demandeur ne pourra pas, au bureau de paix, réclamer des denrées dues pour une cause différente. Si la demande est mobilière, on ne pourra pas y ajouter une demande immobilière. Pour ces demandes nouvelles il faudra un essai de conciliation particulier, sans quoi ce serait fausser le sens de l'article 54. Seulement, si le défendeur répond à ces demandes et les discute, il couvrira leur irrégularité, et on se trouvera, en somme, dans un cas de comparution volontaire en conciliation. Le défendeur doit donc déclarer qu'il ne veut pas discuter, et le demandeur sera forcé de lui envoyer une nouvelle citation. Quand le demandeur a fini de développer ses prétentions, quand il les a suffisamment expliquées au juge et à son adversaire, c'est au tour du défendeur d'exposer ses moyens de défense. L'article 54 lui donne plus de liberté qu'au demandeur, puisqu'il peut former les demandes « qu'il jugera convenables ». La citation émane du demandeur, et le défendeur qui n'est pour rien dans sa rédaction ne peut pas être lié par ses termes. Il ne faut cependant pas exagérer cette liberté du défendeur. Il ne peut former que les demandes qui se rattachent à la prétention du demandeur et qui peuvent être considérées comme des défenses. « Le défendeur, dit Bonfils (n° 682), ne saurait être admis à formuler une demande quelconque. Il ne doit pas pouvoir soulever devant le magistrat conciliateur, d'autres prétentions que celles qu'il pourra faire valoir devant le tribunal civil, si le procès suit son cours. Il peut former les demandes qui sont connexes à la demande principale, ou celles qui, non connexes, sont une défense à la demande dirigée contre lui. »

Pour reconnaître les demandes que pourra formuler le défendeur, il n'y a qu'à reprendre la théorie des demandes reconventionnelles, comme on l'a fait à propos de l'article 48 du Code de procédure civile... Cependant Carou (*Juridiction civile des juges de paix*, t. 2, n° 807) n'est pas de cet avis. Il y a bien un arrêt en notre faveur ;

« Attendu que la demande subsidiaire de la demoiselle Aldebert en dommages-intérêts n'étant que la défense à la demande introduite par le réclamant lui-même, il n'y a point eu de contravention à l'article 48 du Code de procédure civile... » (Cass., 17 août 1814) (1), mais il ne pourrait pas être opposé aux termes généraux et absolus de l'article 54, qui ne comportent aucune restriction. Le défendeur, en conciliation, pourrait donc former toutes les demandes qu'il voudra. Peut être, dit Carou, cela viendrait-il de ce que le demandeur n'a pas lieu de se plaindre si on provoque contre lui l'essai de conciliation sur une demande étrangère à la première, mais devant le juge que lui-même a saisi. Cette raison n'est pas bonne, car le demandeur ne choisit pas son juge. En réalité, Carou estime que rien n'explique cette distinction établie entre le demandeur et le défendeur, mais la loi l'a faite, et dans des termes absolus qu'il faut respecter.

Pour Dalloz (*Conciliation*, n° 337), il est d'avis que, même à l'égard des demandes étrangères à la contestation que le défendeur déclare vouloir former devant le tribunal, il suffit qu'elles soient expliquées dans un procès-verbal du juge de paix, pour que, en cas de refus du demandeur de se concilier à leur sujet, elles puissent être portées devant le tribunal, sans nouveau préliminaire. Il croit que cela résulte du texte même de l'article 54 qui est formel, bien qu'il n'existe pas de raisons sérieuses pour faire cette distinction entre les deux parties.

Pour nous, nous croyons avec Bonfils et avec la majorité des auteurs, que si le défendeur veut former contre son adversaire une demande distincte de celle qui est por-

(1) D. alph., 10, 18.

tée au bureau de paix par le demandeur, il faudra une nouvelle citation en conciliation, dans laquelle le défendeur originaire deviendra demandeur. Comme plus haut, nous dirons que l'irrégularité de ces demandes nouvelles serait couverte, et que la tentative de conciliation serait réputée accomplie, si le demandeur consentait à examiner et à discuter cette contestation étrangère à la demande primitive.

II. — Mission du juge.

Nous avons montré déjà que la tentative de conciliation n'est pas une instance, et que le juge conciliateur n'a pas pour mission de trancher une contestation. Il faut donc poser en principe que, en tant que conciliateur, il n'a aucun pouvoir de juridiction, et qu'il doit se borner à calmer les adversaires. Il doit entendre les déclarations des parties, s'efforcer d'apaiser leur animosité réciproque, et conseiller un accommodement. Comme on l'a fait remarquer, sa tâche ressemble beaucoup à celle d'un notaire qui essaye d'amener la formation d'un contrat entre deux personnes. C'est ainsi que le juge ne peut pas ordonner une instruction, ni prononcer en aucune manière sur la demande, sans excès de pouvoir. Il ne peut pas non plus obliger les parties à comparaître, et, comme nous l'avons vu plus haut, il ne pourrait peut-être même pas refuser d'entendre un mandataire qui n'aurait pas sa confiance. Il ne doit pas non plus prononcer sur les nullités de la citation, ou sur les autres exceptions soulevées devant lui, et il ne sera pas forcé de donner à la tentative de conciliation la publicité des audiences ordinaires.

Tout cela est encore assez simple, mais nous allons ren-

contrer des difficultés. Elles proviennent de ce que la loi
impose au juge l'obligation de dresser un procès-verbal
pour constater le résultat de ses efforts, mais qu'elle ne
dit rien ni sur l'attitude et les droits du juge pendant l'audience, vis-à-vis des comparants, ni sur la manière dont
il doit conduire l'affaire. Un premier point doit être éclairci.
Le juge a-t-il le droit d'adresser des interpellations aux
parties, lesquelles interpellations ne seront en réalité
qu'un interrogatoire ? Un arrêt de cassation du 2 mars
1807 (1) s'est prononcé pour la négative, et M. Garsonnet
(t. 2, p. 223) se range à cette opinion. « Le juge de paix
n'a d'autre pouvoir que celui de concilier les parties ; il ne
peut, à peine d'excès de pouvoir, les interpeller, leur adresser des injonctions... » Tel n'est pas notre sentiment. Il
ne faut sans doute pas permettre au juge conciliateur de
se poser en face des parties comme un magistrat interro-
gateur. Mais il faut bien qu'il se fasse donner des renseignements par les parties, pour pouvoir leur donner des
conseils sérieux en vue d'arriver à une entente. Nous ne
pouvons faire mieux que de reproduire les observations
de Favard de Langlade (t. I, p. 630) sur ce point : « Dans
les cantons ruraux, presque toutes les épreuves de conciliation se passent entre personnes qui n'ont aucune connaissance des affaires, et qui, par conséquent, sont incapables de les expliquer. Si donc le juge de paix se bornait
à consigner sur son procès-verbal l'exposé que lui fait le
demandeur, il écrirait le plus souvent des choses inintel-
ligibles. Mais la loi lui donne un rôle plus noble. En l'établissant le conciliateur des parties, elle l'a chargé de les
entendre, de les aider à expliquer leur pensée, de leur faire

(1) P. chr. D. alph., 3, 210.

les questions nécessaires pour bien savoir ce qu'elles veulent dire, leur faire entendre la voix de la sagesse et de la prudence, et les porter à une heureuse conciliation. Comme médiateur il a des fonctions très actives. Sans adopter les idées des deux parties, il doit, après les avoir bien entendues, essayer de modérer les prétentions du demandeur, faire élever les offres du défendeur, quelquefois proposer au premier d'accorder un terme, enfin faire tout ce qu'il est possible pour opérer la conciliation. »

Il faudrait même encourager le juge de paix à demander aux parties les avis des avocats qu'elles ont consultés, afin de se faire mieux éclairer sur les difficultés de l'affaire ; ainsi il sera plus à même de présenter d'utiles observations qui pourront décider les parties à éviter les frais d'un procès douteux.

Le juge de paix n'a pas qu'à questionner les parties. Il se peut que l'une d'elles, surprise par une réclamation imprévue de l'adversaire, sans refuser d'y répondre, demande néanmoins un délai pour l'examiner. Que devra faire le magistrat ? Il devra avant toute conciliation renvoyer à une audience prochaine, sans pouvoir d'ailleurs ordonner aucune communication de pièces dans l'intervalle (Rodière, t. I, p. 176 ; Garsonnet, t. 5, p. 225).

Si c'est un héritier, ou une femme veuve ou séparée de biens, encore dans les délais légaux pour faire inventaire et délibérer, qui proposent le dilatoire, deux choses sont possibles. Ou bien l'adversaire accepte le dilatoire ; en ce cas le juge doit surseoir à la tentative de conciliation jusqu'à ce que ces délais soient expirés, et il fixera la date de la nouvelle comparution du défendeur ou de celui qui le remplace. Si, à l'expiration des délais, il y a acceptation sous bénéfice d'inventaire, on sait qu'il n'y a plus lieu à l'essai de conciliation. Si le demandeur n'acquiesce pas au dilatoire, le juge de paix n'a qu'à renvoyer les parties devant le tribunal, ne pouvant pas se prononcer sur le mérite de l'exception. Cependant on a décidé que si le juge de paix a statué comme juge dans un litige qu'il ne connaissait que comme conciliateur, sa décision acquiert l'autorité de la chose jugée, si elle n'est l'objet d'aucun recours dans les délais légaux (Reims, 9 février 1886) (1).

Le juge de paix n'ayant pas le droit de résoudre la question de compétence, si un des plaideurs élève des difficultés à cet égard, il n'a qu'à constater dans son procès-verbal la non-conciliation, en mentionnant d'ailleurs l'exception d'incompétence. Le demandeur sera assigné par le défendeur devant le tribunal, qui tranchera la question. Et alors, ou bien les parties seront renvoyées devant le juge de paix compétent pour procéder à la conciliation, ou bien, si le premier juge de paix a été reconnu compétent, on considérera que l'exception soulevée par le défendeur équivaut à un refus de se concilier. Dans ce cas, le préliminaire de conciliation ayant eu lieu, le demandeur n'a plus qu'à poursuivre sa demande devant le tribunal (Garsonnet, t. 2, n° CCXLII, Boitard, Colmet d'Aage, Glasson, t. 1, n° 214).

Mais tous les auteurs ne sont pas de cet avis qui est cependant conforme au principe que le juge de paix ne doit jamais rien juger. Bioche (n° 97) croit que l'on confond la contestation qui donne lieu au préliminaire de conciliation, les moyens qui s'y rattachent, et la procédure de conciliation. Il est certain qu'en ce qui concerne

----

(1) Bioche, *Journ. proc. civ.*, n° 12605.

la demande et les moyens, le juge conciliateur n'a aucun pouvoir de juridiction, mais c'est lui évidemment qui doit être juge des difficultés de la procédure du préliminaire de conciliation. L'autre doctrine aurait l'inconvénient de faire constater par le juge de paix un fait inexact, puisque son procès-verbal mentionnerait que le défendeur a refusé de transiger, alors qu'il a seulement demandé que la tentative se passe devant un autre magistrat.

Bonfils pense comme Bioche. Si le juge de paix croit avoir qualité pour tenter l'épreuve, il passera outre, et si le défendeur persiste dans son refus, celui-ci portera sur la conciliation elle-même, et un procès-verbal de non-conciliation sera dressé. Si, au contraire, le juge reconnaît son incompétence, il n'a qu'à s'abstenir et n'a pas de procès-verbal à rédiger; si plusieurs juges de paix sont successivement saisis et s'abstiennent, il y aura conflit négatif, et les parties se pourvoiront par un règlement de juges.

Nous ne pensons pas que le juge de paix puisse suppléer d'office à l'exception d'incompétence, pour cette raison que les parties sont maîtresses de faire devant lui ce qu'elles pourraient faire entre elles afin d'éviter le procès. Mais si les parties n'avaient pas la capacité de transiger sur l'objet de leur contestation, le juge conciliateur aurait le devoir de les en avertir, et ne devrait pas inscrire leurs dires dans le procès-verbal. C'est toujours la distinction entre la tentative de conciliation et son résultat.

Dans les diverses hypothèses que l'on vient de parcourir, les parties, pour en faire la remarque en passant, ne sont en rien liées par les aveux et les conventions portées au procès-verbal. On verra en effet que, en cas de non-conciliation, le juge de paix ne doit pas les mentionner. Si donc ils se trouvent dans le procès-verbal, ils seront réputés non écrits.

L'article 60 de la constitution du 22 frimaire an VIII portait que, si le juge de paix ne réussissait pas à concilier les adversaires, il devait les inviter à se faire juger par des arbitres. Les lois actuelles ne reproduisant pas cette disposition, que doit faire le juge ? On considérait en l'an VIII que le fait d'être jugé par des arbitres constituait le droit commun ; les idées ont changé depuis, mais rien ne s'oppose à ce que le juge de paix engage les parties à user de ce procédé, car il ne fait ainsi que donner un conseil qu'elles sont libres de suivre ou de ne pas suivre.

III. — Conciliation et non-conciliation.

Nous venons de voir ce qu'ont à faire les parties et le juge pendant le préliminaire de conciliation. Il s'agit de montrer maintenant à quels résultats peut aboutir cette formalité. Elle peut se terminer de trois façons différentes : 1° par la conciliation ; 2° par la non-conciliation ; 3° par la délation du serment.

1° *Conciliation*. — Les parties s'étant mises d'accord, il faut constater leurs engagements d'une manière précise, pour éviter une nouvelle rupture. C'est pourquoi le greffier du juge de paix doit dresser un procès-verbal ; selon les termes de l'article 54 il faut que ce procès-verbal « contienne les conditions de l'arrangement ». La minute en sera déposée au greffe de la justice de paix, et des copies seront délivrées aux parties. Le dépôt de cette minute rend inutile la pluralité d'exemplaires exigée par l'article 1325 du Code civil, quand il s'agit de constater des contrats synallagmatiques. C'est du reste aussi une conséquence de ce fait que le procès-verbal constitue un acte authentique.

Faut-il, pour rendre obligatoires les conventions constatées dans le procès-verbal, que la minute soit signée par les parties ou par leurs fondés de pouvoirs, ou que mention soit faite par le juge, que les parties ne savent ou ne peuvent pas signer ? La loi des 16-24 août 1790 exigeait la signature des parties, et voulait que mention fût faite du refus de signer. Le procès-verbal devait encore contenir d'une manière succincte les aveux, les dires, les explications des parties. Il en était de même dans le projet de Code de procédure, mais à la suite d'un vote du Conseil d'État (13 floréal an XIII), la seconde partie de la loi de 1790 fut supprimée. L'article modifié fut rédigé à nouveau, et on ne voit plus dans la nouvelle rédaction que les parties soient obligées de signer, ou que le juge doive mentionner l'impossibilité où elles sont de le faire. Est-ce un oubli, est-ce volontaire ? Pour répondre, il est nécessaire de rechercher les intentions du Conseil d'État en l'an XIII. L'intention du législateur, comme on le verra plus loin, était de ne pas accorder aux procès-verbaux, bien qu'actes authentiques, la force probante des actes notariés, pour ne pas porter préjudice aux notaires par la concurrence que leur auraient faite les juges de paix. C'est dans cette intention que le Conseil d'État a supprimé la disposition du projet relative aux aveux, dires et dé-négations des parties. C'est aussi parce que beaucoup de juges de paix n'étaient pas habitués à bien dresser un acte. Locré nous signale cette phrase de l'archichancelier : « Les justices de paix ne sont pas toutes également bien composées, les parties sont cependant forcées de s'y pré-

senter. » Le législateur avait donc cette double volonté :
ne pas nuire aux notaires, ne pas avoir trop de confiance
dans les procès-verbaux des juges de paix.

Mais on ne peut pas conclure de cela que les parties
ne doivent pas signer le procès-verbal. D'autant moins,
que l'article 54 du Code de procédure civile, déclare que
les conventions contenues dans ce procès-verbal auront
force d'obligations privées. Appliquant donc le droit des
obligations privées, nous dirons que la signature des parties est nécessaire, puisqu'il est essentiel que l'acte sous
seing privé constatant une obligation soit signé par les
contractants. D'ailleurs il ne serait pas logique que le
législateur eût laissé au juge de paix le droit d'obliger les
parties sans leur signature, quand on voit qu'il retire à ce
juge le pouvoir de constater leurs aveux, leurs dires et
leurs dénégations. Ce serait, de plus, contraire à l'intérêt
des comparants, qui verraient les juges de paix avoir un
si grand avantage sur les notaires, et s'arrangeraient
pour faire constater par eux leur convention. Or l'on sait
qu'il est difficile, au moins dans les campagnes, d'obtenir
des juges de paix, et surtout de leurs greffiers, des actes
convenablement rédigés (Chauveau et Carré, n° 231 ; Garsonnet, t. 2, p. 225). Ainsi le procès-verbal et les conventions qu'il renferme, ne sont obligatoires pour les parties
que lorsqu'elles ont signé. Seulement, à la différence de
ce qui se passe pour les actes sous seing privé, les parties
devront s'inscrire en faux pour contester la sincérité du
procès-verbal et de leurs signatures.

La jurisprudence est conforme. Les conventions contenues au procès-verbal ne sont pas obligatoires pour la
partie qui a été présente à la conciliation mais qui n'a
pas signé, et n'a pas été invitée à le faire (Rennes, 9 avril

1827) (1). Il a été jugé que le procès-verbal dressé par le juge de paix, et constatant une transaction écrite d'avance, ne vaut ni comme jugement, ni comme procès-verbal de conciliation : que par suite cette transaction est nulle si elle n'est signée que par une des parties ; et qu'un tel procès-verbal n'a le caractère ni d'un acte authentique, ni d'un acte sous seing privé (Rennes, 13 mars 1837) (2). — L'aveu contenu dans le procès-verbal et non signé des parties ne constitue ni un aveu judiciaire, ni un aveu extrajudiciaire. Il n'établit pas la preuve de l'article 1367 du Code civil, qui autorise le juge à déférer le serment supplétoire.

Il a été jugé différemment en ce qui concerne le compromis. Le compromis énoncé par le juge de paix dans son procès-verbal ne peut pas être annulé sous prétexte qu'il n'est pas signé, même si les parties n'ont pas été requises de le faire, ou quoique le procès-verbal n'exprime pas la cause du défaut ou de l'empêchement de la signature (Cass., 11 février 1824) (3).

Mais Chauveau (n° 229) fait remarquer que dans l'espèce dont il s'agit, le compromis avait reçu un commencement d'exécution de la part des parties, et que, cette circonstance de fait ayant été prise en considération par la Cour, on peut dire que l'arrêt ne porte aucune atteinte à notre principe qui exige la signature.

Quelle sera la force des aveux consignés dans le procès-verbal sur la réquisition des parties ? D'après Pothier, et d'après l'article 1355 du Code civil, et sans qu'il soit besoin de faire de distinction entre l'aveu judiciaire et

(1) P. chr.
(2) D. *Rép.* v° *Conciliation*, n° 354 à la note.
(3) S. (1791-1830), 1824, 1, 395.

l'aveu extrajudiciaire, l'aveu fait preuve complète contre celui dont il émane, et cela suffit pour qu'on puisse le lui opposer. Mais il faut pour cela qu'il soit signé des parties, car un aveu contenu dans un procès-verbal de conciliation ne peut pas être considéré comme un aveu judiciaire. Ce serait contraire au principe très général que le magistrat conciliateur ne remplit pas les fonctions d'un juge.

Cependant Thomine (t. I, p. 74), et l'*Encyclopédie du droit* (*Conciliation*, n° 119) pensent autrement. Il n'y aurait là qu'une question de mots. « L'aveu fait devant un juge de paix n'est pas un aveu judiciaire, cela est vrai. Mais qu'importe. Aveu judiciaire ou extrajudiciaire, l'un et l'autre ont la même force, il suffit qu'ils soient prouvés. La déclaration faite devant notaire est essentiellement extrajudiciaire, a-t-elle moins de force que l'aveu ? Assurément non. Il en est ainsi de tout acte extrajudiciaire ou authentique. Or un juge de paix est un magistrat revêtu d'une autorité publique, tout acte qui émane de lui, lorsqu'il agit dans le cercle de ses attributions, a donc un caractère d'authenticité et fait foi de son contenu. »

Il nous faut à présent voir quelle est la valeur des mentions de la non-signature des parties faites par le juge.

Il faut distinguer. Il y a eu refus de signer. C'est donc que les parties ne sont pas mises d'accord, et la mention de ce refus ne peut pas rendre le procès-verbal obligatoire. Le juge constate le fait, et le procès-verbal porte que la tentative de conciliation a échoué (Bioche, n° 136 ; Garsonnet, t. 2, p. 225 ; Carou, n° 816).

Si le défaut de signature vient de ce qu'une des parties, ou toutes les deux, ne savent pas signer, la mention du juge remplacera alors la signature ; en effet, si les procès-verbaux n'ont pas la force des actes authentiques, néanmoins ils en méritent la foi, car ils sont reçus par un officier public.

La Cour de Douai (13 février 1884) (1), a jugé que la transaction constatée dans un procès-verbal de conciliation n'a pas besoin d'être signée par les parties, ou que, du moins, cette signature n'est pas exigée à peine de nullité, car le procès-verbal n'est pas un acte sous signature privée, mais un acte authentique ; dans ces conditions les signatures peuvent être suppléées par une mention du juge constatant que les parties ne savent ou ne peuvent signer.

Nous arrivons à une question très importante. Quelle est la valeur des conventions insérées au procès-verbal ? Nous avons déjà dit que le procès-verbal était un acte authentique, mais qu'il n'a pas la force d'un acte notarié ; voilà ce qu'il importe de préciser.

L'article 45 du Code de procédure civile *in fine*, porte : « Les conventions des parties, insérées au procès-verbal, ont force d'obligation privée. »

Ces derniers mots sont peu compréhensibles. Il faut, pour leur donner un sens acceptable, se reporter à l'historique de l'article. Le projet de Code disposait que les conventions des parties contenues dans le procès-verbal ne seraient pas « exécutoires » et « n'emporteraient pas hypothèque ».

On avait peur de nuire aux notaires dont le ministère serait devenu à peu près inutile s'il avait suffi de feindre une conciliation pour faire établir gratuitement par le

(1) *Jurispr. Douai*, 1884, p. 323.

juge de paix un acte ayant la même force qu'un acte notarié. On se méfiait également du savoir des juges de paix
et de leurs greffiers, et l'on pensait que souvent ils ne
pourraient pas dresser correctement des actes emportant
de graves conséquences. A un autre point de vue, on se
disait que, en dehors du juge de paix, les parties avaient
la capacité de contracter, et que la seule présence du magistrat ne pouvait pas leur retirer ce droit. En combinant
ces idées, on décida que les conventions auraient force
d'obligation privée, c'est-à-dire lieraient les contractants,
mais n'emporteraient ni exécution parée, ni hypothèque ;
pour obtenir ce résultat, il faudrait passer devant un notaire, ou faire rendre une sentence par le juge compétent
(Locré, partie 2, comm. 2, n° 9).

Donc, d'après Locré, pour pouvoir rendre exécutoires
les conventions contenues au procès-verbal, il faut l'intervention du notaire ou du juge, c'est-à-dire une conversion en un acte authentique ou en une condamnation.
Et il nous paraît logique que la partie qui s'est liée devant
le juge de paix ne puisse pas être obligée à fournir un titre
paré avant le temps où son obligation sera devenue exigi-
ble. Mais tel n'est pas l'avis de tous les auteurs. Lepage
pense qu'une partie est recevable à demander à la justice
qu'un notaire dresse immédiatement acte authentique
des conventions passées dans le procès-verbal. Nous
croyons qu'il faudrait pour cela que la convention eût une
clause expresse en ce sens, car une telle demande n'est
qu'une vexation inutile pour l'autre contractant. Elle ne
donnerait pas hypothèque au requérant, car il faudrait
pour cela une stipulation expresse dans l'acte notarié.
Elle se bornerait à donner à l'acte la force exécutoire,
mais à quoi bon ? Le procès-verbal ne doit pas avoir cette

force, pourquoi la lui donner, alors surtout que l'autre contractant ne s'est en rien écarté de ce qui a été convenu ? Le requérant savait que le procès-verbal n'a pas la force exécutoire, c'est de sa faute s'il n'a pas exigé davantage (Chauveau et Carré, n° 232 ; Boncenne, t. II, p. 46). Et nous pensons qu'en cas d'infraction aux obligations constatées dans le procès-verbal, on pourrait citer immédiatement devant le tribunal sans nouvelle tentative de conciliation. C'est en effet un cas d'application de la règle que l'effet de la tentative de conciliation se prolonge pendant trente ans.

Donc au point de vue exécutoire, et au point de vue de l'hypothèque, le procès-verbal est assimilé à un acte sous seing privé. Mais il faut reconnaître que le projet de Code qui le disait clairement valait beaucoup mieux que la rédaction obscure du Code définitif, bien qu'il fût sans doute superflu de dire que ce procès-verbal n'emporterait pas hypothèque, puisque en vertu de l'article 2127 du Code civil, l'hypothèque conventionnelle ne peut être constituée que par acte notarié (Voir en ce sens : Rennes, 12 août 1814 (1) ; Bordeaux, 14 janvier 1837 (2); Montpellier, 22 décembre 1851) (3).

Cependant, il ne faut pas conclure de ce qui précède, que le procès-verbal de conciliation n'est pas un acte authentique, comme le soutenait Berriat. D'autres auteurs ont voulu distinguer entre les conventions des parties, et le procès-verbal lui-même. Les conventions ne seraient en aucune façon authentiques, donc il ne serait pas besoin

(1) P. chr.
(2) *Journ. des av.*, 1837, p. 238.
(3) *Journ. des av.*, 1852, p. 271.

de s'inscrire en faux pour en contester la sincérité. Quant au procès-verbal lui-même il serait un acte authentique. Mais Chauveau (n° 251) rejette avec raison cette distinction et avec lui presque tous les auteurs. « La plupart des auteurs qui ont écrit sur le Code rejettent cette distinction entre le procès-verbal et la transaction, et les considèrent comme un seul et même acte, qu'ils regardent comme authentique, conformément à l'article 1317 du Code civil, et qui ne diffère des actes notariés, qu'en ce sens qu'il n'a pas le privilège de l'exécution parée, puisqu'il ne porte pas le même intitulé que ces actes, n'est pas terminé par un mandement aux officiers de justice, et ne peut conférer hypothèque. » Curasson (t. 1, p. 101) est du même avis, et ajoute qu'il n'y a que les jugements et les actes notariés, parmi les actes authentiques, qui emportent hypothèque et sont de plein droit exécutoires Mais cela n'empêche pas qu'il n'y ait d'autres actes authentiques, et que les conventions ainsi passées au bureau de paix ne soient authentiquement prouvées.

Il faut, en effet, pour donner leur signification exacte aux derniers mots de l'article, distinguer entre la foi à attribuer à l'acte et sa force. De ce qu'on leur refuse la force, cela ne signifie pas qu'ils soient privés de la foi. Le contraire serait la violation de l'article 1317 du Code civil, ainsi conçu : « L'acte authentique est celui qui a été reçu par des officiers publics, ayant le droit d'instrumenter dans le lieu où l'acte a été rédigé, et avec les solennités requises. »

De ce qui vient d'être dit, nous tirerons les conclusions suivantes :

Il n'est pas besoin de dresser autant d'originaux qu'il y a de parties contractantes, ayant des intérêts distincts comme le veut l'article 1325 du Code civil. La minute du procès-verbal déposée au greffe est une garantie suffisante pour les intéressés.

S'il est question de l'obligation de payer une somme d'argent, il n'est pas nécessaire que l'acte soit entièrement écrit de la main du débiteur, ou tout au moins soit revêtu de la formule « bon » ou « approuvé », portant en toutes lettres l'indication de la somme et la signature du débiteur.

Pour que la date de la convocation soit certaine, l'enregistrement est inutile. La convention a date certaine du jour où elle a été constatée par le juge de paix.

Le signataire auquel le procès-verbal est opposé ne peut pas se contenter de nier sa signature, comme il le pourrait en face d'un acte sous seing privé. Il lui est nécessaire de s'inscrire en faux. Et à cet égard nous devons signaler une contestation qui s'est élevée sur le point de savoir où s'arrête le pouvoir du juge de paix. Berriat (t. I, p. 190) s'appuyant sur Merlin et Treilhard, pense que, malgré son caractère d'officier public, ce magistrat n'a pas le droit de recevoir des actes volontaires. Quand il y a eu conciliation, sa compétence et sa juridiction cessent dès qu'on passe aux conditions de l'arrangement.

Mais il faut remarquer que Merlin et Treilhard ne se sont pas occupés de cette question, l'un disant que le procès-verbal ne peut pas produire d'hypothèques parce qu'il n'a que la force d'un acte sous seing privé, l'autre, qu'on n'aurait pu donner à cet acte les caractères d'un acte public sans porter atteinte aux fonctions des notaires. Mais tous deux sont d'accord pour déclarer que les conventions qui y sont insérées ont la force d'obligations privées. On ne saurait leur enlever cet effet ; et alors pourquoi les parties ne pourraient-elles pas faire devant le juge de paix ce qu'elles pourraient faire seules ? Donc le juge de paix pourra constater toutes les obligations de vente, échange, louage, partage, et autres, avec toutes les conditions qu'elles comportent.

Il est certain que cela peut causer un préjudice aux notaires. Il se peut aussi que les parties soient induites en erreur, croyant que l'acte rédigé par un officier public va emporter hypothèque, et avoir de plein droit la force exécutoire ; mais la loi est en ce sens, il faut l'appliquer telle qu'elle est.

Nous croyons cependant que le juge de paix ne peut constater dans son procès-verbal que les obligations créées par la solution d'une contestation, et qu'il n'aurait aucun pouvoir pour constater des conventions déjà arrêtées, que les parties ne lui présenteraient qu'afin d'éviter de passer devant un notaire. Dans ce cas le juge devrait refuser son ministère.

2° *Non-conciliation.* — La non-conciliation peut provenir de deux causes. Une des parties ne s'est pas présentée devant le juge de paix, auquel cas celui-ci se borne à dresser un procès-verbal constatant la non-comparution, et qui équivaut à un procès-verbal de non-conciliation. Ou bien les deux adversaires ont comparu, mais les efforts du juge de paix sont restés inutiles, car les plaideurs n'ont pas voulu s'arranger. C'est le cas prévu par l'article 54 du Code de procédure civile : le procès-verbal « en ce cas fera sommairement mention que les parties n'ont pu s'accorder ».

Ce texte a été très discuté. Il s'agit de savoir s'il a ou s'il n'a pas modifié la législation antérieure, et si le juge de paix peut introduire efficacement dans son procès-verbal autre chose que cette simple mention : « les parties n'ont pas pu s'accorder ».

Toullier (t. VIII, p. 120), Favard (t. I, p. 630) soutiennent que l'article 54 n'est qu'une répétition en abrégé de la loi du 24 août 1790, titre X, article 3, qui disposait que, en cas de comparution des deux parties, le juge de paix devait dresser « un procès-verbal sommaire de leurs dires, aveux et dénégations, sur les points de fait ». D'après ces auteurs il n'y a pas de contradiction entre ce texte et celui de l'article 54 du Code de procédure civile qui n'aurait pas sur ce point abrogé la loi de 1790. Cette loi ne serait pas non plus abrogée par l'article 1041 du Code de procédure civile, qui ne vise que les dispositions relatives aux lois sur la procédure civile. Or l'article 3 de la loi de 1790 est relatif à l'organisation judiciaire, et il règle encore à l'heure présente l'organisation et la compétence des justices de paix. On peut ajouter que les législateurs du Code de procédure n'ont pas eu l'intention de supprimer une aussi sage disposition qui ne peut qu'aider la justice à découvrir la vérité, en lui faisant connaître les dires et aveux des parties à un moment où, selon ces auteurs, la contestation n'étant pas encore engagée, on peut espérer et présumer que la conscience des adversaires n'est pas encore endurcie. Donc le juge de paix doit mentionner « les dires, aveux et dénégations des parties » dans le procès-verbal de non-conciliation.

D'autres auteurs professent l'opinion contraire, à savoir que l'article 54 du Code de procédure civile a abrogé l'article 3 de la loi de 1790, et que le juge, en conséquence, doit se borner à mentionner brièvement la non-conciliation des parties. Ils invoquent en premier lieu la discussion de l'article 54 au Conseil d'Etat. Le projet de Code disposait : « Pourront, les parties, se faire respectivement des interpellations, et du tout il sera fait mention, ainsi que des dires, aveux, dénégations et conventions des parties, dans le procès-verbal. » Cette disposition n'était que la reproduction de la loi de 1790. L'archichancelier s'opposa à son adoption, faisant observer qu'il ne fallait pas faire dresser un procès-verbal aussi détaillé, car ce serait un moyen de circonvenir des hommes faibles et peu éclairés. Treilhard parlant en ce sens, ajoutait qu'il ne voyait pas d'inconvénients à ce que le procès-verbal ne contînt que l'indication de la non-conciliation. C'est à la suite de ces discours que le texte de l'article 54, tel qu'il existe actuellement, fut voté, et il semble que, dans ces conditions, le législateur ait voulu repousser le système de la loi de 1790. Comme dernier argument tiré de la discussion du Conseil, nous trouvons dans Locré, qui remplissait les fonctions de secrétaire du Conseil d'Etat, cette phrase, tirée du compte-rendu de la séance : « Décision affirmative..... 3° de ne pas souffrir qu'il soit dressé procès-verbal des dires et des aveux des parties, lorsqu'il n'y a pas eu conciliation. »

Cette opinion qui est la nôtre trouve une confirmation indirecte dans le décret du 16 février 1807. Ce décret réglemente le tarif des frais et dépens, et c'est le chiffre de l'allocation qu'il accorde au greffier dans le cas qui nous occupe, qui va nous éclairer. Il est dit dans l'article 10 de ce décret : « Pour l'expédition du procès-verbal qui constate que les parties n'ont pas pu être conciliées, et qui ne doit contenir qu'une mention sommaire qu'elles n'ont pu s'accorder, il sera alloué : à Paris 1 franc ; dans les villes et dans les cantons ruraux 0. fr. 80. » Ce décret de 1807 est de peu postérieur à l'article 54 du Code de procédure civile, et l'on fait remarquer que du temps où la loi de 1790 était en vigueur, il était alloué au greffier un droit proportionnel au nombre de rôles nécessités par la mention des dires des parties. Il suffit donc toujours d'un seul rôle maintenant, parce que l'on n'a plus à mentionner ces dires.

Pour terminer, disons avec M. Garsonnet et l'archichancelier, que le législateur a voulu prévenir ainsi le danger d'effrayer les parties lors de la tentative de conciliation. On a pensé que craignant d'en trop dire à ce moment, elles ne restassent muettes, rendant ainsi toute transaction impossible. On a craint aussi de les voir tomber dans l'excès contraire. Trop confiantes, elles peuvent se laisser aller à des aveux compromettants qu'on leur opposera plus tard.

Quelques auteurs, tout en adoptant en principe la thèse que nous venons de développer, veulent pourtant ne pas en faire une application trop rigoureuse. Boncenne (t. II, p. 42) et Garsonnet (t. II, n° CCXLI) pensent que certaines déclarations des parties peuvent être trop nettes pour laisser à leur auteur la faculté de les rétracter plus tard. Il faudrait en conséquence les insérer au procès-verbal. Telle serait la reconnaissance formelle d'une dette, quand celui qui s'avoue débiteur demande seulement un délai pour payer. Le créancier refuse, on le suppose. D'après Boncenne, ni le texte ni l'esprit de la loi ne s'opposent à ce qu'une mention sommaire de ces faits ne soit insérée au procès-verbal. « Le défendeur a reconnu être débiteur, mais il réclame un délai que le demandeur ne veut pas accorder. Les parties n'ayant pas pu s'entendre sur ce point, il n'y a pas eu conciliation. » Mais, s'il faut empêcher de revenir sur des aveux définitifs, il ne

faut pas non plus que le défendeur soit victime de sa
franchise qui l'a peut-être entraîné à en dire trop long.
C'est le sentiment du tribunal de Tournon, dans son jugement du 11 janvier 1876 (1). Il décide que, malgré l'article 6 de la loi de 1850 qui soumet au droit de donation
« les actes renfermant soit la déclaration pour le dona-
teur ou ses représentants, soit la reconnaissance judiciaire d'un don manuel », l'indication de la reconnaissance d'un don manuel dans le procès-verbal de conciliation, ne donne pas lieu au droit d'enregistrement.

On a même été jusqu'à dire (Boncenne, t. 2, p. 40) qu'il
faut insérer dans le procès-verbal un aveu ou une déné-
gation, lorsque l'adversaire en demande acte. Cela nous
semble contraire au principe, car l'adversaire ne man-
quera pas de demander acte de tous les aveux. Mais si les
deux parties demandent l'insertion, nous croyons qu'il
faudra obtempérer à leur volonté. La Cour d'Orléans,
7 avril 1838 (2), a décidé que toute mention des dires des
parties est contraire à l'ordre public. Thomine est de cet
avis, ainsi que Bioche. Nous pensons que ces auteurs se
sont trompés. En effet, s'il y a consentement des parties
sur ce point, c'est qu'elles se sont entendues, conciliées à
ce sujet. Il y aura donc au moins une conciliation par-
tielle qui devra être mentionnée. Mais nous dirons, avec
Boncenne, que la loi ne veut pas qu'on mentionne tout le
détail de la discussion, tout ce qu'il appelle le bavardage
des parties.

Quoi qu'il en soit, il est de toute nécessité d'insérer au
procès-verbal certains dires des parties, par exemple les

(1) D. P. 78, 3, 22.
(2) D. P. 38, 2, 181.

demandes additionnelles ou reconventionnelles, afin de
bien fixer l'objet et l'étendue du litige. Il faut aussi mentionner les contestations sur la compétence du juge de
paix, la régularité de la citation, etc.

Selon la solution que l'on apportera à la question que
nous venons d'examiner, on se trouvera amené à prendre
un parti différent dans une autre controverse : quelle est
la force des dires et aveux des parties consignés au procès-verbal de non-conciliation ?

En effet, si on admet que la loi de 1790 est toujours en
vigueur, et que le juge doit insérer ces mentions, on doit
déclarer qu'elles constitueront soit une preuve, soit un
commencement de preuve, par suite de l'autorité reconnue au juge de paix (Toullier, t. 9, p. 205 ; Rodière, t. 1,
p. 178).

Nous avons adopté le système contraire. Nous dirons
donc que la loi, en cas de non-conciliation, ne permettant
au juge que de mentionner sommairement le désaccord
des parties, les dires insérés au procès-verbal n'ont aucune
force probante. Le procès-verbal n'est pas fait pour les
constater, le juge n'a pas qualité pour le faire ; cette mention ne saurait donc constituer une preuve, par cela seul
qu'elle fait partie d'un procès-verbal dressé par un juge
de paix. Il en est ici comme pour un exploit, lequel étant
un acte authentique fait foi jusqu'à inscription de faux
des diverses dispositions inhérentes à l'existence même de
l'acte ; mais, s'il contient, par exemple, une reconnaissance de dette écrite par l'huissier sur l'original, et non
signée du débiteur, il n'en établira aucunement la preuve.
Si donc les parties ont signé les mentions contenues dans
le procès-verbal, la preuve sera faite, puisqu'elle résultera du fait de leur signature, et non plus du caractère de

l'acte qui les renferme, ou de l'autorité du magistrat qui les a écrites.

M. Garsonnet (t. II, p. 228) pose la question suivante sans la résoudre. Pourrait-on actionner en dommages et intérêts, en vertu de l'article 1382 du Code civil, la partie qui, après avoir refusé de se concilier, aurait échoué dans le procès? M. Garsonnet renvoie à un article de M. Dramard (*Revue critique de législation et de jurisprudence*, 1875, t. IV, p. 552) relatif à l'application de l'article 1382 à la conciliation en matière d'ordre amiable devant le juge commissaire. Cet article ne parle qu'en passant de la conciliation au bureau de paix, pour faire remarquer que la condamnation aux dépens comprend les frais de la tentative de conciliation, et punit suffisamment ainsi la mauvaise foi. Cela ne nous suffit pas. Nous pensons que l'article 1382 est ici inapplicable. En effet, il ne peut être invoqué que contre celui qui cause un dommage à autrui en faisant ce qu'il n'a pas le droit de faire. Or les parties ont le droit absolu de refuser la conciliation. Celui qui refuse de se concilier n'a même pas à donner les motifs de son refus, puisqu'il peut résulter du simple défaut de comparution. Mais, si nous supposons que la mauvaise foi se trouve absolument prouvée, ainsi que le parti pris, ne pourrait-on pas dire avec la maxime romaine : *Malitiis non est indulgendum*, et soutenir que la partie victime de cette mauvaise foi pourra invoquer l'article 1382 ? Nous ne le croyons pas, car la condamnation du perdant aux dépens ne suffira pas pour le punir ; mais ce ne sera pas en se basant sur ce fait que la conciliation a été refusée, que l'article 1382 pourra être appliqué, mais bien par suite de l'intention dolosive, de la volonté de nuire, et des désagréments de toute nature occasionnés par la malignité du perdant, toutes choses que le refus de se concilier ne fera qu'aider à prouver.

3º *Délation du serment*. — C'est la troisième manière dont la tentative de conciliation peut finir. A cet égard nous trouvons la disposition de l'article 54 du Code de procédure civile, ainsi conçue : « Si l'une des parties défère le serment à l'autre, le juge de paix le recevra ou fera mention du refus de le prêter. »

Déférer le serment, c'est aux yeux de la loi faire une proposition de conciliation, car c'est l'offre que fait l'une des parties de renoncer à ses prétentions si son adversaire le prête. S'il consent à jurer, l'adversaire accepte cette proposition ; s'il s'y refuse, c'est qu'il la repousse. Dans le premier cas, le juge dressera un procès-verbal de conciliation, en mentionnant l'offre faite par l'un, la prestation de serment faite par l'autre. Au second cas, ce sera un procès-verbal de non-conciliation mentionnant le refus de prêter serment. C'est là tout ce que doit et peut faire le juge de paix, qui n'a pas qualité pour statuer sur les effets et les conséquences de l'attitude, quelle qu'elle soit, des parties.

De ce qu'il y a une offre de conciliation dans la délation du serment, il résulte que pour pouvoir le déférer et le prêter, les deux parties doivent être pleinement maîtresses de disposer de la chose ou du droit dont il s'agit. C'est ainsi qu'il faudra à un mandataire un pouvoir spécial à cet effet, même si c'est un tuteur qui représente son pupille, parce que la délation du serment, offre de transaction, est une espèce d'aliénation.

Nous pensons que la partie à laquelle est déféré le serment peut le référer à l'autre. Il est vrai que les textes relatifs à la conciliation ne le disent pas, et que la Cour de cassation a décidé que les articles du Code civil ne sont pas applicables au serment déféré au bureau de paix. Mais nous estimons que la question doit être résolue sans hésitation dans le sens que nous indiquons, car celui qui défère le serment soulève une exception dans laquelle il se trouve demandeur, et que le lui référer, revient à lui demander de fournir la preuve de son exception, ce qui est très conforme au droit commun. En outre, le serment étant un moyen d'accommodement, nous pensons qu'il faut laisser les parties absolument libres d'agir à leur gré en cette matière, pour leur faciliter la transaction (Carré, et Chauveau, n° 237 ; Bioche, n° 90).

Mais le juge ne peut pas d'office déférer le serment parce qu'il n'a pas le droit d'interroger et d'interpeller les parties d'une manière aussi catégorique, et aussi parce que l'article 55 du Code de procédure civile ne lui donne pas ce droit. S'il l'avait, ce serait l'autoriser à prononcer un interlocutoire ; il n'est compétent que pour concilier et ne peut rien ordonner qui se rattache au fond. Il jugerait la cause s'il imposait le serment à l'une des parties.

Nous pensons encore qu'au cas où le serment serait déféré ou référé à une partie représentée par un mandataire, le juge de paix n'aurait pas le droit d'ordonner que cette partie comparaisse en personne pour prêter le serment ou le refuser. Toujours pour cette raison qu'étant un conciliateur, il ne peut rien prescrire comme juge. Il est vrai que Lepage et Dumoulin sont de l'avis contraire. Ils se basent sur ce que ayant qualité pour recevoir le serment, le juge peut prendre les mesures imposées par les circonstances ; d'après eux, s'il en était autrement, le serment ne pourrait jamais être prêté, et le but de la loi serait manqué. Il est vrai que tout en reconnaissant ce droit au juge, ces auteurs donnent à la partie la faculté

de ne pas comparaître, et pensent que le juge de paix
n'aura dans la circonstance qu'à constater la non-comparution. Nous ne pouvons pas accepter cette théorie qui en
somme n'aboutit à rien. A quoi bon dire que le juge aura
le pouvoir de convoquer une partie qui aura elle-même
le pouvoir de ne pas se présenter? Nous pensons avec
Carré que si le mandataire fait savoir que le mandant ne
voudra pas jurer, ou même s'il dit qu'il ignore ses intentions, le magistrat n'aura qu'à mentionner cette réponse.
Il n'aurait même pas le droit d'ordonner d'office un renvoi. Il pourrait simplement constater la convention du
mandataire avec la partie adverse fixant une date à
laquelle le commettant comparaîtra, s'il le juge à propos
(Boncenne, t. II, p. 45 ; Carré et Chauveau, n° 238 ; Rodière, t. I, p. 179. — *Contrà* : Lepage, question 98 ; Dumoulin, *Bibliothèque du barreau*, 1810, 1re partie, p. 246).

Le serment prêté devant le bureau de paix, diffère
quant à ses effets du serment prêté devant le tribunal.
Ceux-ci sont réglementés par les articles 1357 et suivants
du Code civil. Mais ces textes ne visent que le serment
déféré pendant un procès, pendant l'instance, et ils ne
sauraient s'appliquer au serment extrajudiciaire déféré
devant le juge de paix avant que l'instance ait commencé.
Nous dirons avec Boitard qu'il ne faut pas voir là une
simple question de classification, une question de mots.
Une différence juridique très réelle sépare les articles 1361
et suivants du Code civil, relatifs au serment judiciaire, de
l'offre amiable dont s'occupe l'article 55 du Code de procédure civile. D'après M. Garsonnet (t. II, p. 229), le serment du Code civil ne peut être déféré que dans une instance, après un jugement constatant que l'affaire comporte
ce mode de preuve, et il met celui à qui il est déféré dans

l'alternative de le prêter, de le référer, ou de succomber. Le serment du Code de procédure n'est que la réponse à une proposition de transaction amiable, et il laisse entière liberté d'action aux parties.

Les effets de la prestation du serment peuvent se ramener à ceci : les prétentions de la partie qui a déféré le serment se trouvent condamnées. En effet, une convention s'est formée entre les adversaires. Celui qui a déféré le serment s'en est remis à la bonne foi de l'autre, lui proposant de renoncer à ses prétentions s'il affirme être sûr de son bon droit. Il y a eu offre de transaction sous la condition de la prestation. Cette offre a été acceptée, et la condition s'est trouvée réalisée. D'après l'article 55, le juge de paix devra constater cette convention dans son procès-verbal, et elle aura force d'obligation privée.

Nous en tirerons la conséquence que si le serment a été prêté, celui qui l'a déféré ne pourrait pas, en justice, considérer ce serment comme non avenu, et que celui qui l'a prêté ne pourrait pas le rétracter. Il s'est formé entre les parties une convention, qui a force de loi pour elles, et qui est attestée par un officier public ; il est bien évident alors, que tant qu'on n'aura pas prouvé la fausseté du serment, l'action qu'il a servi à éteindre ne pourrait pas être intentée sans se voir écarter par une exception péremptoire. Si donc la contestation terminée par le serment est plus tard portée en justice, le juge n'aura qu'à prononcer sur les effets de la convention, et à donner gain de cause à celui qui a prêté le serment (Carré et Chauveau, n° 239; Bioche, n° 91 ; Garsonnet, t. II, n° CCXLI). Favard de Langlade fait d'ailleurs remarquer avec justesse (t. I, p. 631), que la convention résultant de la prestation du serment ne deviendra exécutoire qu'après une décision judiciaire.

Il a été pourtant jugé que la prestation du serment ne crée pas une fin de non-recevoir contre une demande de celui qui l'a déféré, quand les faits qui font l'objet du serment ne sont pas en opposition avec cette demande, à laquelle pourtant ils se rattachent, et quand, d'autre part, ces faits ne sont pas personnels à la partie qui a juré (Pau, 11 mars 1824)(1).

Mais que décider au cas où le serment a été refusé? Il ne peut pas être question d'appliquer ici les règles du serment litis décisoire telles que les articles 1358 et suivants du Code civil les ont établies, puisque le juge de paix n'étant qu'un conciliateur n'a pas qualité pour condamner ni pour absoudre. Le refus de jurer ne peut donc pas avoir d'autre effet que d'empêcher la transaction, et le juge de paix n'a qu'à rédiger un procès-verbal de non-conciliation en y mentionnant ce refus.

Mais, devant le tribunal qui doit se prononcer sur la contestation, quel sera le résultat de ce refus? Duranton (t. 13, n° 569) disait que le juge doit condamner la partie qui a refusé le serment. Car, d'après l'article 1361 du Code civil, celui auquel le serment est déféré, et qui le refuse, ou ne consent pas à le référer, ou bien l'adversaire à qui il a été référé et qui le refuse, doit succomber dans sa demande ou dans son exception. Or le juge de paix a, d'après la loi, qualité pour recevoir le serment et pour constater le refus de le prêter. C'est donc véritablement un serment déféré en justice, et il faut le traiter en conséquence.

Pigeau (t. I, p. 44) partage cette opinion, puisque, rapportant les termes de l'article 55 du Code de procédure

(1) P. chr.

civile, il ajoute que « quant aux effets du serment litis-
décisoire, qui sont déterminés par les articles 1358 et suivants du Code civil, ils ne pourront être prononcés par le
juge de paix parce que ici, il fait l'office de conciliateur et
non de juge ». C'est donc que le serment devant le juge
de paix est un serment litis décisoire, d'après Pigeau,
puisqu'il en produit les effets, bien que ce soit un autre
magistrat qui doive prononcer à leur égard.

Nous ne pouvons pas nous ranger à cet avis, qui est en
contradiction avec les théories que nous avons adoptées.
Nous avons déjà dit que les articles 1361 et suivants du
Code civil ne sont pas applicables ici. La Cour de cassation
l'a déclaré avec raison, le refus de prêter serment devant
le magistrat conciliateur n'est pas autre chose qu'un refus
de se concilier. Comme le montre Boncenne (t. II, p. 44),
il ne s'agit pas du serment litis décisoire dont parle l'article 1361 du Code civil, parce que l'essai de conciliation
sur une demande que l'on a le dessein de former n'est
pas une litispendance. Celui qui a refusé de prêter serment a simplement refusé de transiger, il n'en conserve
donc pas moins le droit de faire valoir tous ses moyens en
justice, au cas où l'affaire s'y trouverait portée (Carré et
Chauveau, n° 239 ; Boitard, Colmet d'Aage, Glasson, t. I,
n° 119 ; Garsonnet, t. II, n° CCXLI).

Quant à l'argument tiré des derniers mots de l'article 55
du Code de procédure civile, et consistant à dire que, si le
juge de paix doit dans son procès-verbal mentionner le
refus de prêter serment, ce ne peut être que pour avertir
le tribunal chargé de juger la demande afin de le mettre
à même de condamner, nous pensons qu'il n'a pas de valeur. Nous l'avons déjà répété, le Code civil et le Code de
procédure s'occupent de deux serments distincts, puisque

l'un se prête pendant l'instance, l'autre pendant l'accomplissement d'une formalité qui tend à empêcher l'instance de s'engager. C'est d'une part un serment judiciaire, et de l'autre une offre amiable. Les derniers mots de l'article 55 doivent donc s'expliquer autrement, car il est certain que le refus de prêter serment va créer un précédent défavorable aux yeux du juge du tribunal. Pour nous, si le juge de paix doit mentionner dans son procès-verbal le refus de prêter serment, cela tient précisément à ce que ce fait va créer une présomption plus ou moins grave contre la partie qui s'est ainsi dérobée au moment d'affirmer solennellement la bonté de son droit ; cela aura son importance dans les cas où les juges sont autorisés à user des présomptions selon l'article 1353 du Code civil.

D'après une décision de la Cour de Douai (5 janvier 1854) (1), celui qui a refusé le serment lors de la conciliation, peut être admis à le prêter devant le tribunal. Rodière et Garsonnet estiment que, dans ce cas, il serait équitable que cette partie supportât les frais de la demande.

Mais en revanche, la partie qui en conciliation a déféré le serment, peut refuser de le déférer devant le tribunal. En effet ce plaideur, tout en déférant le serment devant le juge de paix, a certainement voulu réserver ses droits pour le cas où il ne serait pas prêté. Il n'y a donc eu qu'un essai inutile de conciliation, en sorte que les parties se présentent devant le tribunal sans être liées par aucune convention.

Enfin il a été jugé que la partie qui signifie à son adversaire le procès-verbal de non-conciliation, et qui le

(1) D. P. 54, 2, 135.

somme de prêter serment devant le juge de paix, dans un délai de trois jours, sur les faits en contestation, ne peut invoquer la nullité du serment, celui-ci une fois prêté, sous le prétexte qu'il l'a été en dehors de sa présence ; l'article 121 du Code de procédure civile est en effet relatif au serment judiciaire, et est par suite inapplicable au serment transactionnel dont nous parlons (Pau, 11 mars 1824) (1).

(1) P. chr.

CHAPITRE VII

EFFETS DU PRÉLIMINAIRE DE CONCILIATION.

I. Il rend la demande recevable. — II. Il interrompt la prescription. —
III. Il fait courir les intérêts.

I. — Il rend la demande recevable.

L'article 57 du Code de procédure civile nous indique
les effets de la tentative de conciliation, mais le premier
résultat de ce préliminaire ne s'y trouve point mentionné,
tellement il est évident ; l'action est recevable en justice
(art. 48, C. proc. civ.). En effet la demande n'est recevable
que sur la production, avant l'instance, du certificat
délivré par le juge de paix, et constatant la non-comparution, ou la non-conciliation. Cet effet est constaté dans
un arrêt de Cassation daté du 11 novembre 1851 (1). Le
cessionnaire d'une créance, en vertu d'un transport
irrégulier, a procédé au préliminaire de conciliation qui
a abouti à un procès-verbal de non-conciliation. Cette
tentative lui permet d'introduire sa demande après régu-
larisation de son titre, sans qu'il soit besoin d'une nouvelle comparution devant le juge de paix.

Le droit de poursuivre l'instance appartient aussi bien
au défendeur qu'au demandeur, car le procès-verbal

(1) D. P. 51, 1, 313.

forme un titre commun qui appartient à tous ceux qui ont figuré dans la formalité. Et c'est ainsi qu'il a été jugé que citer une partie en conciliation à propos d'une demande qu'on a l'intention d'intenter contre elle, peut être considéré comme un trouble de droit par cette partie, laquelle, à défaut de conciliation, sera autorisée à assigner immédiatement devant le tribunal pour faire condamner l'adversaire à se désister de ses prétentions.

Il faut, avant de procéder à l'étude de l'article 57, faire une remarque. La loi interdit dans certains cas l'essai de conciliation soit à raison de l'objet de la contestation, soit à cause de l'incapacité des parties. Si donc en pareil cas elles se sont conciliées, nous pensons que leur conciliation doit être tenue pour non avenue, et partant qu'elle ne produira aucun effet. Par conséquent elle n'empêchera pas de former plus tard la demande que cette conciliation avait pour but de prévenir.

C'est à titre de conciliateur que le juge de paix doit entendre les parties, et la loi ne serait pas respectée, si l'affaire lui avait été soumise afin qu'il rende une sentence sur elle. Les parties devront donc avant tout justifier que la conciliation a été réellement tentée. Ainsi il ne serait pas suffisant que le procès-verbal indiquât seulement que les parties se sont présentées, et qu'afin d'appeler un tiers en garantie, l'affaire a été renvoyée à un autre jour, et sans mention du résultat de l'épreuve. On a jugé, avant le Code de procédure, qu'une demande contre le tiers détenteur d'un immeuble en paiement d'une rente dont il est grevé, n'est pas recevable, malgré la citation en conciliation, si le procès-verbal qui doit constater cette conciliation indique qu'elle a été commencée, mais non qu'elle a été achevée, et mentionne simplement une remise à huitaine pour appeler un tiers en garantie. Nous pouvons encore signaler d'autres décisions judiciaires en ce sens.

Quand, sur une action possessoire, le juge de paix renvoie les parties au pétitoire, ce renvoi n'équivaut pas à un procès-verbal de non-conciliation, et n'a pas pour effet de dispenser les parties de la tentative (Bruxelles, 27 floréal, an IX) (1).

La comparution des parties devant le juge de paix juge du possessoire ne remplace pas la conciliation au sujet de l'action pétitoire soumise au tribunal civil (Dijon, 10 décembre 1826) (2).

Le juge de paix saisi d'une action en réintégrande a pu, à la suite de l'intervention d'un tiers se prétendant propriétaire, se constituer en bureau de conciliation, et dresser un procès-verbal de non-conciliation ; par suite l'intervenant a pu être assigné devant le tribunal civil, au pétitoire, sur l'objet de la réintégrande, sans qu'il soit besoin d'une nouvelle tentative, puisque les efforts du juge de paix n'ont déjà pas pu aboutir (Agen, 7 mars 1811) (3).

Lorsqu'il y a eu tentative de conciliation, que des arbitres ont été nommés pour trancher le différend, et qu'ils n'ont pas rempli leur mission, on peut aller en justice sans nouvelle tentative (Grenoble, 22 juillet 1818) (4).

Par ces exemples, on voit qu'il faut que l'épreuve soit non seulement commencée, mais complètement achevée pour que l'action soit recevable par le tribunal.

Mais que décider relativement à l'exécution des conven-

(1) D. *Rép.*, v° *Conciliation*, n° 381-1° à la note.
(2) D. P. 27, 2, 54.
(3) D. *Rép.*, v° *Conciliation*, n° 381-3°, à la note.
(4) D. alph., 3,713.

tions arrêtées au bureau de paix ? En présence de la disposition de l'article 58 du Code de procédure civile et en se basant sur ce fait que les conventions insérées au procès-verbal ayant force d'obligations privées doivent être traitées en conséquence, on a soutenu qu'en cas de procès à ce sujet, un essai de conciliation devait avoir lieu, car un nouvel arrangement est possible. Nous ne partageons pas cette opinion. Il y a déjà eu sur l'objet de la demande une conciliation qui a donné naissance à une convention. Le défendeur, en n'exécutant pas ses obligations, se place dans la situation où il se trouverait s'il n'y avait pas eu de transaction, et il n'est pas à présumer qu'on puisse obtenir un nouvel arrangement quand l'une des parties refuse d'exécuter ce qui a été primitivement convenu. Par suite une nouvelle tentative de conciliation ne doit pas être imposée au demandeur (Carré et Chauveau, n° 233 ; Pigeau, t. I, p. 151). D'ailleurs, selon le droit commun, c'est à la partie qui veut se prévaloir de ce que la formalité n'a pas été remplie, à le prouver.

Il convient de rappeler ici ce que nous avons dit au sujet de la péremption de l'essai de conciliation.

Sans revenir sur cette discussion, il suffit de faire souvenir que nous avons soutenu qu'elle n'est pas soumise aux règles de la péremption d'instance, et que, du moment où il y a eu une tentative de conciliation, on peut pendant trente ans, porter la demande devant le tribunal, sans être obligé de renouveler l'épreuve.

II. — Il interrompt la prescription.

Le premier effet qu'indique l'article 57 du Code de procédure civile, est l'interruption de la prescription par la citation en conciliation, suivie de la demande en justice dans le délai d'un mois. Pour être plus exact, il faut dire que l'effet de l'action qui va suivre, rétroagit au jour de la citation, de manière que le temps employé au préliminaire ne soit pas perdu pour le demandeur.

C'est donc pour laisser aux parties le bénéfice complet des délais que cet effet se produit, et il ne faut pas l'expliquer par un motif d'urgence car, si la prescription était sur le point de s'accomplir, l'affaire serait dispensée de la conciliation comme requérant célérité.

Ce n'est pas la tentative même, c'est-à-dire la comparution des parties ou de l'une d'elles, qui produit cet effet rétroactif ; les deux adversaires pourront donc faire défaut devant le juge de paix, et, s'il y a eu citation, le résultat interruptif sera obtenu, pourvu que la demande en justice soit faite dans le mois. Cette condition est la preuve de ce que nous venons de dire, à savoir que c'est la demande qui va interrompre la prescription, et non pas la citation elle-même. On a voulu que le demandeur affirmât son intention sérieuse de poursuivre ses droits, en montrant que la citation en conciliation n'est pas le résultat d'une fantaisie passagère.

Il faut de plus que la citation soit valable en la forme, car un acte nul ne produit pas d'effets.

L'article 2247 du Code civil, d'après lequel la demande irrégulière n'interrompt pas la prescription doit s'appliquer à la citation en conciliation.

Par exemple, l'omission de la date dans la copie de la citation a pour conséquence la nullité de la procédure de première instance qui va suivre, car la date est un élément substantiel de tout exploit ; or la copie d'un exploit tient lieu d'original pour celui qui la reçoit. Donc pas d'interruption de prescription si la date est omise.

Mais doit-on assimiler à la citation irrégulière celle qui est donnée devant un juge de paix incompétent, ou celle qui est donnée dans une cause dispensée du préliminaire ?

Nous croyons que la citation devant le juge incompétent doit avoir le même effet relativement à la prescription, que la demande en justice faite dans la même condition. Elle interrompra donc la prescription. C'est l'avis de Bioche, de Chauveau et de Rodière, malgré cette considération que si la prescription est interrompue dans le cas de la demande faite devant un tribunal incompétent, cela tient à la difficulté qu'on éprouve souvent pour déterminer le tribunal que l'on doit saisir. Or cette difficulté n'existe pas ici, puisque le magistrat qui doit tenter la conciliation est très généralement celui du domicile du défendeur.

La demande en justice doit être formée dans le mois. C'est là un délai de rigueur, et il a été jugé que l'article 1033 du Code civil, ne lui était pas applicable. Dans l'espèce, il a été décidé que ce délai n'était pas susceptible d'augmentation à raison des distances.

Il n'en était pas de même avant le Code de procédure. La loi de 1790 n'exigeait pas que l'ajournement fût rapproché de la citation en conciliation. « Attendu que la prescription de dix ans a été suffisamment interrompue par la cédule de citation délivrée à la veille de l'expiration du délai ; qu'aucune loi n'exige que l'ajournement suive de près cette cédule » (Cass., 26 vendémiaire an XI) (1). Il s'était écoulé onze mois entre la citation et l'ajournement. Cependant, dans son *Analyse du Code civil*, Maleville pensait que, pour produire son effet inter-

(1) D. alph., 11, 261.

ruptif, la citation devait être suivie de l'ajournement dans l'année. Mais rien ne venait à l'appui de cette opinion que la jurisprudence n'admettait pas.

Il fallait même décider qu'il n'était pas nécessaire que l'ajournement eût lieu dans le temps qui s'écoulait entre le jour de la citation et la fin du délai de la prescription. S'il en eût été ainsi, la citation n'aurait pas eu l'effet interruptif que lui accordait la loi. Un arrêt de cassation (22 nivôse an IV) (1) est en ce sens. Cependant on a décidé que la citation en conciliation n'interrompait pas la prescription, même sous l'empire de la loi de 1790, si du jour de l'échéance de la dette jusqu'à celui où l'assignation a été donnée, il s'était écoulé plus de trente ans. « Attendu que la prescription de trente ans était acquise ; qu'elle n'a pas été interrompue par une citation en conciliation au bureau de paix non suivie d'assignation ; qu'elle n'a pas pu l'être par une prétendue reconnaissance de la dette, puisque à l'époque où l'assignation a été donnée plus de trente ans s'étaient écoulés depuis la date du titre » (Cass., 29 juin 1829) (2).

Il pouvait donc y avoir un assez long délai entre la conciliation et l'ajournement. Comme la loi n'avait rien fixé à cet égard, c'était aux juges à apprécier les circonstances qui avaient pu retarder l'ajournement. Mais la citation en conciliation n'avait pas pour effet de prolonger le délai accordé pour intenter l'action.

C'est là une question qui peut encore se présenter aujourd'hui bien que la loi exige un ajournement dans le mois. Pour les actions qui se prescrivent par moins d'un mois, ne pourrait-on pas soutenir que la citation cesse

----

(1) *Journ. des av.*, t. 7, p. 186.
(2) S. (1791-1830), 1829, 1, 321.

d'être interruptive si l'ajournement n'est pas donné à partir de la citation dans le délai fixé pour prescrire l'action, par exemple dans les neuf jours s'il s'agit d'une action pour vices rédhibitoires (Loi du 20 mai 1838) ? Nous ne le pensons pas, car l'article 57 du Code de procédure civile, a fixé un délai applicable à toutes les actions, et dans des termes qui ne permettent pas d'établir de distinction. Nous allons même jusqu'à dire que la question ne peut plus se poser maintenant. Si elle se présentait sous la loi de 1790, cela tenait à ce qu'il n'existait pas alors de délai légal d'ajournement. On devait concilier cet état de choses avec le principe que l'assignation seule peut changer la nature d'une action, et on était ainsi conduit à décider que la citation en conciliation ne suffirait pas pour rendre trentenaire une action se prescrivant par un an: Cela n'est plus aujourd'hui par suite de l'effet rétroactif de l'assignation qui est censée avoir été donnée au jour de la citation.

On peut encore se demander si, pour qu'une citation en conciliation donnée sous l'empire de la loi de 1790 ait pu interrompre la prescription, il faut qu'elle ait été suivie d'assignation dans le délai d'un mois depuis la promulgation du Code de procédure. Cette question transitoire n'offrant plus d'intérêt actuellement, il suffit de dire que la jurisprudence s'est fixée dans le sens de l'affirmative.

Il nous faut voir maintenant si l'effet interruptif est attaché à la comparution volontaire, comme il l'est à la citation. Sous la loi de 1790, on jugeait que la comparution volontaire des parties au bureau de paix, sans citation préalable, n'interrompait pas la prescription. Depuis le Code de procédure, Carré a repris cette même opinion, en disant que les termes de l'article 57 n'attachent l'effet interruptif qu'à la citation ; que, de plus, l'article 2244 du Code civil porte qu'une citation en justice, un commandement, une saisie, signifiés à celui que l'on veut empêcher de prescrire constituent les causes de l'interruption civile. Ce serait en conséquence aller au delà des termes de la loi, que de donner le même effet à une comparution volontaire.

Cette opinion n'est généralement pas suivie. Chauveau, reprenant Carré, est de l'avis contraire, ainsi que Boncenne (t. II, p. 59), Favard de Langlade, Thomine, Boitard.

En effet, la citation ne sert qu'à mettre le débiteur en demeure de comparaître, et le vœu de la loi a été de faire remonter l'interruption de la prescription au premier acte de l'essai de conciliation. Or il n'est pas besoin d'une citation pour prouver que le défendeur a été interpellé, et que les parties se sont présentées devant le juge de paix. Le procès-verbal est fait pour cela.

Avec le système de Carré, on arriverait à empêcher la comparution volontaire, dans les cas où la question de prescription se rencontre, c'est-à-dire celle qui doit forcément donner les meilleurs résultats, et qui doit épargner aux parties des frais et des lenteurs inutiles.

D'un autre côté que doit-on décider, quand il s'agit de causes dispensées de la conciliation ? La citation suivie d'une assignation dans le mois va-t-elle interrompre la prescription ? Il existe sur ce point trois théories.

Pigeau (p. 154) croit que l'effet de la citation est nul. Elle ne constitue en pareil cas qu'un acte frustratoire et inutile, qui ne peut être doué d'aucune efficacité.

Au contraire Favard de Langlade, Carou, estiment que la citation produit dans tous les cas son effet interruptif. L'article 2245 du Code civil ne fait pas de distinction, et il ne faut pas se montrer trop sévère car il peut toujours être bon de passer devant le juge de paix, même si l'affaire ne comporte pas de transaction, car on recevra de lui de bons avis propres à apaiser les parties. Une décision de Montpellier (9 mai 1838) (1) est en ce sens : « la citation en conciliation vaut dans tous les cas comme acte interpellatif et interruptif de la prescription, par cela seul qu'elle a été suivie d'une instance régulièrement introduite et dans le délai. »

La troisième opinion est celle de Carré et Chauveau (n° 248 *bis*), Garsonnet (t. II, p. 220), Rodière (t. I, p. 182), Bioche (n° 158), et elle est basée sur une distinction. L'interruption ne va se produire que si l'on est en présence d'une affaire susceptible de transaction, car on répond alors au vœu de la loi qui, sans imposer l'épreuve, désire cependant qu'elle ait lieu. Dans le cas contraire, il n'y a qu'un acte frustratoire ne produisant aucun effet. Ainsi jugé : Rouen (13 décembre 1842) (2). « Considérant que la citation en conciliation ne peut interrompre la prescription qu'autant que le débat peut amener une transaction entre les parties ; qu'autrement ce n'est qu'un acte frustratoire, qui n'a aucun caractère judiciaire et qui, par conséquent, ne peut produire aucun effet. »

Nous n'acceptons pas ce dernier système. On ne voit nulle part que le texte formel de la loi permette d'établir des distinctions. Ensuite il ne nous paraît pas exact que cet effet interruptif attaché à la citation procède de l'idée d'une transaction possible, car, si cela était, on devrait dire que tout acte qui provoque une transaction est interruptif de prescription, ce que personne n'admet.

(1) D. *Rép.*, v° *Prescript.*, n° 335.
(2) *Journ. de proc. civ.*, 3, 2464.

Nous avons déjà montré que si l'on fait remonter jusqu'à la citation l'interruption de prescription provoquée par la demande, c'est pour empêcher les parties de souffrir des lenteurs de la justice. On pourrait donc croire qu'il n'existe plus de raisons pour donner à la citation l'effet interruptif, dans le cas où l'on peut attaquer sans essai de conciliation. Cependant, comme il peut être très difficile de savoir si l'on se trouve dans un cas de dispense, nous nous rangeons à l'opinion de Favard de Langlade. C'est une nouvelle application de notre principe qu'il est toujours bon de comparaître devant le juge conciliateur dont les conseils peuvent provoquer la réflexion chez les adversaires, et modifier ainsi leurs intentions primitives.

La citation en conciliation est souvent suivie d'un compromis. Interrompt-elle alors la prescription ? Nous distinguerons ici suivant que ce compromis est suivi ou non d'actes d'exécution. Il a été jugé qu'un compromis, pour être interruptif de prescription, doit, alors même qu'il est venu à la suite d'une citation en conciliation, être suivi ou d'une citation à comparaître devant l'arbitre, ou tout au moins de constitution de l'arbitrage, par exemple par l'acceptation du pouvoir conféré à l'arbitre (Limoges, 29 avril 1836) (1). On suit en cela l'avis de Troplong (n° 594). D'ailleurs un compromis légalement constitué, est de fait interruptif de prescription pendant toute la durée de l'arbitrage « parce que, dit l'arrêt précité, pendant sa durée, aucune des parties qui l'avaient consenti n'avait pu agir par la voie ordinaire en dehors de la convention ».

(1) *Journ. proc.*, 1, 738.

Cependant la Cour de Paris a décidé le 9 juin 1826 (1) que le compromis devait être assimilé à l'ajournement, et que la citation en conciliation suivie d'un compromis sera interruptive de la prescription, même si le compromis n'est suivi d'aucun acte d'exécution. Mais Marcadé, qui signale cet arrêt, le combat, en montrant qu'il repose sur une idée fausse. Ce n'est évidemment qu'à la condition qu'il sera donné suite au compromis, et que l'instance arbitrale suivra son cours, que l'interruption devra se produire. « Si donc il n'y a ni assignation, ni comparution volontaire engageant l'instance, l'interruption sera non avenue. » La citation en conciliation sur laquelle est intervenu un compromis suivi de la constitution d'arbitres, mais qui a été annulé depuis, faute par les arbitres d'avoir rempli leur mission, est interruptive de la prescription du jour de sa date, s'il y a eu assignation dans le mois de la rupture de l'arbitrage (Bastia, 18 février 1856) (2). Il y a eu ici un commencement d'exécution mais que rien n'a suivi, et malgré cela la Cour de Bastia estime que la prescription a été interrompue.

La prescription sera interrompue autant pour les demandes additionnelles et reconventionnelles que pour celles qui font l'objet de la citation au bureau de paix. C'est en effet à la demande constatée légalement, et non à telle ou telle forme d'acte qu'est accordé le pouvoir interruptif, car c'est la demande qui dénote l'intention de poursuivre le droit.

(1) S. (1791-1830), 1826, 2,243.
(2) Bioche, *Journ. proc. civ.*, art. 6221.

II. — Il fait courir les intérêts.

Le second effet de la citation en conciliation est de faire courir les intérêts moratoires. Il est inutile de recommencer à leur propos l'examen des différentes questions que nous venons d'exposer, car les solutions seraient les mêmes.

Un cas particulier nous arrêtera. Les intérêts courent-ils de plein droit, ou doivent-ils être expressément demandés? D'après le Code civil, les intérêts moratoires, c'est-à-dire ceux qui sont dus pour défaut de paiement de la dette à l'échéance, ne courent que du jour où le créancier a fait une demande en justice, manifestant ainsi sa volonté de se faire payer. S'il n'existait que cette seule disposition, il en résulterait que le créancier ne pourrait pas faire courir les intérêts moratoires dès le jour de l'échéance, puisque la demande en justice doit être précédée de la tentative de conciliation. Voilà pourquoi l'article 57 du Code de procédure civile dispose que les intérêts moratoires courront dès l'essai de conciliation, pourvu bien entendu que les conditions que nous examinerons plus loin soient remplies.

Toullier (t. VI, p. 317), Thomine-Desmazures (t. I, p. 153), Carré et Chauveau (n° 252), sont d'avis que notre article 57 du Code de procédure civile se rapporte à l'article 1153 du Code civil, et que ces mots « du jour de la demande » ne peuvent s'entendre qu'ainsi « du jour où le créancier a conclu aux intérêts ». Le législateur, en effet, ne dit pas « du jour de la demande principale », mais seulement « du jour de la demande ». L'article 1207 du Code civil, de son côté, dispose que la demande d'intérêts formée contre l'un des codébiteurs solidaires fait courir les intérêts contre tous les débiteurs. Il faut donc qu'on demande les intérêts, et il ne serait pas suffisant pour les faire courir de ne réclamer que le capital. Voilà pourquoi ces auteurs concluent que la citation en conciliation ne fera courir les intérêts que si l'exploit d'ajournement qui suivra la non-conciliation contient à leur égard des conclusions spéciales et expresses. Il faudrait donner la même solution en ce qui concerne les fruits.

En ce sens était orientée l'ancienne jurisprudence. Brétonnier nous montre dans ses *Questions* que c'était la doctrine adoptée par le Châtelet. Duparc, dans son *Précis des actes de notoriétés du Parlement et du Barreau de Bourgogne*, dit que « pour acquérir les intérêts, il en faut une demande répétée en justice ; que la simple comparution du créancier et du débiteur, avec condamnation d'intérêts, sans une demande principale, n'a aucun effet ».

Mais ce n'est pas une opinion unanime. Pigeau (t. I, p. 46), Laurent (t. XVI, p. 380 et suiv.), Delvincourt, ne pensent pas de la sorte. Leur raisonnement, et il nous paraît bien fondé, est celui-ci ; d'après l'article 1153 du Code civil les intérêts moratoires sont des dommages et intérêts, dont la cause est l'inexécution de l'obligation à l'époque fixée. Puisque nous sommes en présence de dommages et intérêts, d'après l'article 1139 du Code civil ils courent à partir d'une sommation ou d'un acte équivalent. L'article 1153 du Code civil apporte une dérogation à cette règle en ne les faisant courir que du jour de la demande. Celle-ci est un acte beaucoup plus rigoureux qu'une sommation, elle doit donc produire au moins les mêmes effets ; or la sommation ne porte que sur la dette principale d'après le droit commun, ce qui veut dire qu'il suffit de sommer le débiteur de payer le capital pour le mettre en demeure, et par suite pour faire courir les intérêts. Il doit donc en être de même de la demande en justice, qui doit produire au moins les mêmes effets qu'une simple sommation.

Les textes sont du reste bien nettement en notre faveur. L'article 1153 veut « une demande ». Demande de quoi ? Un créancier ne peut demander que ce qui lui est dû, c'est-à-dire un capital. Donc la demande de l'article 1153 est bien la demande de payer le capital, comme une sommation est la sommation de payer le capital. Le débiteur est constitué en demeure par la demande, et doit par cela même les dommages-intérêts, c'est-à-dire les intérêts moratoires.

D'autres dispositions du Code civil peuvent encore nous soutenir. Quand l'article 1478 dit que les créances d'un époux contre son conjoint portent intérêt du jour de la demande en justice, il veut parler de la demande qui tend au paiement de la créance.

L'article 184 disposant que le reliquat d'un compte de tutelle porte intérêt sans demande, entend par ce mot la demande du reliquat et non pas celle de ses intérêts. C'est donc bien la demande du capital en justice qui fait courir les intérêts, de la même façon qu'une sommation.

Alors, l'article 59 du Code de procédure civile disposant que la citation en conciliation fait courir les intérêts pourvu qu'elle soit suivie dans le mois d'une demande en justice, nous pensons que la citation doit avoir la même force que cette demande, et agir dans les mêmes conditions. Par suite, les intérêts doivent courir, non pas parce que le créancier les a mentionnés dans sa citation, mais parce qu'il a mis le débiteur en demeure par la citation en conciliation.

Quant à l'argument sur lequel repose l'opinion inverse, et qui consiste à dire que d'après l'article 1207 du Code civil il faut demander les intérêts et non pas seulement le capital, il ne porte pas. L'article 1207 n'a été créé que pour déroger à l'ancien droit. D'après Pothier les intérêts ne devaient pas courir contre tous les codébiteurs solidaires dans le cas prévu par l'article 1207. Le Code établit le contraire, voilà tout. Cet article ne vise donc pas notre cas.

La jurisprudence de la Cour de cassation est très incertaine. On peut signaler une première décision qui nous est favorable. Après avoir invoqué les arguments que nous avons donnés, elle s'appuie de plus sur la tradition, car la coutume d'Orléans disposait qu'en cas d'une somme due par obligation, les intérêts devaient courir du jour de l'ajournement.

Comme conclusion nous dirons que l'article 1153 du Code civil signifie que les intérêts sont dus du jour de la mise en demeure de payer le capital, et même que le juge saisi de la demande n'a pas à prononcer de condamnation d'intérêts parce que ceux-ci courent de plein droit.

Mais nous devons ajouter qu'un autre arrêt de cassation semble contraire au système que nous proposons. Il s'agissait dans l'espèce d'une demande en restitution de fruits indûment perçus. La Cour d'Aix fixa le chiffre des restitutions à 16.600 francs. Considérant que la condamnation emportait le droit de toucher les intérêts, bien que n'ayant pas conclu pendant l'instance aux intérêts des restitutions à opérer, le demandeur en poursuivit le paiement à dater du jour de la demande principale. La Cour d'Aix rejeta sa demande en disant que les intérêts ne sont pas dus de plein droit à la suite de la condamnation. Mais il faut remarquer que dans cette espèce ce n'est qu'après le paiement du capital que la demande d'intérêts fut intentée ; c'est pourquoi la Cour de cassation a pu décider qu'il n'appartenait qu'aux magistrats saisis de l'action en restitution de prononcer sur les intérêts moratoires, et que la Cour d'Aix a pu refuser l'allocation des intérêts par l'arrêt qui a définitivement réglé le compte ; enfin, cet arrêt se comprend, parce que le droit du créancier à obtenir les intérêts moratoires des fruits indûment perçus est éteint au moment où il les réclame par une nouvelle action introductive d'instance, puisque la dette principale était payée.

Constatons pour terminer que l'opinion généralement suivie est contraire à la nôtre (Voir Colmet de Santerre, t. V, p. 105). La plupart des auteurs enseignent que le créancier doit demander les intérêts et ne pas réclamer seulement son capital.

CHAPITRE VIII

DE LA PETITE CONCILIATION.

I. De l'avertissement. — II. De l'audience et des effets de la petite conciliation.

I. — De l'avertissement.

Pour terminer avec la tentative de conciliation devant le juge de paix, et avant de passer à un autre ordre d'idées, il reste à étudier la tentative de conciliation précédant un procès non plus de la compétence du tribunal d'arrondissement, mais de la compétence du juge de paix.

L'article 1er de la loi du 26 octobre 1790 ordonnait que toute citation devant le juge de paix fût faite en vertu d'une cédule de ce juge, contenant une indication sommaire de l'objet du litige, ainsi que le jour et l'heure de l'audience. C'était un moyen de rapprocher avant l'instance le demandeur et le juge de paix, et de prévenir peut-être un procès imminent, ce qui rentrait très naturellement dans les attributions de ce magistrat, dont la principale occupation était, à cette époque, la tentative de conciliation. Mais, en pratique, cela ne constituait qu'une formalité inefficace ; dès 1806 Treilhard disait que la cédule était devenue une affaire de pure forme, aussi cette disposition ne fut-elle pas reproduite dans le Code de procédure, sauf pour les cas d'urgence ou de demande d'ex-

pertise. Cette omission était illogique ; puisque le Code
créait le préliminaire de conciliation pour les affaires portées devant les tribunaux de première instance, il devait
y soumettre les affaires moins importantes qui étaient de
la compétence des juges de paix, car c'est surtout quand
les intérêts en jeu sont minimes qu'il importe d'éviter les
procès. C'est ce que l'on faisait observer dans les travaux
préparatoires de la loi de 1790. « La conciliation est fondée sur l'intérêt du plaideur qui ne gagne rien réellement,
même en gagnant sa cause, lorsqu'il a plaidé pour un
petit intérêt, s'il calcule ce qu'il lui en a coûté en perte
de temps, en dépenses de déplacement, et en faux frais de
procédure. »

En 1835 il fut présenté un projet de loi portant que dans
toutes les causes, excepté celles où il y a péril en la demeure, et celles dans lesquelles le défendeur est domicilié
hors du canton ou des cantons de la même ville, il ne
pourra être donné aucune citation devant le juge de paix,
sans qu'au préalable il ait été expédié au défendeur par le
greffier un avertissement sans timbre, pour une audience
antérieure. On demanda à ce sujet l'avis des Cours d'appel.
Il faut relever les réponses de celle d'Amiens qui désirait
que l'huissier ne citât qu'après constatation du refus du
défendeur de comparaître sur l'avertissement, et de celle
de Metz qui désirait que l'avertissement fût obligatoire,
même avant la citation en conciliation, pour les affaires
de la compétence des tribunaux. Les Cours de Colmar et
de Toulouse étaient hostiles au projet ; la Cour de cassation s'étant aussi prononcée contre, il ne fut pas maintenu.
Mais il fut repris à la Chambre des députés en 1837 ; encore une fois la Chambre des Pairs le repoussa, disant
« qu'en rendant les avertissements obligatoires, on cou-

rait le risque de les dénaturer ; qu'on compromettait toute leur efficacité du moment où ils cesseraient d'être des actes spontanés et paternels du juge de paix ».

Enfin fut votée la loi du 25 mai 1838. Son article 17, celui qui a trait à la petite conciliation, fut formulé sous l'influence des diverses opinions qui s'étaient fait jour. Il est ainsi conçu : « Dans toutes les causes, excepté celles où il y a péril en la demeure, et celles dans lesquelles le défendeur serait domicilié hors du canton ou des cantons de la même ville, le juge de paix pourra interdire aux huissiers de sa résidence, de donner aucune citation en justice, sans qu'au préalable il ait appelé, sans frais, les parties devant lui ». C'est-à-dire que la loi, tout en admettant la tentative de conciliation pour les causes de la compétence du juge de paix, lui donne néanmoins la faculté, s'il le juge convenable, d'appeler les parties devant lui avant la citation. Il doit donc juger d'après les circonstances s'il y a lieu de procéder à cette comparution.

La pratique fit ressortir les inconvénients de ce système. Certains juges de paix convoquaient devant eux les parties, par avertissement, dans toutes les affaires. D'autres, profitant de ce que l'avertissement n'était pas imposé, n'en usaient jamais, même quand ce préliminaire aurait pu donner des résultats satisfaisants. En l'année 1852, 2.827.349 avertissements furent donnés. Il y eut 1.344.296 comparutions, et le chiffre des conciliations fut de 988.900. Ces constatations firent rendre obligatoire l'avertissement dans les affaires de la compétence du juge de paix, et la loi du 2 mai 1855 modifia ainsi l'article 17 de la loi de 1838 : « Dans toutes les causes, excepté celles qui requièrent célérité, et celles dans lesquelles le défendeur serait domicilié hors du canton ou des cantons de la

même ville, il est interdit aux huissiers de donner aucune
citation en justice, sans qu'au préalable le juge de paix
n'ait appelé les parties devant lui, au moyen d'un avertissement sur papier non timbré, rédigé et délivré par le
greffier, au nom et sous la surveillance du juge de paix,
et expédié par la poste sous bande simple, scellée du sceau
de la justice de paix, avec affranchissement. »

Ainsi donc, aujourd'hui, il faut qu'un avertissement,
ou billet d'avis, précède toujours la citation devant le juge
de paix. C'est le préliminaire de conciliation, définitivement introduit dans les affaires de sa compétence.

On appelle ce préliminaire « petite conciliation » pour la
distinguer de l'essai de conciliation qui précède les procès
de la compétence des tribunaux d'arrondissement. Parfois
aussi on emploie les expressions de « conciliation hors
de l'audience », pour la petite conciliation, et « conciliation à l'audience » pour l'autre. Ces appellations sont
vicieuses, car on pourrait croire que la première doit avoir
lieu à huis clos, et l'autre en public comme toutes les audiences. Nous avons vu que cela n'est pas, et que, quand
il s'agit de la grande conciliation, le juge de paix a la faculté d'entendre les parties en particulier ou publiquement. Nous verrons qu'il en est de même pour la petite
conciliation.

L'avertissement est en dehors de l'instance, il ne l'introduit pas, donc il ne saisit pas le juge de paix au principal (Nancy, 22 novembre 1858 (1), Nîmes, 19 décembre
1868 (2), Poitiers, 28 décembre 1868) (3), parce que la
lettre d'avertissement à comparaître devant le juge de

<hr>

(1) *Journ. des av.*, 1859, p. 610.
(2) Bioche, *Journ. proc. civ.*, art. 9253.
(3) *Journ. des av.*, 1869, p. 302.

paix n'est qu'une mesure prise en vue de prévenir les procès, par une espèce d'essai de conciliation préalable. C'est pourquoi celui qui, par exemple, se plaint de diffamation verbale, et qui fait inviter par un avertissement le diffamateur à comparaître devant le juge de paix, pourra abandonner cette voie civile pour saisir la juridiction correctionnelle. Cette conclusion a été donnée par un arrêt de la Cour de Montpellier du 10 mai 1875 (1), dans une matière différente il est vrai de l'exemple que nous avons donné et qui est pris dans un arrêt de Nancy (22 novembre 1858) (2). La Cour de Montpellier pense que le billet d'avertissement non suivi de comparution n'est qu'une tentative de conciliation, que par suite il n'y a pas cause liée, que le billet ne peut même pas être regardé comme l'équivalent d'une citation en conciliation, et qu'on ne saurait y voir une option pour la voie civile.

D'autre part la même Cour de Montpellier (30 décembre 1867) (3) estime que la convention faite par les parties devant le juge de paix de se soumettre à une expertise pour trancher une question de dommages-intérêts, constitue l'introduction d'une instance civile rendant irrecevable l'action correctionnelle intentée plus tard par le demandeur. Car si, d'une part, l'avertissement n'est qu'une mesure prescrite pour éviter les procès et ne constitue pas l'introduction d'une instance civile, d'autre part l'accord relatif à l'expertise intervenu entre les parties a créé entre elles une véritable instance civile, à la suite de laquelle on est irrecevable à agir devant le tribunal correctionnel.

(1) Bioche, *Journ. proc. civ.*, art. 10458.
(2) *Journ. des av.*, 1859, p. 610.
(3) Bioche, *Journ. proc. civ.*, art. 10458.

Comme on le voit, l'avertissement est d'une nature peu imposante et l'on comprend qu'il ne produise pas les effets de la citation ; il ne fait pas courir les intérêts moratoires, et n'interrompt pas la prescription (Cass., 29 juillet 1878) (1). « Attendu qu'on ne saurait considérer comme un acte équivalant à une sommation et pouvant par suite opérer la mise en demeure du débiteur, un billet d'avertissement adressé par le greffier de la justice de paix au débiteur, et l'invitant à comparaître devant le juge pour être entendu contradictoirement avec son créancier. »

M. Garsonnet (t. II, p. 235) est également de cet avis, par le motif que le billet d'avertissement n'étant pas soumis aux formes de la conciliation, étant simplement rédigé par le greffier et envoyé par la poste au lieu d'être signifié par huissier, ne peut pas produire les effets de la citation en conciliation, effets trop graves pour être produits par un acte aussi peu solennel. Faisons remarquer par anticipation, qu'il n'en est pas de même au cas d'avertissement donné suivant l'article 8 de la loi du 14 mai 1851 relatif au remplacement des prud'hommes par les juges de paix. Dans ce cas, l'avertissement vaut citation.

L'avertissement est même regardé comme étant un acte si peu grave qu'un arrêt de Toulouse (19 juillet 1852) (2) le considère comme ne constituant pas un trouble de droit suffisant pour interrompre la prescription annale. En effet, dit l'arrêt, l'avertissement n'a aucun caractère judiciaire ; l'opinion du juge peut à volonté être acceptée ou refusée ; or pour interrompre l'exercice d'un droit, ou le troubler, il faut une interpellation judiciaire efficace ; et même, quand il s'agit de la citation en conciliation, il faut qu'elle

(1) Bioche, *Journ. proc. civ.*, art. 11193.
(2) Bioche, *Journ. proc. civ.*, art. 5570.

soit suivie d'un ajournement ; par suite un simple billet d'avertissement ne suffit pas pour interrompre la prescription.

Bien que dépourvu du caractère judiciaire, l'avertissement n'en est pas moins imposé aux parties, qui ne pourraient pas s'en affranchir en comparaissant volontairement devant le juge de paix pour se faire juger. D'après Bioche (*Avertissement*, n° 4), le juge de paix a le droit de refuser de recevoir leurs déclarations tant que ce préliminaire n'aura pas été accompli. Mais il ne faut pas donner une trop grande portée à cette proposition. Elle ne s'applique qu'aux demandes introductives d'instance, et par exemple le commandement qui doit précéder la saisie-gagerie ne nécessitera pas un avertissement préalable. Cependant on trouve des jugements qui décident que les demandes en validité de saisie-gagerie doivent être précédées par cette formalité (Trib. de paix de Paris, 31 mai 1881) (1).

Il n'est pas non plus nécessaire que l'avertissement soit donné avant le congé signifié à un locataire payant au plus 400 francs de loyer par an. Cependant, et cela concorde avec ce que nous venons de dire, l'avertissement serait nécessaire, si, en même temps que le congé, l'exploit contenait une citation devant le juge de paix pour en faire prononcer la validité, au cas où il ne serait pas amiablement accepté.

Quand le procès est engagé, l'avertissement destiné à le prévenir n'a plus de raison d'être. Cela est exprimé dans le rapport de la commission de la loi de 1855. « Lorsqu'une saisie-gagerie ou un protêt ont précédé la demande

---

(1) *Monit. des j. de paix*, 1881, p. 406.

en paiement, l'une des loyers, l'autre d'un billet qui rentre dans la compétence des juges de paix, ou bien encore quand une demande en garantie est formée au cours d'un procès pendant, on ne peut exiger l'avertissement, puisqu'il serait sans but et sans résultat. » Cette idée parut si évidente au Conseil d'État, que dans la phrase « il est interdit aux huissiers de donner aucune citation introductive d'instance », il supprima les deux derniers mots. D'après Bioche, si l'huissier a des doutes sur le point de savoir si le procès est ou non commencé, il sera prudent de sa part d'obtenir du juge de paix la permission de citer.

De même que la grande conciliation, la formalité que nous étudions est obligatoire, mais ce principe comporte quelques exceptions. C'est ainsi qu'en cas d'urgence le juge de paix pourra permettre de citer devant lui sans avertissement préalable. Une prescription, on le suppose, est sur le point de s'accomplir ; on procédera alors sans s'attarder à faire l'avertissement, d'autant plus qu'il n'est pas interruptif de prescription.

Mais entre le préliminaire de conciliation ordinaire et la petite conciliation, nous trouvons une différence qui est signalée par Bourbeau (t. 7, n° 446). L'article 2-4° de la loi de 1855 dispose que « dans les cas de célérité, il ne sera remis de citation non précédée d'avertissement, qu'en vertu d'une permission donnée, sans frais, par le juge de paix, sur l'original de l'exploit ». De là résulte que pour les demandes de la compétence du juge de paix, le caractère d'urgence n'est pas attaché à la demande et qu'il vient du pouvoir discrétionnaire du juge, pouvoir dont l'exercice n'a pas besoin d'être provoqué par une requête. Le juge donne à l'affaire le caractère d'urgence par la permission qu'il écrit sur l'exploit. Si ce magistrat a ce pou-

voir, cela tient à ce que l'avertissement ne fait pas courir
les intérêts et n'interrompt pas la prescription.

D'autre part, dans les procès de la compétence des tribunaux de première instance, la loi a attaché le caractère
d'urgence à certaines affaires ; la dispense du préliminaire
de conciliation résultera donc de la nature de la cause, et
non pas du pouvoir du magistrat. Il est vrai que la loi n'a
pas donné ce caractère d'urgence à d'autres affaires, qui,
vu les circonstances, doivent cependant être rapidement
jugées ; il faudra recourir en pareil cas au président du
tribunal, qui par une ordonnance déclarera que l'affaire
requiert célérité, et permettra d'assigner à bref délai. Et
alors, comme conséquence de cette autorisation, mais sans
que le président ait rien à en dire, la cause sera dispensée
de conciliation.

Pour faire écrire par le juge de paix la permission d'assigner sans avertissement, le demandeur n'a qu'à lui présenter l'original de la citation, ou à la faire présenter par
huissier.

Autre exception. L'article 2-1º de la loi de 1855 dispense
de l'avertissement préalable, quand le défendeur est « domicilié hors du canton ou des cantons de la même ville ».
Cette disposition est très juste. Il aurait en effet été peu
équitable de forcer un défendeur éloigné à faire des déplacements inutiles, dont la cause pourrait n'être que la
malignité du demandeur. Pour celui-ci, il n'y a pas à
s'en occuper. Il veut engager un procès, et il est soumis
à la règle du droit commun : *actor sequitur forum rei*.
Il doit donc aller trouver son adversaire. Mais il est possible que le juge de paix compétent ne soit pas celui du
domicile du défendeur, et c'est alors que s'appliquera
l'article 2-1º.

Quand on se trouve dans un des cas de dispense légale de l'avertissement, l'huissier n'a pas besoin pour remettre sa citation d'en demander la permission au juge de paix. C'est l'avis de Chauveau (*Supplément*, p. 22).

Nous venons de voir que le défendeur doit avoir son domicile, non pas hors du canton où habite le demandeur, mais hors du canton du juge de paix compétent. Mais si le défendeur habite la même ville que ce magistrat, l'avertissement devra être donné. Et, si le demandeur se trouve en présence de deux défendeurs obligés solidairement, dont l'un habite le canton, l'autre étant domicilié en dehors, celui des deux qui se trouve habiter le canton devra recevoir l'avertissement. Tenu solidairement, il doit le tout, et n'a pas besoin de la présence de son codébiteur pour se concilier.

Remarquons que ni l'incapacité des parties, ni le nombre des défendeurs, ni la nature de l'affaire qui ne comporte pas de transaction, ne dispensent de la petite conciliation. La loi n'a rien dit à cet égard, et Bourbeau (t. VII, n° 466) ainsi que M. Garsonnet (t. II, p. 235) en concluent que ces causes ne sont pas dispensées de la petite conciliation. Mais cela ne s'explique pas rationnellement et M. Garsonnet se demande pourquoi il en est ainsi.

Nous avons déjà dit plus haut que sous l'empire de la loi de 1838 on se demandait si l'avertissement devait précéder la citation en conciliation pour les causes de la compétence des tribunaux de première instance, et que deux opinions s'étaient formées à ce sujet. Les uns soutenaient que l'avertissement était nécessaire, car l'article 17 de la loi n'admettait pas de distinction entre les affaires de la compétence du tribunal et celles de la compétence du juge de paix : que de plus ces deux conciliations successives ne feraient pas toujours double emploi. Il peut en effet se trouver des causes dispensées de la grande conciliation à raison de leur nature qui ne se prête pas à une transaction, ou à raison de l'incapacité des parties, et qui cependant ne sont pas dispensées de la conciliation sur avertissement. Enfin cette petite conciliation ne serait pas inutile, car les parties, moins animées l'une contre l'autre par un avertissement sans frais que par un exploit d'huissier, se montreront disposées à transiger (Carré et Chauveau, nº 220 *bis* ; Favard de Langlade, t. I, p. 627).

D'autre part on objectait qu'aux termes de l'article 17 il ne s'agit pas d'une cause quand il s'agit d'un essai de conciliation, puisque la demande n'est pas encore portée en justice ; que d'ailleurs la disposition de l'article 17 étant une dérogation au droit commun, ne devait pas être étendue ; qu'enfin son but a été seulement d'établir un essai de conciliation spécial aux affaires dont le juge de paix doit connaître. En effet la compétence de ce magistrat avait été modifiée, en matière contentieuse, alors que leurs fonctions de conciliateurs étaient restées les mêmes (Bioche, nº 99). On ajoutait encore que la première opinion conduirait à exiger deux tentatives de conciliation successives, ce qui obligerait le demandeur qui habite loin du juge de paix à des déplacements inutiles ; elle ne ferait ainsi que compromettre en l'exagérant une mesure bonne en elle-même. Le demandeur, en cas de refus du défendeur de se concilier après l'avertissement serait, en effet obligé à trois déplacements.

Depuis la loi du 2 mai 1855, la question ne peut plus se poser. On lit en effet dans le rapport de la Commission au Corps législatif : « Ce serait se tromper gravement que de soumettre à cette formalité les citations en conciliation données en vertu des articles 48 et suivants du Code de procédure civile. Une semblable interprétation est aussi contraire à l'esprit qu'au texte du projet de loi : on établit par là, pour les instances appartenant aux tribunaux ordinaires, deux tentatives de conciliation, l'une sur lettre, l'autre sur citation. Dès lors on occasionne des retards et des déplacements dispendieux, on fait dégénérer en une formalité vexatoire une prescription salutaire. » De l'avis de tous les auteurs actuels, il ne s'élève plus aucun doute sur cette question (Garsonnet, t. II, n° 245 ; Rodière, t. I, p. 173 ; Bioche, *Avertissement*, n° 12).

Mais on discute le point de savoir si la loi de 1855 est applicable aux affaires de simple police, et, en particulier, si le juge de paix peut interdire aux huissiers de son ressort de donner aucune citation au tribunal de simple police, avant que les parties aient été au préalable appelées devant lui par un avertissement sans frais.

Les partisans de la négative disent que la conciliation n'est prescrite que pour les affaires civiles, et de même que cette formalité n'existe pas en matière correctionnelle, de même elle ne doit pas avoir lieu en simple police. D'ailleurs, la loi de 1838 n'a trait qu'aux affaires civiles. On peut encore ajouter que les audiences du tribunal de simple police n'étaient pas toujours tenues par le juge de paix jusqu'en 1873, puisque le maire pouvait remplir ces fonctions. Or le maire n'avait certainement pas le droit d'interdire à l'huissier d'appliquer l'article 17 de la loi de 1838.

En sens inverse, on invoque quatre articles introduits par amendement dans la loi de 1838, portant les numéros 16, 17, 18, 19, et l'on montre qu'ils forment un tout.

L'article 16 pose le principe de la libre concurrence entre huissiers du même canton, et il porte ainsi atteinte à l'autorité qu'avait sur eux le juge de paix. Les trois articles suivants, surtout le dernier, ont voulu rétablir cette influence. Cet article 19 doit donc imposer les mêmes garanties pour les affaires de simple police, que pour les affaires civiles. Or, si l'article 19 a trait aux affaires de simple police, il en est de même des articles 17 et 18, puisque ces articles ne sont qu'une partie d'un même tout. D'ailleurs l'intervention du magistrat est très utile en ces matières, puisque, la citation lancée, on ne peut plus espérer une conciliation.

Malgré ces raisons, nous pensons, d'après les travaux préparatoires, d'après l'ensemble de la loi de 1838, et en considérant particulièrement le texte de l'article 17, que l'avertissement ne doit exister qu'en matière civile, et que le juge de paix ne pourrait, sans excès de pouvoir, défendre à ses huissiers de remettre des citations à comparaître au tribunal de simple police, sans l'avertissement préalable.

Le demandeur doit s'adresser au juge de paix, pour faire envoyer l'avertissement, puisque, d'après la loi de 1855, il est envoyé sous la surveillance et au nom de ce magistrat. Ce sera le juge de paix compétent pour connaître de la demande.

Pour les détails de l'avertissement, la loi du 20 avril 1871 dispose qu'il doit être rédigé sur timbre de 0 fr. 50, avec le double décime en sus, soit 0 fr. 60. Il est délivré par le greffier et signé par lui, sa signature devant être manuscrite pour donner au billet un caractère authentique. Il est expédié, affranchi, par la poste, après avoir été scellé du sceau de la justice de paix.

La loi du 24 novembre 1874 a porté à 0.30, y compris les 0.15 d'affranchissement du billet, et sans préjudice du remboursement du papier timbré, la rétribution due au greffier, laquelle était auparavant de 0.25 par billet d'avertissement. Cette rétribution est consignée par le demandeur avant qu'on délivre le billet d'avis, et lors de la comparution, le juge de paix décide qui doit la supporter.

Le greffier doit obligatoirement envoyer le billet par la poste, et ne peut même pas le remettre lui-même au destinataire. Ce serait contraire à l'article 2 de la loi de 1855 et à un arrêté du 27 prairial an IX. La poste peut d'ailleurs vérifier s'il n'y a pas de contravention dans le billet expédié.

Dutruc (*Avertissement*, n° 7), fait remarquer que si le billet, par suite d'une erreur ou d'inexactitude dans l'adresse, ne parvient pas à destination, la poste doit le renvoyer au greffier qui s'informera de nouveau auprès du demandeur, et expédiera un nouveau billet, en faisant payer un nouveau droit.

Ces frais ne sont pas très considérables, mais il existe un moyen de les éviter, c'est la comparution volontaire devant le juge de paix.

L'article 2 de la loi du 2 mai 1855, dispose en outre que le greffier devra constater sur un registre à cet effet, coté et paraphé par le juge de paix, l'envoi du billet. Sur ce registre sont mentionnés le nom des parties, l'objet de la contestation, la date de l'envoi du billet, celle de la comparution et le résultat de celle-ci. Ce registre est sur papier libre. C'est d'ailleurs au juge d'apprécier l'étendue du délai pour la comparution, mais il ne saurait être moindre de un jour franc.

Il peut s'écouler un temps très long, même plusieurs

mois, entre l'avertissement et la citation. Il n'existe pas, en effet, de péremption, et Bioche ne croit pas que l'article 15 du Code de procédure civile soit applicable par analogie.

La citation irrégulièrement donnée, sans avertissement préalable, n'est pas nulle. En effet, nous avons vu que le juge de paix a le droit d'interdire aux huissiers de remettre de telles citations, et qu'en cas d'inexécution de cet ordre, l'huissier est frappé d'une peine disciplinaire, sans préjudice de l'action du tribunal contre lui, et des dommages-intérêts des parties s'il y a lieu. Aucune nullité n'est prononcée expressément contre la citation qui, en conséquence, ne peut pas être annulée, d'après l'article 1030 du Code de procédure civile ; les sanctions existent donc seulement contre l'huissier. Mais le demandeur devra supporter les frais de cette citation irrégulièrement donnée (Trib. Marseille, 14 mars 1868) (1).

Nous trouvons, comme édictant des peines contre l'huissier, l'article 2 *in fine* de la loi de 1854 qui lui fait supporter les frais de l'exploit, et l'article 19 de la loi de 1838 qui permet au juge de paix de lui interdire de donner aucune citation devant lui, pendant une période de quinze jours à trois mois, sans préjudice, comme nous le disions, de l'action disciplinaire des tribunaux, et des dommages-intérêts des parties. L'interdiction de citer doit indiquer le point de départ du délai ; si ce jugement est prononcé en dehors de la présence de l'huissier, il peut, s'il en est officieusement informé, venir déclarer au juge qu'il accepte cette peine ; sinon le jugement est communiqué au procureur de la République, qui le fait notifier à l'huissier ; quand cet officier ministériel n'accepte pas sa peine, il doit protester contre elle par une lettre respectueuse

(1) Bioche, *Journ. proc. civ.*, art. 9142.

adressée au juge de paix ; une lettre qui ne remplirait pas cette condition pourrait provoquer contre l'huissier des mesures fort graves.

Si les parties ont comparu devant le juge de paix sans se concilier, ou si après transaction les conventions n'ont pas été exécutées, l'huissier ne sera pas puni au cas où il aurait cité sans avertissement préalable.

II. — De l'audience, et des effets de la petite conciliation.

L'avertissement doit amener un des trois résultats suivants : non-comparution, non-conciliation, conciliation.

En cas de non-comparution, on présume que la partie qui ne s'est pas présentée ne veut pas d'un accommodement, et il n'est prononcé contre elle ni amende, ni dommages-intérêts.

Connaissant les motifs qui ont empêché la comparution, le juge de paix peut, s'il le juge à propos, faire expédier un nouvel avertissement. Mais il importe de faire remarquer que le magistrat ne doit user qu'avec prudence de cette faculté, car, s'il s'agit d'une somme peu importante, il se pourrait que le créancier préférât abandonner son droit plutôt que de faire de nouveaux frais et de nouveaux déplacements.

En ce qui concerne l'audience à laquelle les parties comparaissent sur avertissement, elle pourra être publique ou à huis clos, selon que le juge en décidera. La loi ne parle de la publicité, ni pour l'ordonner, ni pour la défendre. En général le juge de paix entend les parties dans son cabinet, sans tenir une véritable audience ; aussi ne peut-il pas exiger la présence de l'huissier audiencier, car il n'aurait de ce chef aucun droit à des émoluments, Si donc cet officier ministériel prête le concours de son assistance au juge qui la demande, ce ne sera qu'une marque de déférence. Cependant, si les deux parties s'entendaient pour nommer le juge de paix arbitre de la contestation, la décision devrait être rendue en public, de manière à produire les effets d'un jugement, en en ayant les caractères. Le greffier n'a pas non plus besoin d'assister à l'audience. S'il y a une transaction à constater, le juge l'appellera (Carré et Chauveau, *Supplément*, n° 5 *quater. Contrà*, Garsonnet, t. II, n° CCXLIV).

Les parties comparaissent soit en personne, soit par un mandataire. Si elles comparaissent en personne, elles peuvent se faire assister d'un conseil. La question a déjà été examinée, et il suffit de remarquer que le juge de paix est bien dans l'esprit de la loi, quand il use de son influence pour déterminer les parties à comparaître, et à s'expliquer seules.

Nous avons vu également que les parties, quand il s'agit de la grande conciliation, ne peuvent pas se faire assister par un huissier. En est-il de même ici ? M. Garsonnet le pense pour un motif d'analogie (t. II, n° CCXLIV, n° 16). Nous ne saurions nous ranger à son avis. La situation n'est pas en effet tout à fait la même. Si le législateur a pris cette mesure contre les huissiers, ce n'est pas seulement par crainte de les voir s'opposer à un accommodement, mais c'est aussi parce qu'il paraissait difficile de faire marcher de front le respect qu'ils doivent au magistrat, et la liberté de la défense. Cette difficulté n'existe pas dans la petite conciliation. Elle a très généralement lieu dans le cabinet du juge, en dehors du public, et on peut s'expliquer posément dans de pareilles conditions. D'autre part l'article 18 de la loi de 1838 qui ne parle que des « causes portées devant le juge de paix, ne nous semble pas se rapporter à un essai de conciliation, comme nous l'avons souvent répété. N'oublions pas, enfin, que le caractère presque pénal de l'article 18 commande l'interprétation restrictive, surtout dans notre cas où l'analogie n'est pas complète avec le cas prévu par cet article (Bioche, *Avertissement*, nᵒ 39).

Les termes très généraux de l'article 41 de la loi du 29 juillet 1881, et de l'article 23 de la loi du 17 mai 1819 ne permettant aucune distinction entre les différents tribunaux, les affaires qu'ils ont à juger, et leurs attributions, on a décidé très justement que les propos que tiennent les parties devant le juge de paix, lors de la petite conciliation, ne peuvent donner lieu à aucune action en diffamation ou injures (Angers, 6 juin 1859 (1), Grenoble, 21 décembre 1872 (2) ; *Cont.*, Aix, 30 avril 1845) (3), si on n'a pas demandé acte au magistrat des propos injurieux.

Le juge de paix, comme pour la grande conciliation, doit pouvoir, lors de la comparution des parties, prendre toutes les informations, s'entourer de tous les renseignements de nature à lui faciliter sa tâche. Mais, comme il n'est que conciliateur et non pas juge, il ne pourrait ni ordonner une enquête, ni entendre des témoins, et encore moins rendre un jugement. Nous pensons que pour la même raison, au cas où il ne parviendrait pas à concilier les parties, il ne pourrait pas ordonner une remise de l'affaire, ni surtout accorder au défendeur un délai pour se libérer. Et cependant Chauveau est d'un avis différent,

---

(1) Bioche, *Journ. proc. civ.*, art. 6984.
(2) D. P. 74, 2, 48.
(3) D. P. 46, 4, 414.

parce qu'il ne voit pas de grands inconvénients à ce que
le juge ait cette faculté. Mais alors, à l'expiration du délai, faudra-t-il que le demandeur obtienne une permission
du juge, ou pourra-t-il citer directement ? Ici Chauveau
condamne avec raison la pratique de Paris, où l'on donne
au juge de paix le droit d'envoyer un nouvel avertissement qui peut être suivi d'un nouveau délai. Nous avons
vu plus haut que quand la transaction consentie devant
le juge de paix n'est pas exécutée, le demandeur pouvait
citer directement, et il doit en être de même ici. Le juge
de paix ne pourrait pas dans ce cas faire valablement défense à l'huissier de remettre la citation. Si celui-ci la remet malgré la défense, l'exploit sera très valable. Ainsi
jugé : Bordeaux, 17 juillet 1874 (1).

Quand l'avertissement a été suivi de la non-conciliation,
le juge de paix donne à l'huissier le permis de citer. Mais,
d'après Bioche, ce permis n'est pas indispensable, et il ne
sert que de preuve à l'huissier. La non-conciliation est en
outre mentionnée sur le registre des avertissements.

Il se peut que tout en refusant de transiger, néanmoins
les parties s'entendent pour accorder des délais. En ce cas
le juge de paix ne délivre pas le permis de citer, bien qu'il
n'y ait pas eu conciliation, et, par le fait des délais, l'affaire sera pendante jusqu'au jour du terme. Si à cette
date les engagements pris ne sont pas exécutés, le juge de
paix délivrera le permis de citer, comme il l'aurait fait le
jour de la comparution si les délais n'avaient pas été ac-
cordés. Le permis peut du reste avoir été délivré antérieu-
rement, et, comme il n'est pas sujet à péremption, il aura
gardé toute sa force, ainsi on n'aura pas besoin pour l'uti-
liser, d'un avertissement préalable. Que le permis soit re-

____

(1) Bioche, *Journ. proc. civ.*, n° 10687.

mis avant ou après le terme, le juge de paix ne pourra jamais ordonner la suspension des poursuites une fois ce permis délivré.

Si l'on se place au contraire dans l'hypothèse d'une conciliation, l'article 2 de la loi de 1855 nous montre que sur la demande de l'un des comparants, le juge doit dresser un procès-verbal constatant les conditions de l'arrangement. Les motifs de cette disposition sont indiqués par le rapporteur de la loi. « Souvent la conciliation portera sur des questions de servitude ou de bornage, des intérêts possessoires, des modifications à un bail. Dans tous ces cas et dans bien d'autres encore, les parties ont un intérêt puissant à conserver la preuve des conventions intervenues devant le magistrat. »

Chauveau et Dutruc remarquent à ce sujet que, à défaut de réquisition des parties, le juge de paix agira prudemment en dressant d'office un procès-verbal ; cela vaut mieux en effet que la simple mention de la conciliation écrite par le greffier sur le registre. Mais la mention sur le registre est suffisante pour servir de preuve de l'arrangement intervenu, et le juge de paix, agissant alors comme juge de la contestation, pourra, en s'appuyant sur cette mention, rappeler les faits qui se sont produits, et amener ainsi à faire à l'audience publique des aveux qui serviront de base à son jugement. Toutefois Bourbeau (n° 447) et Boitard, Colmet d'Aage et Glasson (n° 603) ne sont pas de cet avis. D'après les termes de la loi du 2 mars 1855, le juge de paix ne doit dresser procès-verbal qu'autant qu'une des parties le requiert, ce qui constitue une différence avec la grande conciliation, dans laquelle, d'après les articles 48 et suivants du Code de procédure civile, un procès-verbal doit toujours être dressé.

Le juge de paix ne pourra prononcer un jugement sur l'accord des parties, qu'autant que celles-ci déclarent l'accepter pour juge (art. 7, C. proc. civ.). Il a été jugé que, en dehors de cette acceptation, l'assistance à une enquête ordonnée par un jugement du juge de paix ne saurait valider ce jugement (Trib. Aix, 28 novembre 1856) (1).

Comme pour la grande conciliation, si les conventions contenues au procès-verbal n'ont que la force d'obligation privée, le procès-verbal n'en constitue pas moins un acte authentique, ayant tous les caractères d'un acte judiciaire. Donc, en vertu de l'article 12 de la loi du 13 brumaire an VII, il doit être écrit en minute sur timbre, et il est soumis à l'enregistrement, en vertu de la loi du 22 frimaire an VII, articles 20 et 78-1°. Même, les procès-verbaux de remise dressés par un juge de paix en matière de conciliation, et ainsi conçus : « Après avoir entendu les parties, continuons la cause à huitaine », n'échappent pas à la règle posée en l'article 7 de la loi de frimaire, d'après laquelle tous les procès-verbaux des bureaux de paix, quels qu'ils soient, portant conciliation ou non-conciliation, défaut ou congé, remise ou ajournement, doivent être rédigés sur minute et enregistrés.

Le procès-verbal doit être signé par le juge de paix et par les parties. Mais celles-ci peuvent ne pas savoir signer, ou ne pas le pouvoir. Alors le juge de paix pourra valablement dresser procès-verbal des conventions qui se sont formées devant lui, en mentionnant la raison qui a empêché les parties de signer ; cette mention doit être spéciale et formelle. L'article 7 du Code de procédure civile, donne le droit au juge de paix, même en cas d'incompétence, de

____

(1) Bioche, *Journ. proc. civ.*, art. 6221.

constater la déclaration des parties, et de mentionner qu'elles ne savent pas signer. De l'exposé des motifs de la loi de 1855, Bioche tire la conséquence que le législateur a voulu conférer ce droit au magistrat conciliateur, et placer sur le même plan les arrangements intervenus sur billet d'avertissement, et ceux après essai ordinaire de conciliation. Quelle serait d'ailleurs, ajoute-t-il, la rédaction du procès-verbal, s'il devait rester inutile par l'impossibilité où se trouvent les parties de le signer, et si le juge de paix ne pouvait pas constater cet empêchement ?

Nous avons vu que les conventions insérées au procès-verbal ont force d'obligation privée ; des explications données par le rapporteur de la loi, il résulte que c'est à dessein qu'on a reproduit les termes de l'article 54 du Code de procédure civile.

En ce qui concerne les aveux, Dutruc pense que la mention de la conciliation faite sur le registre des avertissements par le greffier est l'équivalent d'un aveu judiciaire. Mais l'aveu fait par une des parties au moment de sa comparution sur billet d'avis, ne peut pas constituer valablement un motif du jugement prononcé par le juge de paix choisi comme arbitre, du commun accord des parties. Mais le tribunal de paix d'Agen (17 février 1852) (1) présente une décision en sens contraire.

(1) Cité par Bioche, v° *Avertissement*, n° 56.

CHAPITRE IX

DU PRÉLIMINAIRE DE CONCILIATION EN MATIÈRE DE DIVORCE ET DE SÉPARATION DE CORPS.

I. Préliminaires. — II. Requête du demandeur. — III. Ordonnance de comparution. — IV. Comparution. — V. Ordonnance permettant d'assigner.

I. — Préliminaires.

Les demandes en divorce et en séparation de corps doivent être précédées par une tentative de conciliation qui aura lieu, non plus devant le juge de paix comme nous l'avons vu jusqu'à présent, mais devant le président du tribunal civil. Nous trouvons reproduit dans les travaux préparatoires de la loi du 18 avril 1886 les motifs qui ont fait créer cet essai de rapprochement qui date de 1804 (ancien art. 234 et suiv., C. civ.). « Une demande tentée à la légère, une demande introduite sous le coup de désaccords passagers, sous le ressentiment d'une injure que le temps doit affaiblir, n'en détruira pas moins l'union des deux époux. Il est donc nécessaire de prendre des précautions pour qu'une instance en divorce ne puisse être entreprise sans que le demandeur ait eu le temps de mûrement réfléchir sur les conséquences de son action, sur la gravité des causes qu'il veut invoquer. A cet effet le projet établit, ou plutôt maintient une sorte de préliminaire de conciliation tenté par le président du tribunal. »

Un arrêt de la Cour de Bourges du 6 janvier 1873 (1),
et un autre de la Cour de Paris du 28 août 1879 (2) établissent que pour les demandes de séparation de corps le
préliminaire de conciliation est d'ordre public, que cela
résulte du texte et de l'esprit de la loi ; qu'en conséquence ce préliminaire doit avoir lieu à peine de nullité,
et que son omission peut être invoquée en tout état de
cause, même pour la première fois en appel. Il faut de
toute évidence étendre au divorce cette jurisprudence
relative à la séparation de corps (voir Carpentier, *Traité
théorique et pratique du divorce*, t. I, n° 110).

Et cependant, cette règle générale comporte des exceptions. Ce seront, tout d'abord, les demandes dans lesquelles
le tuteur d'un interdit légal se trouvera en cause au nom
de son pupille, soit comme demandeur, soit comme défendeur. Alors il n'y aura pas de tentative de conciliation. En effet, l'article 238 du Code civil, dispose formellement que les parties doivent comparaître en personne
devant le président, et si d'une part l'interdit légal ne
peut pas être admis à comparaître en justice, d'autre part
son tuteur, en cette circonstance, n'a pas qualité pour le
représenter. Nous aurons à examiner plus loin cette question que nous ne faisons qu'indiquer ici.

Seront aussi dispensées de la tentative de conciliation
les demandes en divorce ou en séparation de corps qui
sont reconventionnelles par rapport à une demande principale (C. civ., art. 239-3° et 307). Nous renvoyons aussi
cette question à plus tard.

Nous verrons également que la demande de conversion
d'une séparation de corps en divorce est dispensée de la

(1) D. 73, 2, 207.
(2) S. 81, 2, 244.

conciliation. La Cour de cassation a décidé que l'article 4 de la loi du 27 juillet 1884, devenu article 6 de la loi du 18 avril 1886, d'après lequel, en cas de conversion d'une instance en séparation de corps pendante au moment de la promulgation de la loi, la procédure spéciale au divorce ne doit être suivie qu'à partir du dernier acte valable de la procédure en séparation de corps, écarte nécessairement la formalité de la conciliation devant le président du tribunal, lorsque la demande de conversion a été formée en appel (30 juin 1886) (1).

Avant la loi de 1886, il n'y avait pas lieu de se présenter en conciliation quand la demande en divorce était fondée sur la condamnation de l'un des époux à une peine afflictive et infamante.

En effet, l'article 261 du Code civil disposait que, dans ce cas, il n'y avait comme formalité préliminaire qu'à présenter au tribunal une expédition de la décision de condamnation, accompagnée d'un certificat du greffier constatant que l'arrêt en question n'était pas susceptible d'être réformé par une des voies de recours ordinaires. Mais la loi de 1886 a abrogé les articles 263 à 274 du Code civil, donc il ne peut plus être question de l'article 261. D'où il résulte qu'une demande en divorce fondée sur une telle condamnation doit être instruite et jugée en la forme ordinaire. Il y a d'autant moins lieu de douter sur ce point, que l'exposé des motifs de la loi est très net. « L'article 261 réglait, pour le cas où le divorce était demandé à raison de la condamnation de l'un des époux, une procédure extrêmement sommaire, dans laquelle, d'après l'opinion commune, le défendeur n'était même pas mis

____

(1) Bioche, *Journ. proc. civ.*, n° 12733.

en cause ; le projet ne maintient pas cette procédure
exceptionnelle. La demande en divorce basée sur l'article 232 sera instruite et jugée en la forme ordinaire. »
D'où la nécessité du préliminaire de conciliation. Obser-
vons néanmoins que si, comme cela se produit habituel-
lement, l'époux condamné est en train de subir sa peine
au moment de la demande, il n'y aura pas lieu de tenter
la conciliation, car il se trouve interdit légalement, et
qu'alors la demande est poursuivie contre son tuteur.

II. — Requête du demandeur.

Voici la rédaction de l'article 234 du Code civil actuel :
« L'époux qui veut former une demande en divorce, présente, en personne, sa requête au président du tribunal,
ou au juge qui en fait fonctions. — En cas d'empêchement
dûment constaté, le magistrat se transporte assisté de son
greffier au domicile de l'époux demandeur. — En cas d'interdiction légale résultant d'une condamnation, la requête
à fin de divorce ne peut être présentée par le tuteur que
sur la réquisition ou avec l'autorisation de l'interdit. »
L'article 307 du Code civil déclare ce texte applicable à la
demande en séparation de corps ; donc cette demande
reste réglée par les articles 875 et 876 du Code de procédure civile.

En ce qui concerne la séparation de corps, l'article 875
du Code de procédure civile veut une requête contenant
un exposé sommaire des faits, sauf à ce qu'il soit demandé
plus tard, dans le cours de l'instance, des renseignements
complémentaires aux parties. Il a été jugé en ce sens que
la requête présentée par le demandeur au président du
tribunal peut être complétée quant aux détails des faits

par des actes postérieurs signifiés au cours de l'instance (Douai, 9 avril 1825) (1), et que pendant l'instance les parties peuvent présenter une seconde requête qui ne contient que le développement de la première. Carré, après avoir été d'une opinion contraire, a changé d'avis, et il pense maintenant qu'il suffit de débuter par une requête sommaire, que l'on pourra compléter plus tard. La jurisprudence est en ce sens, et on peut citer les arrêts de Limoges, 15 janvier 1817 (2), Rennes, 24 novembre 1820 (3), Paris, 31 août 1830 (4).

Quant au divorce l'ancien article 236 du Code civil exigeait que la requête contînt le détail des faits. Mais il n'en est plus ainsi, cet article ayant disparu, et sa disposition n'ayant pas été reproduite. L'article 234 nouveau ne dit rien à ce sujet, mais malgré son silence il est certain que la requête doit contenir l'exposé sommaire des faits, car il y a ici mêmes raisons que pour la séparation de corps.

On peut encore ajouter que l'article 237 exige que la requête soit signifiée en tête de la citation remise à l'époux défendeur, pour lui faire connaître les causes de la demande. Il faut donc que ces causes soient indiquées dans la requête. On a jugé en matière de séparation de corps qu'il appartient aux juges d'apprécier si les faits qu'elle contient sont suffisamment détaillés (Cass., 2 mars 1808) (5), et que l'époux contre lequel la séparation est demandée ne peut pas pour la première fois se prévaloir

---

(1) S. (1790-1830), 1825, 2, 60.
(2) S. (1791-1830). 1817, 2, 222.
(3) D. *C. proc. ann.*, n° 15.
(4) D. *Rép.*, v° *Sépar. de corps*, 103, 1°.
(5) S. (1791-1830), 1808, 1, 494.

en appel de ce que ces faits n'étaient pas assez détaillés
(Rennes, 24 novembre 1820). On aurait encore plus de
raisons pour décider ainsi aujourd'hui, en matière de divorce, puisque la loi étant muette sur ce point laisse une
plus grande liberté aux juges, en ne déterminant pas formellement ce que la requête doit renfermer.

Cette question que nous venons d'examiner en amène
tout naturellement une autre : l'époux demandeur en séparation de corps peut-il, après avoir remis sa requête,
et pendant le cours de l'instance, invoquer des faits autres que ceux mentionnés dans cet acte ? L'affirmative
paraît devoir être adoptée par cette considération qu'un
nouveau fait invoqué ne constitue pas une nouvelle demande. En droit commun, d'après l'article 48 du Code de
procédure civile, on ne doit pas porter directement devant
le tribunal une demande qui n'a pas passé par le bureau
de conciliation, mais il ne faut pas en dire autant des
moyens, puisqu'on peut en invoquer de nouveaux même
en appel ; il en sera de même ici. La tentative de conciliation porte sur la demande et non pas sur les faits qui l'ap-
puient, et qui sont les moyens qui servent à établir son bien
fondé. Il n'y a pas de raison pour déroger au droit commun,
et aucun texte n'autorise à le faire. C'est ainsi qu'on a jugé
qu'on peut admettre la preuve de faits autres que ceux articulés dans la requête, alors que le défendeur a le temps
d'y répondre (Nancy, 8 mars 1832) (1), que l'époux demandeur peut articuler dans son assignation, et pendant le
procès, des faits qui lui étaient inconnus à l'époque de la requête (Besançon, 9 avril 1808) (2), que les juges peuvent
ordonner la preuve de ces faits par une enquête supplé-

(1) D. *Rép.*, v° *Sépar. de corps*, n° 103-2°.
(2) S. (1791-1830), 1808, 2, 345.

mentaire (Paris, 25 mai 1837) (1) et que la demanderesse peut, sur l'appel par elle interjeté, du jugement qui refusait de l'admettre à la preuve des faits par elle avancés, développer ceux qu'elle avait articulés, et en ajouter de nouveaux, mais antérieurs à sa requête en séparation. Mais de la jurisprudence générale il est difficile de tirer des conséquences bien nettes, car si elle indique que le demandeur peut, après la tentative de conciliation, articuler de nouveaux faits qui ne se sont produits qu'après la requête, ou que le demandeur ne connaissait pas à cette époque, ou enfin qui ne sont que le développement des faits exposés dans la requête, elle ne semble pas admettre que le demandeur puisse présenter des faits constituant une autre cause de séparation de corps, par exemple s'étant basé sur des injures, venir invoquer l'adultère. Et cependant un arrêt de Poitiers a décidé que cela était permis (15 janvier 1817) (2).

Si nous nous plaçons au point de vue du divorce, une question se pose depuis la nouvelle législation. Avant que l'article 236 du Code civil fût supprimé, on jugeait que le demandeur après avoir présenté sa requête ne pouvait pas invoquer des faits nouveaux qui ne seraient pas le développement simple des premiers (Douai, 9 mai 1885) (3). D'autre part le texte qui obligeait le demandeur à détailler sa demande a disparu du Code. Faut-il en conclure qu'au point de vue des faits nouveaux à invoquer, le divorce est assimilé à la séparation de corps ? On pourrait d'autant plus le croire que, lors de la confec-

(1) *Journ. procéd.*, 862-3°.
(2) D. *Rép.*, v° *Sépar. de corps*, n° 103-6°.
(3) D. P. 86, 2, 99.

tion de la loi nouvelle, on s'est certainement inspiré des règles de la séparation de corps.

Nous pensons, avec M. Carpentier (t. II, n° 43), que la vérité se trouve exprimée dans l'arrêt de Douai (9 mai 1885) déclarant que toute articulation reposant sur une cause distincte de celles qui figurent dans la requête constitue une demande nouvelle, qui, par suite, doit faire l'objet d'une requête nouvelle ; que si cette condition n'est pas remplie, il faut tenir l'articulation pour nulle et non avenue, parce que la législation du divorce est de droit étroit, et que du moment qu'une requête est exigée pour exposer les causes de la demande, le débat ne doit porter que sur les faits qui s'y trouvent énoncés. L'arrêt continue en décidant qu'il faut d'ailleurs distinguer entre le cas où l'articulation des faits nouveaux constitue une demande nouvelle, et celui où ces faits se réfèrent à la cause qui sert de base à la demande primitive, et qui n'interviennent que comme supplément de preuve, à l'appui de cette demande.

Il est vrai que la Cour de Paris, dans un arrêt du 22 juillet 1886 (1), a adopté l'opinion opposée. Elle pense que, dans un cas de conversion de séparation de corps en divorce, même en appel, la Cour doit rouvrir les débats, fût-ce après les conclusions du ministère public, si depuis ce moment le demandeur se trouve en état de fournir des faits nouveaux propres à établir la culpabilité du défendeur, et qui par conséquent n'ont pas figuré dans le jugement de séparation de corps.

Mais cette décision s'explique par les circonstances dans lesquelles elle a été rendue, et nous continuons à penser

______

(1) *Pand. chr.*, 86, II, 246.

comme la Cour de Douai. Donc les époux pourront à l'appui de leur demande invoquer des moyens nouveaux, par voie de conclusions, mais ils ne pourront pas user de cette voie pour saisir le tribunal de faits constituant en réalité une demande nouvelle.

L'époux demandeur a donc énuméré les faits sur lesquels sa demande se base. Pourrait-il, tout en demandant le divorce, conclure subsidiairement dans sa requête à la séparation de corps ? Quelques auteurs admettent que certains faits, sans être assez graves pour entraîner le divorce, le sont assez pour faire obtenir une séparation de corps. A l'appui de leur dire, ils montrent que les effets du divorce, à l'égard des époux et des enfants, sont beaucoup plus graves que ceux d'une séparation de corps. Ils ajoutent que la loi permet de transformer en tout état de cause les demandes en divorce en demandes de séparation de corps, et que le 22 février 1888 (1) la Cour de cassation a déclaré que la demande en divorce comprend virtuellement une demande en séparation de corps. Il semble donc très juste de conclure que le demandeur peut dans sa requête former une demande en séparation de corps subsidiaire à sa demande en divorce, pour le cas où les juges n'estimeraient pas que les faits soient assez graves pour permettre de prononcer le divorce.

Cependant, nous ne partageons pas cette opinion. La loi n'établit en aucune façon cette distinction entre la séparation de corps et le divorce. Nulle part il n'est dit que, dans un cas donné, on doive accueillir favorablement une demande en séparation, et repousser une demande en divorce ; au contraire, les deux actions peuvent être indifféremment intentées. Ce n'est pas au juge que revient la

____

(1) *Gaz. Palais,* 88, 1, 522.

mission d'apprécier la gravité des faits qui viennent soutenir la demande, mais aux parties qui ont la liberté de choisir l'action qui conviendra le mieux à leur situation. Nous disons en outre que les lois sur le divorce comportent une interprétation restrictive ; si donc on peut transformer une demande en divorce en demande de séparation, c'est que la loi le permet en termes exprès ; mais cela ne suffit pas pour autoriser les époux à intenter simultanément les deux demandes, ni pour donner au tribunal le droit de choisir celle qu'il jugera préférable (Cass., 30 juin 1886 (1) ; voir Carpentier, t. II, n° 81).

La requête est rédigée par un avoué. Ce n'est pas en vertu d'une disposition formelle de la loi, mais son exposé des motifs est très net : « Il n'a pas paru nécessaire de dire formellement que la requête présentée au président devrait nécessairement avoir été rédigée par un avoué. C'est là une règle générale, et il y a d'autant moins de raisons de s'en écarter, dans l'espèce, qu'il était nécessaire, pour que les observations du président portent tout leur effet, que les motifs de la demande soient nettement exposés. » M. Labiche, dans son rapport au Sénat, s'exprimait de même. Le président devrait en conséquence refuser de recevoir la requête rédigée par la partie elle-même, et un pareil acte ne ferait pas considérer l'instance comme engagée ; cet effet n'aura lieu que quand la requête aura été rédigée par un avoué.

Autrefois, d'après l'article 236 du Code civil, la requête devait être accompagnée des pièces à l'appui. Dans le Code de procédure, l'article 875 dispose que le demandeur « doit joindre à sa requête les pièces à l'appui s'il en a ».

(1) *Journ. proc. civ.*, n° 12733.

Il faut encore obéir à ces prescriptions, bien qu'elles ne soient pas reproduites dans la loi sur le divorce, parce que ces pièces doivent être considérées comme le complément naturel de la requête, et qu'il importe que le magistrat conciliateur ait entre ses mains tous les moyens de remplir convenablement sa tâche ; il faut également que le défendeur connaisse entièrement les propositions de son adversaire.

La requête sera adressée au président du tribunal, mais il n'y aurait pas nullité si elle était adressée au tribunal tout entier.

En principe les parties doivent comparaître personnellement devant le président. Mais l'ancien article 236 dispensait de cette formalité le demandeur atteint d'une maladie grave. L'article 234 actuel est moins dur ; il prononce cette dispense dans le cas où le demandeur justifie d'un empêchement dûment constaté, et que le président doit apprécier. La preuve de cet empêchement peut être faite d'une manière quelconque, selon les circonstances ; cependant, il semble qu'en cas de maladie un certificat signé par le médecin s'impose. Quoi qu'il en soit, le président a un pouvoir discrétionnaire à ce sujet.

Il faut même décider que le fait pour le demandeur de résider à l'étranger pourra ne pas constituer un cas de dispense. Sans doute ce dérangement va lui être incommode, peut-être même préjudiciable, mais si un voyage n'est pas impossible, on devra se conformer à la volonté de la loi, qui a seulement voulu éviter qu'une partie momentanément empêchée de se rendre devant le président ne soit dépouillée du droit d'intenter l'action en divorce (Trib. Mayenne, 5 mars 1885) (1).

(1) *Gaz. Palais*, 85, 1, 511.

Si le demandeur a prouvé qu'il ne peut pas se rendre devant le président, pour lui remettre sa requête, celui-ci ira la rechercher et recevra en même temps les observations du demandeur.

Cela ne souffre pas de difficultés quand il a son domicile ou sa résidence dans l'arrondissement du président compétent. Mais il n'en est pas toujours ainsi. On a voulu, en ce cas, permettre au président compétent de donner commission rogatoire au président de l'arrondissement du demandeur pour accomplir les formalités du préliminaire de conciliation. Cette opinion est celle de MM. Vraye et Gode (t. I, nº 195). Sans doute, disent-ils, cela force le défendeur à se déplacer, mais il n'est pas forcé de comparaître, et cela vaut toujours mieux que d'empêcher le demandeur de former son action. La Cour d'Alger a pourtant décidé (2 février 1885) (1) que cette manière de procéder était illégale parce qu'aucune disposition de la loi sur le divorce ne permet à un président de tribunal de donner commission rogatoire à un autre, qu'en outre cela est contraire aux règles de compétence ; et qu'enfin l'article 238, depuis la loi du 18 avril 1886 interdit cette combinaison. En effet, si une des parties se trouve dans l'impossibilité de se rendre devant le président, celui-ci détermine le lieu où se fera la conciliation « ou donne commission pour entendre le défendeur », par conséquent la loi a bien songé à ce moyen, mais seulement pour le défendeur, ce qui veut dire qu'il ne peut pas servir quand il s'agit du demandeur.

Celui-ci doit prévenir le président par une requête distincte de celle qui renferme la demande de divorce. Ce-

_____

(1) S. 86, 2, 181.

pendant il faut reconnaître qu'il suffirait d'un acte unique articulant la demande et les griefs, ainsi que les motifs qui empêchent de comparaître ; et peut-être même, l'acte par lequel la visite du président est réclamée serait-il valable s'il était rédigé par le demandeur lui-même, car si d'une part il importe que la rédaction en soit faite avec soin, ce qui explique l'intervention d'un avoué, d'autre part ce n'est pas quand une personne est hors d'état de remplir des formalités qu'il faut les multiplier autour d'elle.

Le juge qui se transporte chez le demandeur doit être assisté de son greffier. C'est une remarque importante à faire, car cette disposition de la loi signifie que c'est le greffier qui doit rédiger tous les actes de la tentative de conciliation, et non pas le juge, bien que la loi, en employant des termes impropres, semble parfois dire le contraire. Cela signifie aussi que c'est au tribunal, dans le cabinet du président, que la requête doit être remise, car là encore il faudra l'assistance du greffier ; et enfin que tout acte non signé par le président et par le greffier est nul.

Mais les choses ne se passeront pas toujours ainsi. Il y a des cas où le demandeur ne déposera pas sa requête lui-même, par exemple s'il est en état d'interdiction légale.

Dans ce cas, la loi veut que la demande vienne du condamné lui-même, et c'est pourquoi elle exige que le tuteur en présentant la requête « justifie de son autorisation ou de sa réquisition », car l'action en divorce est absolument personnelle. En somme, dans cette action le tuteur n'a qu'un rôle passif, et c'est l'interdit lui-même qui agit, par exception à la règle générale. Il faut regretter qu'on n'ait pas cru devoir se montrer plus large, et que l'on n'ait pas

donné à l'interdit le droit de faire lui-même ce que fait
son tuteur. En effet, de deux choses l'une : ou le tuteur
est d'avis d'intenter l'action, et alors aucune difficulté ne
se présente, l'interdit n'aura qu'à autoriser d'une manière
quelconque son tuteur à présenter la requête. Mais celui-
ci peut ne pas vouloir intenter l'action, et alors il y a bien
des chances pour que le droit de l'interdit ne se trouve
paralysé par cette mauvaise volonté. Comment pourrait-il
vaincre cette résistance ? Par un acte extra-judiciaire ?
mais cet acte ne saurait suppléer à l'inaction du tuteur.
Par une action judiciaire ? mais l'interdit ne peut pas se
rendre en personne devant les tribunaux, et c'est même
pour cela qu'il a un tuteur ; en tous cas on ne saurait l'autoriser à faire indirectement ce qu'il ne peut pas faire directement. Il n'y a plus qu'un moyen, c'est de s'adresser
au Procureur de la République, qui est le représentant
légal des incapables, et qui formera la demande en son
nom. Il aurait été plus simple d'autoriser l'interdit légal
à agir seul dans la circonstance.

Supposons que le tuteur consente. Son rôle va se borner
à contresigner la requête pour manifester son intervention. Il n'est même pas tenu de la présenter lui-même au
président, d'abord parce qu'une telle démarche n'est utile
que faite par la partie elle-même qui entendra ainsi les
observations du magistrat, et ensuite parce que le mot
« présenter » employé par la loi n'implique pas la nécessité d'une action personnelle. Le texte même de l'article 234
semble bien, d'ailleurs, distinguer la présentation qui doit
être personnelle, et celle qui n'offre pas ce caractère ; enfin la loi ne dit pas que l'internement constitue une de ces
impossibilités qui forcent le président à aller chercher la
requête auprès du demandeur, ce qui veut dire qu'elle ne

considère pas, dans le cas présent, que l'échange des explications dont parle l'article 235 soit une formalité substantielle. Mais rien n'empêche le tuteur d'aller remettre la requête lui-même.

En ce qui concerne l'individu pourvu d'un conseil judiciaire, et le mineur émancipé, ils n'auront pas besoin de l'assistance de leurs curateurs pour agir en divorce. Nous venons en effet de voir dans le cas précédent que l'interdit légal a le droit de briser l'opposition de son tuteur. A plus forte raison en sera-t-il de même ici. Et, comme le mineur émancipé et la personne pourvue d'un conseil judiciaire peuvent se présenter devant les tribunaux, il semble exact de penser que « l'intervention obligatoire du président suffira à les habiliter à former leur demande » (Carpentier, t. II, n° 49).

D'autre part on admet que l'aliénation mentale, accompagnée de l'interdiction judiciaire, ou du placement dans un établissement d'aliénés empêche d'exercer l'action en divorce. Cette théorie soutient donc que, en dehors de l'interdit légal, il n'y a pas d'hypothèses dans lesquelles la présentation de la requête soit soumise à des règles spéciales. Nous ne pensons pas que cela soit. Beaucoup d'auteurs estiment que le tuteur de l'interdit judiciaire, ainsi que le mandataire *ad litem* de l'aliéné peuvent former la demande en leur nom (Vraye et Gode, t. I, n°ˢ 109 et s.). S'appuyant sur le silence de l'article 234, et sur le nouvel article 237 en matière de séparation de corps, ils concluent que le législateur a voulu permettre au tuteur de l'interdit judiciaire de demander le divorce. Les travaux préparatoires de la loi sont en ce sens, et quant au texte puisqu'il ne prohibe rien il laisse intact le droit du tuteur. Il n'est du reste pas possible de supposer que la loi a voulu laisser celui-ci

désarmé quand le conjoint de l'interdit se livre sur lui à
des excès répréhensibles ou à des sévices graves, ou encore l'outrage par sa conduite. Et ils vont même jusqu'à
tirer cette conséquence que la validité d'une demande venant d'un émancipé, ou d'un pourvu de conseil judiciaire,
est subordonnée à l'assistance du curateur ou du conseil ;
mais cela nous semble difficile à admettre dans une espèce
où il s'agit moins de protéger la fortune du mineur que
sa personne.

Le représentant de l'aliéné qui présentera la requête
en personne, n'aura pas besoin de la signer, ce qu'il devra
faire dans le cas contraire ; mais jamais l'aliéné n'aura à
comparaître devant le président. Le mineur émancipé ou
la personne pourvue d'un conseil judiciaire, devront présenter eux-mêmes leur requête ; ils n'auront pas besoin
de se faire accompagner par leurs conseils, et pour que
ceux-ci témoignent de leur assistance, il suffira de leur
signature au bas de la requête.

Quant à la femme mariée demanderesse, aura-t-elle
besoin de l'autorisation de son mari ou de justice ? On
conçoit sans peine qu'elle puisse se passer de l'autorisation maritale, et on ne saurait invoquer en présence des
termes formels de l'article 238 le fait que la femme qui
veut demander la nullité de son mariage, doit être autorisée de mari ou de justice. La femme remettra donc sa
requête au président sans autorisation, car il ne s'agit que
d'une procédure gracieuse tendant à la réconciliation. Si
le président ne peut pas amener une entente, l'ordonnance
qu'il rendra habilitera la femme à poursuivre sa demande.

La question ne peut donc se poser que pour les formalités antérieures à l'ordonnance, et nous venons de dire
que la femme peut remettre sa requête sans autorisation,

A la raison que nous avons déjà donnée, nous ajouterons que, d'après l'article 238, la femme n'ayant pas besoin d'autorisation pour accomplir les autres formalités, si on l'obligeait à en obtenir une pour pouvoir présenter sa requête, ce serait indirectement la contraindre à se faire aussi autoriser pour toute la procédure. En effet, l'autorisation de présenter la requête emporte virtuellement celle de poursuivre dans toutes les phases de l'instance.

Un arrêt de la Cour de Paris vient nous confirmer dans cette opinion : « Considérant qu'il n'y a pas d'instance ouverte quand les parties comparaissent en conciliation devant le juge conciliateur ; que cette comparution est exigée par la loi pour éviter le procès si faire se peut ; que celui-ci ne peut naître qu'à défaut de rapprochement amené par le magistrat ; qu'ainsi, jusque-là, les dispositions législatives concernant la capacité de la femme mineure pour ester en justice, quelles qu'elles soient, sont inapplicables et ne sauraient être invoquées ; que l'ordonnance rendue ne fait que constater le résultat de la tentative faite et que prescrire les mesures provisoires et préliminaires au procès qui en sont les conséquences ; que cette ordonnance a donc vainement été attaquée sous prétexte que la femme mineure n'aurait pas été assistée d'un curateur ; que la présence de ce curateur serait contraire au vœu de la loi qui exige la comparution des parties en personne... » (Paris, 22 mars 1894) (1).

Ainsi la situation spéciale de quelques demandeurs a donné lieu à des difficultés. De même nous trouvons des demandes qui, par leur nature, prêtent à la controverse, par exemple les demandes reconventionnelles. Sont-elles

(1) D. P. 94, 2, 469.

soumises, en matière de divorce ou de séparation de corps,
à toutes les formalités du préliminaire de conciliation, ou
bien peut-on les introduire par de simples conclusions ?
Cette question a été fort discutée autrefois, et il existe
des arrêts dans l'un et l'autre sens. Depuis la loi de 1886
il n'y a plus de difficultés. L'article 239-3° du Code civil
dit en effet en termes formels, que « les demandes reconventionnelles en divorce peuvent être introduites par
simples conclusions ». Cela veut dire que, toutes les fois
qu'il sera formé une demande reconventionnelle en divorce, en réponse à une demande principale de même
nature, cette demande se trouvera dispensée des formalités prescrites par les articles 234 à 239 du Code civil.
Comme d'autre part, l'article 239 est déclaré applicable
par l'article 307, à la séparation de corps, il en résulte
que là encore la demande reconventionnelle sera dispensée du préliminaire de conciliation. Mais que décider si
l'on répond à une demande en séparation de corps par
une demande en divorce, ou réciproquement ? Vu l'exposé
des motifs de la loi de 1886, on a voulu assimiler ce cas à
celui d'une demande reconventionnelle ordinaire. Cependant M. Denormandie ne pense pas qu'il en soit ainsi. Il
croit que la disposition qui nous occupe ne vise qu'une
demande en divorce reconventionnelle par rapport à une
demande principale en divorce également, ou une demande
en séparation de corps reconventionnelle à une première
demande en séparation. Ces deux opinions peuvent se
concilier dans une certaine mesure. On a émis en effet
cette troisième hypothèse que l'identité n'est pas nécessaire entre les deux demandes, et que la loi se borne à ne
pas vouloir qu'on puisse répondre à une demande en séparation par une demande en divorce. Partant de l'axio-

me : « Qui peut le plus, peut le moins », on montre que si on a le droit de répondre à une demande en divorce par une autre demande semblable, à plus forte raison pourra-t-on répliquer par une demande en séparation. Dans ce sens nous trouvons un arrêt de Chambéry (18 mai 1886) (1) et un jugement de Coulommiers (2 juillet 1886) (2).

La requête doit être remise au président ou au juge qui en fait fonctions. C'est la reproduction de l'ancien article 236. Ce n'est pas que le président puisse transmettre à un juge, d'une manière permanente et spéciale, le droit de recevoir les requêtes. L'article 234 permet seulement à un des juges de remplir cette mission, ainsi que toutes les autres fonctions du président, temporairement, en raison des circonstances particulières.

Un arrêt de Besançon (16 août 1811) (3) décide que le juge qui a reçu la requête et qui a fixé un jour de comparution aux parties est compétent pour recevoir les comparants, bien qu'à ce jour le président soit à même de remplir ses fonctions. Mais, en matière de séparation de corps, la comparution pourrait avoir lieu devant le président, bien que la requête ait été présentée à un juge. La Cour de Bruxelles (26 mars 1881) (4) a étendu cette décision au divorce. Nous pensons pour notre part que le juge ne doit pas se dessaisir d'une mission dont il a été régulièrement saisi, d'autant plus que l'article 236 prescrit au juge d'ordonner la comparution des parties devant lui. Ce n'est donc pas devant le président qu'elles devront

(1) *Journ. des av.*, 1887, p. 292.
(2) *Pand. chr.*, 1886, p. 277.
(3) S. (1791-1830), 1811, 2,556.
(4) *Pasicr. belge*, 83, 3, 1, 84.

comparaître. Il faut du reste remarquer immédiatement que les articles 234 et 235 ne sont pas applicables à la séparation de corps. Nous reviendrons plus loin sur ce point.

Le but de la loi est de permettre au président qui se trouve seul avec le demandeur au moment où la requête est remise, de lui faire des observations qui pourront peut-être l'empêcher de déposer sa demande ; c'est pourquoi la tentative de conciliation est double : dans la première partie elle tend à empêcher la formation de la demande ; la seconde a pour but de concilier les époux qui doivent être présents tous les deux, ou qui, au moins, sont convoqués l'un et l'autre.

III. — Ordonnance de comparution.

Si après son entrevue avec le président, le demandeur persiste dans ses intentions, ce magistrat par une ordonnance écrite au bas de la requête, fixe le jour et l'heure de la comparution des parties devant lui, et commet un huissier pour notifier la citation au défendeur. Le greffier qui est présent à ce préliminaire rédige l'ordonnance qui ne peut pas être écrite par l'avoué, car elle contient la mention de faits qu'il n'a pas pu prévoir, tels que l'indication des jour et heure de la comparution et l'indication de l'huissier commis. D'autre part, la loi ne disant pas que l'ordonnance doit être rédigée par le juge, elle ne peut l'être que par le greffier.

Ces deux dispositions de l'article 235 sont obligatoires ; il en existe une troisième qui n'a pas ce caractère. « Le juge peut, par l'ordonnance autorisant de citer, autoriser l'époux demandeur à résider séparément, en indiquant, s'il s'agit de la femme, la résidence provisoire (art. 236, C. civ.). Cet article est applicable à la séparation de corps comme le sont du reste tous les articles du Code jusqu'à l'article 244. Depuis l'ordonnance jusqu'au jugement les procédures sont identiques.

En matière de séparation de corps, après qu'il a reçu la requête du demandeur, le président rend son ordonnance pour fixer le moment de la comparution ; les parties doivent se présenter en personne, sans pouvoir se faire assister d'un conseil. Puis, par une seconde ordonnance le demandeur peut être autorisé à habiter dans un endroit désigné soit d'un commun accord par les parties, soit d'office par le président s'il s'agit de la femme. Au cas où une entente se produit entre les époux il n'est pas nécessaire de rédiger un procès-verbal de conciliation ; la loi n'en parle pas, et par suite, au cas de non-conciliation, le président se borne à constater le fait.

En somme l'article 236 n'a fait qu'appliquer au divorce une disposition de la séparation de corps. La seule différence consiste en ce que dans les demandes de séparation de corps le président ne fixe une nouvelle résidence au demandeur qu'après la tentative de conciliation.

La raison de cette disposition nous est donnée par l'exposé des motifs de la loi de 1886 : « La situation faite aux époux du jour où la citation en conciliation a été lancée, rend pénible, parfois dangereuse, la cohabitation ; il était indispensable d'accorder au juge le droit de la faire cesser. L'époux demandeur peut provoquer cette mesure, le mari aussi bien que la femme. La seule différence c'est qu'on ne pourra imposer une résidence au mari dont le choix reste libre. » Mais la détermination de la résidence imposée à la femme est provisoire, car, dès la comparution des époux devant le président, elle pourra être remise en question.

On s'est demandé si le président pouvait ordonner au demandeur de conserver le domicile conjugal, et enjoindre au défendeur de le quitter. Avec M. Carpentier nous ne le pensons pas, car la loi ne donne pas au président le droit d'imposer une résidence au défendeur, qui n'est pas au courant de la demande dirigée contre lui, n'a pas encore été entendu, et n'a pas de voie de recours contre l'ordonnance du président lui fixant une nouvelle résidence. Cependant le président aurait ce pouvoir comme juge des référés, car le référé est un débat contradictoire et susceptible de recours.

Le président qui fixe un domicile à la femme ne pourrait pas, par la même ordonnance, décider que les enfants l'y suivront. Il n'a ce pouvoir que comme juge des référés en cas d'urgence, et pour motifs graves, par suite de l'atteinte ainsi portée à la puissance paternelle du mari (Grenoble, 2 mai 1864) (1).

L'ordonnance du président n'est pas susceptible d'appel, parce que c'est un acte de juridiction gracieuse ; la seule exception à ce principe se trouve dans l'article 238-3° du Code de procédure civile, et comme les exceptions sont de droit étroit, nous croyons qu'il faut appliquer ici la règle générale. D'ailleurs dans le cas prévu par l'article 238-3° la décision du président présente un caractère contentieux que nous ne trouvons pas dans la matière qui nous occupe... Il est vrai que parmi ses mentions l'ordonnance peut contenir l'autorisation pour le demandeur

(1) S. 64, 2, 296.

d'habiter séparément; mais si le demandeur conteste l'opportunité de cette mesure, il devra le faire au moment de la comparution devant le président.

Et, si le président outrepassait les pouvoirs qu'il possède en vertu de l'article 236, c'est par voie d'ordonnance nouvelle rendue en référé, et non pas par l'appel, que les parties devraient faire statuer sur leurs réclamations. C'est aussi par cette voie que l'époux défendeur pourrait faire retirer l'autorisation d'avoir un domicile séparé, accordée à son conjoint, au cas où celui-ci ne donnerait pas suite à la permission de citer.

L'article 237 du Code civil est relatif à la citation en conciliation. Il est ainsi conçu : « La requête et l'ordonnance sont signifiées en tête de la citation donnée à l'époux défendeur, trois jours au moins avant le jour fixé pour la comparution, outre les délais de distance, le tout à peine de nullité. — Cette citation est délivrée par huissier commis, et sous pli fermé. » Cet article reproduit en le modifiant la partie finale de l'ancien article 238 du Code civil. Il le modifie en déterminant d'abord le délai qui doit s'écouler entre le jour de la remise de la citation et celui de la comparution ; et, en second lieu, en disposant que la citation soit renfermée dans un pli cacheté.

Nous voyons tout d'abord, qu'il doit s'écouler un délai de trois jours, au minimum, entre la remise de la citation et le jour de la comparution, et nous pouvons remarquer que ce délai est le même que celui qui est fixé par l'article 51 du Code de procédure civile pour la conciliation devant le juge de paix. Avant la loi de 1886 différents arrêts avaient jugé que ce délai de l'article 51 n'était pas applicable en notre matière (Amiens, 19 juin 1872) (1).

(1) D. 72, 2, 160.

A l'heure actuelle, le contraire est établi par le nouvel article 327 du Code civil, qui est étendu à la séparation de corps par l'article 307.

Ce délai de trois jours est un délai franc, et qui est imposé à peine de nullité, mais cette nullité peut être couverte. Si le délai a été insuffisant, la nullité sera couverte par la comparution du défendeur, car le délai est établi en sa faveur et il peut y renoncer. Mais il pourrait aussi, en comparaissant dans ces conditions, réclamer la fixation d'un nouveau délai. Enfin, toujours dans cette hypothèse, si le défendeur ne comparaissait pas, le président ne pourrait pas prononcer le défaut, et il devrait ordonner la réassignation à un jour ultérieur. Nous verrons plus tard, à propos de l'article 238, lequel du président ou du tribunal doit prononcer sur les nullités qui résultent de l'inobservation des règles posées par l'article 237.

La citation devra être remise par l'huissier commis. Si le président a oublié d'en commettre un, il est facile ou de faire compléter son ordonnance, ou d'en obtenir une nouvelle. Mais quel sera le sort de la citation qui serait remise par un huissier non commis, l'ordonnance ne l'ayant pas désigné ? Sera-t-elle nulle ? MM. Vraye et Gode (t. I, n° 214) pensent que la citation sera valable ; la loi ne prononce pas de nullité pour ce cas, et cela est d'autant plus significatif que le commencement du même article 237 prescrit la notification de la requête ainsi que de l'ordonnance, et l'observation d'un délai de trois jours à peine de nullité.

En sens inverse, on invoque la jurisprudence qui déclare qu'il y a nullité absolue quand les significations d'arrêts ou de jugements par défaut ont été faites par un

huissier autre que celui commis(Cass.,2 décembre 1845(1);
Depeiges, n° 62 ; Carpentier, t. I, n° 57).

Nous avons vu que la citation doit être remise sous pli
fermé. Nous ne pouvons mieux faire que de reproduire
l'exposé des motifs de la loi. « La publicité donnée souvent aux discussions qui s'élèvent entre les époux et même
aux procédures qui précèdent le débat, a conduit la commission à penser qu'il fallait prendre certaines précautions pour que la demande en divorce ne fût pas l'objet
d'indiscrétions regrettables. » Et alors se pose une question
qui, quoique d'importance secondaire, présente un certain
intérêt par suite de la difficulté de sa résolution. Comment
doit être fermé le pli ? Sous enveloppe ou sous bandes
croisées ? Où sera inscrite la mention du « parlant à... » ?
L'exposé des motifs est défectueux à cet égard. Il dit que
ces points ne pouvaient pas être réglés par la loi et qu'ils
le seront par des instructions ultérieures du ministère de
la justice, que d'ailleurs l'application ne souffre aucune
difficulté. Cela est faux. Il s'agit en effet de concilier cette
disposition avec le principe d'après lequel l'original et la
copie doivent être identiques, et avec l'article 61 du Code
de procédure civile, d'après lequel l'exploit doit contenir
la mention de la personne à laquelle on doit le laisser, ce
qui est impossible. Voici donc comment on procède dans
la pratique. L'huissier ne ferme l'enveloppe qu'après avoir
parlé à la personne elle-même, ou à son domestique, ou
à son concierge, et il peut ainsi mentionner le « parlant
à... » sur l'original et sur la copie. En tout cas, il faut
mentionner que la copie a été remise sous pli cacheté. Et
cependant Vraye et Gode pensent que si la copie a été remise à l'époux lui-même, il n'est pas nécessaire qu'elle

(1) *Journ. proc. civ.*, 3, n° 3338.

soit sous enveloppe, car cela ne présente alors aucune utilité.

Si l'époux défendeur n'a ni domicile ni résidence, il y a lieu d'appliquer l'article 69-8° du Code de procédure civile, « l'exploit sera affiché à la principale porte de l'auditoire du tribunal où la demande en justice est portée ; une seconde copie sera donnée au procureur du roi, lequel visera l'original ». MM. Vraye et Gode (t. I, n°ˢ 218 et 219) pensent que l'affichage ne devrait pas avoir lieu. Ils admettent qu'on peut remettre à l'époux défendeur la citation à découvert, mais, d'après eux, il ne peut pas en être de même de la copie à remettre au procureur de la République, laquelle doit être sous pli fermé. Il est alors illogique d'admettre l'affichage qui fait une grande publicité, d'où il faut conclure que l'article 237 du Code civil déroge au droit commun, et que l'article 69-8° du Code de procédure civile est abrogé en cette matière. D'autre part on fait remarquer que les formalités indiquées dans ce dernier article sont substantielles et prescrites à peine de nullité, alors qu'il n'en est pas de même pour l'article 237.

D'après Depeiges (n° 22), si la citation n'a pas été remise à la partie sous pli cacheté elle serait nulle, sans quoi le but de la loi ne serait pas atteint. On a voulu prendre des mesures contre les indiscrétions, et remettre l'exploit à découvert serait violer une décision impérative.

Nous croyons au contraire qu'il n'y aurait pas nullité, car la loi qui a édicté cette sanction contre l'inobservation du délai des distances par exemple, est muette dans le cas qui nous occupe. Or les nullités sont de droit étroit, et de plus il ne s'agit pas ici d'une formalité ayant un caractère substantiel (Vraye et Gode, t. I, n°ˢ 214 et 215 ; Carpentier, t. II, n° 57).

IV. — Comparution.

D'après le nouvel article 238 du Code civil, « au jour indiqué, le juge entend les parties en personne, et si l'une d'elles se trouve dans l'impossibilité de se rendre auprès du juge, ce magistrat détermine le lieu où sera tentée la conciliation, ou donne commission pour entendre le défendeur ; en cas de non-conciliation ou de défaut, il rend une ordonnance qui constate la non-conciliation ou le défaut, et autorise le demandeur à assigner devant le tribunal ».

Nous sommes donc arrivés au jour fixé pour la comparution des parties. Comme le disait au Sénat le rapporteur de la loi, « on renouvelle les précautions déjà prises pour que le magistrat puisse voir les parties en personne ». C'est-à-dire qu'elles doivent venir sans être accompagnées d'aucun conseil. Cela exclut les avoués et les avocats, car si les termes de notre article sont moins formels que ceux de l'article 877 du Code de procédure civile, ils sont conçus dans le même esprit ; on a voulu assimiler les deux procédures et il faut donner la même interprétation à chacun de ces articles. Mais si la demande est formée pour ou contre un mineur émancipé, ou un individu pourvu d'un conseil judiciaire, l'assistance du curateur ou du conseil sera-t-elle interdite ? Les uns disent qu'on ne peut pas assimiler au représentant judiciaire la personne qui doit en habiliter une autre ; que si avec l'un, on peut craindre que l'accommodement ne soit entravé par sa présence, cette crainte n'existe pas avec l'autre ; qu'enfin la règle est que les incapables soient assistés à toutes les phases de la procédure, et que la tentative de conciliation, à proprement parler, n'est pas en dehors de l'instance.

D'autres adoptent une opinion contraire qui paraît préférable, car l'important, c'est que pendant la comparution devant le président aucune influence étrangère n'agisse sur les parties ; et quant à l'irrégularité de procédure occasionnée par la non-assistance, elle n'a pas d'importance, car il est constant que l'autorité de justice peut suppléer à toute autre.

Pour les aliénés, il semble que la question ne se pose pas car, assistés ou non, de quelle utilité serait pour eux une formalité dont ils sont censés ne pas comprendre la portée ? Par conséquent il n'y a pas lieu de leur appliquer l'article 238.

Enfin cette disposition ne concerne pas les interdits légaux, car ils ne peuvent pas comparaître en personne, et l'article 238 ne peut pas être appliqué à leurs représentants.

Le président, bien que la loi ne le dise pas formellement, doit faire aux époux les observations qu'il juge propres à les concilier. Mais pour qu'un jugement prononçant la séparation de corps soit régulier, il n'est pas nécessaire d'y insérer la constatation que le président a fait ces observations.

L'article 238 prévoit de plus le cas où une des parties est empêchée de comparaître. C'est alors au juge à apprécier cette impossibilité, laquelle peut être portée à sa connaissance d'une manière quelconque, soit avant le jour de la comparution, soit au moment même.

Si c'est l'époux demandeur qui ne peut pas comparaître, le président peut seulement fixer un jour ultérieur pour la comparution, et indiquer un autre lieu, mais sans pouvoir le fixer en dehors du ressort du tribunal, et la loi n'autorise pas le président à faire entendre le demandeur par commission rogatoire. Si, au contraire, il s'agit du défendeur, le président peut agir comme pour le demandeur, ou bien encore donner commission rogatoire au président d'un autre ressort pour entendre le défendeur. Cette distinction est tirée du texte même de la loi, et l'exposé des motifs déclare que la commission « s'applique au défendeur seul ».

Le président doit encore commettre un huissier pour signifier cette nouvelle ordonnance de renvoi à un autre jour et à un autre lieu, car cette ordonnance n'est qu'une modification de la première, et elle doit obéir aux mêmes règles. Et toutefois, précisément pour cette raison, nous pensons que si un nouvel huissier n'était pas commis, le premier désigné serait compétent. Pour les délais et les formes de remise, il n'y a qu'à se reporter à ce qui a été dit au sujet de la première ordonnance.

Nous avons vu que le président du tribunal peut donner commission rogatoire à un autre président, à l'effet d'entendre le défendeur. Pourrait-il donner cette commission rogatoire à un juge de paix ? Vraye et Gode (t. I, n° 226) ne le pensent pas, car, disent-ils, c'est au premier magistrat du tribunal qu'est donnée d'une manière exclusive la compétence pour les tentatives de conciliation en matière de divorce. Mais M. Carpentier ne trouve pas cette raison suffisante, car, en cas d'empêchement du président, son office peut être rempli par un juge. Aussi, il est d'avis qu'il faut appliquer le droit commun (art. 1135, C. proc. civ.), qui est que les juges peuvent commettre « un juge, ou même un juge de paix suivant l'exigence des cas ».

Nous sommes de l'opinion contraire. La loi veut que le

président du tribunal essaye lui-même de réconcilier les
époux. Elle considère que la haute situation de ce magistrat lui confère une autorité particulière, qui le met plus
à même qu'un autre de réussir dans sa mission conciliatrice. Les circonstances pouvant empêcher le président de
remplir cette fonction, la loi l'autorise, par exception, à
se faire remplacer par l'un de ses juges. Mais c'est là une
exception, et l'on ne saurait poser en principe qu'un simple juge, et à plus forte raison un juge de paix est compétent pour tenter la conciliation avant la demande en divorce. L'argument de M. Carpentier ne nous paraît donc
pas convaincant ; en conséquence, nous pensons que le
président doit toujours donner commission rogatoire à un
autre président, tout en reconnaissant que celui-ci pourra,
par exception, se décharger sur un des juges de son tribunal du soin d'entendre les parties. Mais jamais un juge
de paix ne pourra être appelé à jouer ce rôle.

Quand il y a eu commission rogatoire, le demandeur
présente sa requête au magistrat commis, lequel décide
quand et où aura lieu la comparution du défendeur, et
commet un huissier pour citer celui-ci. La requête et
l'ordonnance sont signifiées au demandeur en même temps
que la citation, et dans les formes prescrites par l'article 237 du Code civil.

Le magistrat commis dressera un procès-verbal constatant soit le défaut de comparution du défendeur, soit, s'il
comparaît, ses déclarations et en particulier celles qui
sont relatives aux mesures provisoires, à la garde des enfants, à la pension alimentaire. Le juge commis ne peut
pas se borner à constater que le défendeur a refusé de se
concilier, car telle n'est pas sa mission. Il doit entendre
le défendeur pour permettre au président conciliateur de

se prononcer sur les divers points qu'il lui appartient de trancher, d'après l'article 238 du Code civil.

V. — Ordonnance permettant d'assigner.

Que le défendeur ait comparu, ou qu'il ait fait défaut devant le juge commis, il faut que le demandeur présente une nouvelle requête au président du tribunal qui devait tenter la conciliation, pour être autorisé à assigner et à faire statuer sur les mesures provisoires.

D'après Vraye et Gode (t. I, n° 230) cette requête sera suivie d'une ordonnance fixant un jour pour la comparution du demandeur devant le président du tribunal pour tenter la conciliation. Le président, ayant au jour fixé pris connaissance du procès-verbal, adresse les observations nécessaires au demandeur, et si celui-ci persiste à vouloir intenter l'action, une autre ordonnance l'autorisera à assigner devant le tribunal, et statuera sur les mesures provisoires.

Mais que va-t-il se passer, si, au jour fixé par le président, le demandeur ne s'est pas présenté pour tenter la conciliation, et ne justifie d'ailleurs pas d'un empêchement ?

Le président n'a alors aucune ordonnance à rendre ; seulement, d'après Vraye et Gode (t. I, n° 234), cette abstention doit faire supposer que le demandeur abandonnant sa demande s'est réconcilié avec son conjoint. Coulon et Faivre (p. 120) sont de cet avis. Mais M. Carpentier (t. II, n° 60) ne pense pas de même. Pas plus que le défaut du défendeur, celui du demandeur ne saurait faire présumer qu'il a renoncé à son action.

La loi de 1886, en effet, contrairement à celle du 27 juillet 1884, n'exige pas que le demandeur soit présent à tous les actes de la cause. Quant à l'argument qui consiste à dire qu'il s'agit maintenant de rendre la seconde ordonnance, et que cette opération suppose que le demandeur a comparu, il est tiré d'un mot prononcé pendant la préparation de la loi. Nous pensons que cette parole n'a été que la constatation du *id quod plerumque fit.*

Du reste le fait de la disposition de l'ancien article 248 est assez significatif pour faire adopter sans hésitation la théorie de M. Carpentier. Cela amène à conclure que le président ne doit pas débouter le demandeur de son action et qu'il peut rendre immédiatement une ordonnance l'autorisant à ester, ou le renvoyant à une date ultérieure pour comparaître. Mais nous devons reconnaître que pour rendre cette ordonnance le président doit être requis. Or, par qui le sera-t-il si le demandeur est absent ?

Nous avons dit que si les parties se réconcilient, le président n'a pas d'ordonnance à rendre. Sans doute la réconciliation pourrait fournir à l'une des parties une fin de non-recevoir si la demande était renouvelée plus tard, mais on ne peut pas, malgré cela, permettre au président de dresser procès-verbal de cet accord, même si les parties le requièrent, parce que la loi ne l'y autorise pas.

Quand les époux ont comparu, mais ne se sont pas réconciliés, et aussi quand le défendeur ne s'est pas présenté, le président n'est pas forcé de délivrer immédiatement au demandeur une ordonnance lui permettant de citer. Des termes de l'article 238 du Code civil, il résulte qu'il peut ordonner encore une comparution nouvelle. « Le juge, suivant les circonstances, avant d'autoriser le demandeur à citer, peut ajourner les parties à un délai qui n'excède pas vingt jours, sauf à ordonner les mesures provisoires nécessaires ».

C'est l'ancien article 240, avec cette différence que le droit de suspendre pendant vingt jours le permis de citer est passé du tribunal au président. Bien qu'aucun texte n'existât alors à ce sujet, on reconnaissait déjà ce droit au président, sous la législation antérieure, en matière de séparation de corps (Bourges, 6 janvier 1873) (1). Seulement déclarait un arrêt de la Cour de Paris (15 juillet 1884) (2) ce ne devait pas être un trop long délai (six mois dans l'espèce), car cela empêcherait de le considérer comme une simple remise de cause.

Ce droit de suspension accordé au président pourrait être exercé même en présence des faits qui constituent des causes péremptoires de divorce. En effet, si l'on suppose que la demande soit basée sur un fait d'adultère, l'époux demandeur a toujours le droit de pardonner et il est loisible au président de lui donner ce conseil. Dans la circonstance on doit donc donner au président la possibilité de suspendre sa décision, pour laisser au demandeur le temps de réfléchir, au surplus la loi n'a établi à cet égard aucune distinction. Il doit en être de même quand la demande est basée sur une condamnation à une peine afflictive et infamante, et qu'elle n'est pas dispensée d'autre part de la conciliation. Depuis la loi de 1886 cette demande doit être instruite et jugée comme une demande fondée sur une autre cause. En effet, dans l'exposé des motifs de la loi nous lisons : « L'article 261 réglait pour le cas où le divorce était demandé à raison de la condamna-

(1) D. P. 73, 2, 301.
(2) D. C. *proc. ann.*, art. 878, n° 2.

tion de l'un des époux, une procédure extrêmement sommaire, dans laquelle, d'après l'opinion commune, le défendeur n'était même pas mis en cause ; le projet ne maintient pas cette procédure exceptionnelle ; la demande en divorce basée sur l'article 232 sera instruite et jugée en la forme ordinaire ». M. Carpentier est de notre avis pour cette considération que autre chose est d'arrêter la demande avant qu'elle soit formée, ou bien statuer sur cette demande.

Donc le président peut suspendre sa décision pendant vingt jours au plus. Ce délai n'est d'ailleurs pas franc, c'est-à-dire que, si l'ordonnance a été rendue le premier jour du mois, les parties devront comparaître au plus tard le 21. Cela ressort des termes de la loi qui parle d'un délai qui ne pourra excéder vingt jours.

Quand les deux parties ont comparu, l'ordonnance d'ajournement n'a pas besoin d'être signifiée au défendeur. Mais si celui-ci a fait défaut, il est nécessaire que le demandeur la lui signifie avec citation à comparaître au nouveau jour fixé par le président. La citation sera remise sous pli fermé par un huissier commis. Mais il est possible qu'en rendant son ordonnance d'ajournement, le président ait omis de fixer un nouveau jour et un nouveau lieu pour la comparution. Pour réparer cet oubli, le demandeur lui présentera une requête à cet effet, et la nouvelle ordonnance ainsi que la requête qui l'a provoquée seront signifiées au défendeur.

L'ordonnance qui suspend l'ajournement n'est pas susceptible d'appel. La loi ne le dit pas, mais la question ne fait pas de doute, car le président en rendant l'ordonnance fait œuvre de juridiction gracieuse, c'est-à-dire ne comportant pas de voie de recours. La juridiction gracieuse est, en effet, celle qui statue sur des intérêts qui ne sont pas contradictoires, ou celle qui a pour objet la concession, sur simple requête, des pouvoirs et des autorisations. Elle n'est donc précédée d'aucun débat. Or, dans notre cas, les parties se présentent devant le président, et si elles ont pu discuter leurs griefs, elles n'ont pas eu à discuter l'opportunité d'un ajournement qu'elles ne demandaient pas. Le président n'a même pas eu besoin de les consulter là-dessus. Il n'y a donc rien eu de contradictoire, c'est pourquoi l'ordonnance n'est pas susceptible de recours.

Mais il faut remarquer au contraire que la juridiction contentieuse est exercée en cas d'urgence par le président, en dehors du tribunal, pour statuer sur des intérêts litigieux, après un débat contradictoire, ou, au moins, après le défaut du défendeur régulièrement appelé. C'est alors un vrai procès ; comme exemple, on peut supposer que le président ait à statuer sur les mesures provisoires, parce que ces mesures sont sujettes à contestation ; ses décisions seront alors susceptibles de recours. Par conséquent l'ordonnance gracieuse pour l'ajournement, sera contentieuse en tant qu'elle prescrit des mesures provisoires, et sera de ce fait susceptible d'appel.

Une difficulté vient ainsi d'être soulevée. Elle vient des paragraphes 3 et 5 de l'article 238 ainsi conçus : « Cette ordonnance est exécutoire par provision ; elle est susceptible d'appel dans les délais fixés par l'article 809 du Code de procédure ». « Lorsque le tribunal est saisi, les mesures provisoires prescrites par le juge peuvent être modifiées ou complétées au cours de l'instance par jugement du tribunal, sans préjudice du droit qu'a toujours le juge de statuer, en tout état de cause, en référé, sur la résidence de la femme. » Il semble donc qu'entre le tribunal et la Cour il y ait conflit d'attributions ; cependant, à l'aide des explications données au Sénat, on peut arriver à concilier ces deux dispositions. La difficulté vient de la crainte que l'on a de voir des décisions simultanées et contradictoires rendues sur une même question par suite du double fait de l'appel sur l'ordonnance, à la Cour et de la connaissance de l'affaire au tribunal. Or il faut bien comprendre que l'arrêt de la Cour va intervenir sur l'ordonnance du président, et le jugement du tribunal sur des faits postérieurs. Par exemple, le 1er novembre le président a donné la garde des enfants à la mère ; il est possible que le 1er décembre il faille les lui retirer. Ceci n'est pas contradictoire ; la mission de la Cour consiste à juger si la mesure provisoire a été bonne à un moment donné, ce qui ne peut pas empêcher le tribunal de rendre ultérieurement une autre décision. Il faut encore remarquer que le tribunal ne peut pas changer les mesures prises, si la situation des époux n'a pas changé depuis l'ordonnance ; qu'il n'a pas le droit en effet de rectifier l'ordonnance, mais seulement de modifier les mesures provisoires selon les circonstances.

Voici donc la solution : le président a ordonné des mesures provisoires ; ou la situation des époux n'a pas varié, alors les motifs qui ont déterminé le président restent les mêmes, et pour apprécier ces motifs, la Cour sera seule compétente pour infirmer ou rectifier l'ordonnance. Ou bien la situation a changé, alors, à raison de ce nouvel état de choses, c'est le tribunal qui statuera sur les nouvelles mesures provisoires à ordonner, et qui modifiera ainsi celles qui ont été précédemment prescrites. La Cour ne pourrait même pas prendre en considération le nouvel état de choses pour modifier l'ordonnance. Il faut avouer que la difficulté provient d'une rédaction défectueuse qui facilite l'erreur dans laquelle est tombée la Cour de Paris (13 août 1886) (1) en déclarant irrecevable l'appel de l'ordonnance qui statue sur les mesures provisoires, interjeté après l'introduction de l'instance. Cet arrêt décide qu'une fois le tribunal saisi par la citation, c'est à lui seul qu'il appartient de modifier ou de compléter les mesures prescrites, de sorte que la Cour deviendrait incompétente pour en connaître. C'est ne pas saisir la distinction à faire entre la « modification » et la « rectification ».

A la fin du délai fixé par le président, les parties doivent comparaître de nouveau devant lui et alors, si elles n'ont pas pu se réconcilier, il accordera au demandeur la permission de citer le défendeur devant le tribunal. En même temps il rendra sa décision sur les mesures provisoires réclamées par l'un et l'autre époux.

Cette ordonnance, nous l'avons vu, vaut pour la femme l'autorisation d'ester en justice. L'article 238-4º dispose en effet : « Par le fait de cette ordonnance, la femme est autorisée à faire toute procédure pour la conservation de ses droits, et à ester en justice jusqu'à la fin de l'instance et des opérations qui en sont les suites ». C'est ainsi que sans nouvelle autorisation, la femme peut procéder sur une demande incidente relative à l'administration de ses enfants, et sur l'intervention formée par un membre de la famille en vertu de l'article 312 du Code civil.

Le président peut-il refuser l'autorisation de citer ? La question se pose parce qu'il a été autrefois soutenu que le tribunal qui, sous l'empire de l'ancien article 240, accordait cette permission, pouvait aussi la refuser. Goirand, dans son *Traité du divorce* (p. 71), soutient cette idée. En

(1) D. P. 88, 2, 241.

effet, dit-il, si le tribunal est appelé à accorder cette permission, c'est qu'il a le droit de la refuser ; il croit que ce pouvoir exagéré accordé au magistrat est bien en harmonie avec l'esprit de la loi qui « oppose à l'impatience des plaideurs les lenteurs d'une procédure, qui, par sa durée même, peut apporter à leurs passions quelque tempérament ».

Aujourd'hui on ne saurait reconnaître un tel pouvoir au président qui agit seul. Il n'a pas en effet à apprécier la gravité des motifs de la demande. C'est au tribunal à le faire et à juger s'il convient ou non de prononcer le divorce. Par suite, si aucune des tentatives de conciliation n'a abouti, le président est tenu de délivrer le permis de citer, dont il ne peut suspendre la délivrance que pendant 20 jours. D'ailleurs, comme le remarquent Vraye et Gode (t. I, n° 249), les parties puisent leur droit de citer, non pas dans l'ordonnance du président, mais dans la loi elle-même qui donne l'action en divorce dans des cas déterminés. C'est-à-dire que l'autorisation du président n'est que la constatation de ce droit dont l'exercice était subordonné à une tentative de conciliation qui a échoué. Et ainsi la Cour de Paris (26 mai 1869) (1) a pu juger, en matière de séparation de corps, que malgré le peu de gravité des griefs de séparation, le président ne pouvait pas refuser le permis de citer, ni décider qu'il ne serait donné suite à la demande que dans un long délai et qu'une ordonnance contenant un semblable refus était susceptible d'appel. Ces idées sont admises généralement aujourd'hui.

Le président a qualité pour statuer sur les irrégularités de la procédure du préliminaire de conciliation, par exemple en cas d'infraction à l'article 237 du Code civil. M. De-

(1) D. P. 69, 2, 247.

peiges (n° 68) fait remarquer qu'on ne peut pas en effet contraindre le président à accomplir un acte de sa juridiction qui serait frappé de nullité, comme étant la conséquence d'actes antérieurs nuls. Que, de plus, dans la circonstance, un véritable débat est engagé devant le président, qui doit en conséquence apprécier, s'il y a lieu, les actes par le moyen desquels ce débat lui est soumis. C'est ainsi qu'il a été jugé (Paris, 5 août 1886) (1) que le fait du défendeur de comparaître devant le président d'un tribunal incompétent, sans avoir opposé *in limine litis* l'exception d'incompétence, lui enlève la faculté d'opposer cette exception devant le tribunal, l'incompétence étant ici purement relative.

Les paragraphes 7 et 8 de l'article 238 sont ainsi conçus : « L'époux demandeur en divorce, devra user de la permission de citer qui lui a été accordée par l'ordonnance du président, dans un délai de vingt jours à partir de cette ordonnance. Faute par l'époux demandeur d'avoir usé de cette permission dans le dit délai, les mesures provisoires ordonnées à son profit cesseront de plein droit. »

Le but de ces deux paragraphes est d'empêcher le demandeur qui a fait statuer par le juge sur les mesures provisoires, de rester indéfiniment dans le *statu quo* en ne saisissant pas le tribunal de l'action principale. Un délai de vingt jours pour assigner court donc à dater de l'ordonnance qui permet de citer. Dans ces vingt jours on ne compte pas celui où l'ordonnance a été rendue mais le délai n'est pas franc, et une assignation le vingt et unième jour n'empêcherait pas la cessation des mesures provisoires. Il importe toutefois d'observer que si, comme c'est son droit, le président a suspendu pendant vingt jours la per-

(1) D. P. 87, 2, 117.

mission de citer, le délai donné pour assigner ne courra
que du jour où les parties auront comparu pour la seconde
fois devant lui.

Cette péremption par le délai de vingt jours est de droit,
c'est-à-dire que le défendeur n'a pas besoin de la demander devant le tribunal. Mais cette péremption ne porte,
nous dit la loi, que sur les mesures provisoires. Le fond
du droit ne sera donc pas atteint, et le demandeur qui a
laissé passer le délai sans assigner, n'aura pas besoin, quand
il voudra le faire, d'obtenir une nouvelle permission. Tant
que l'instance n'a pas été déclarée périmée, l'autorisation
qu'il a obtenue continue à produire son effet. Il faut enfin
ajouter qu'on ne considère l'instance comme liée, qu'autant qu'il est intervenu une assignation régulière en la
forme ; mais des articles 2246 et 2247 du Code civil on
peut conclure que l'assignation, donnée devant un tribunal simplement incompétent, suffirait pour lier l'instance.

L'époux défendeur pourra réclamer la prononciation de
la péremption de l'instance, si son conjoint demandeur
laisse passer sans assigner plus de trois ans depuis la dernière ordonnance du président (Cass., 7 avril 1862 (1) ;
Poitiers, 11 mars 1863) (2).

(1) D. P. 63, 1, 199.
(2) D. P. 63, 2, 96.

CHAPITRE X

I. — Exposé de la législation actuelle.

Les conseils de prud'hommes destinés à connaître des contestations qui s'élèvent entre patrons et ouvriers, ont une double mission à remplir : d'abord, essayer de concilier les adversaires, et ensuite, s'ils n'ont pas pu y réussir, les juger. De ces deux objets de l'institution des prud'hommes le premier, la tentative de conciliation, est de beaucoup le plus important et il constitue le préliminaire nécessaire de toute affaire portée devant cette juridiction.

L'article 6 de la loi du 18 mars 1806 porte « le conseil des prud'hommes est institué pour terminer par la voie de la conciliation, les petits différends qui s'élèvent journellement soit entre les fabricants et les ouvriers, soit entre les chefs d'atelier et les compagnons ou apprentis..... »

C'est de cette grande pensée, dit Mollot (p. 184), qu'ils doivent se pénétrer ; c'est à ce but si utile que doivent tendre tous leurs efforts.

Depuis la loi de 1806 et depuis Mollot, quelques nouvelles dispositions législatives sont intervenues ; mais toutes sont relatives aux questions d'éligibilité, de composition des bureaux, de compétence, de sorte que l'esprit de l'institution est toujours resté celui qu'indiquait cet auteur : concilier avant tout.

La procédure à suivre pour tenter la conciliation devant les prud'hommes est réglée à l'heure présente par la loi du 18 mars 1806, par le décret du 11 juin 1809 et par le Code de procédure civile. La loi de 1806 ne fait que poser le principe de la nécessité de l'essai de conciliation, sans tracer les règles à suivre pour arriver au résultat cherché. Nous les trouvons dans le décret de 1809 ; d'autre part on admet généralement qu'il faut appliquer les règles du Code de procédure civile relatives au préliminaire de conciliation devant le juge de paix, lorsque ce décret est muet sur quelque point.

La première question qui se présente est celle de savoir quelles sont les affaires de la compétence des tribunaux de prud'hommes qui sont soumises à la tentative de conciliation. Mollot (*Compétence des Conseils de prud'hommes*, p. 186) répond fort justement qu'il n'est pas possible d'en donner une énumération, et l'on ne peut citer que des exemples. Il vaut donc mieux poser en principe, que toute affaire qui est susceptible de se terminer par un jugement est astreinte au préliminaire dont nous nous occupons. C'est là une règle très générale, qui s'applique même si le jugement à intervenir est un jugement correctionnel ou de simple police, et cela en vertu du droit commun. Il faut remarquer en effet que si d'une circonstance particulière est né un délit ou une contravention, rien ne s'oppose à ce que les parties, au lieu de discuter leurs prétentions devant les tribunaux répressifs, viennent plaider leur procès civil devant les prud'hommes, ce qui n'est qu'un cas d'application de l'article 3 du Code d'instruction criminelle.

Cette règle posée, nous pouvons donner des exemples de contestations entre patrons et ouvriers : ou bien ce sera un fabricant qui a une action à exercer contre son chef d'atelier, son contremaître, un ouvrier, pour manquements au règlement, ou pour un dommage causé par des malfaçons dans l'ouvrage. Ou bien, au contraire, il peut s'agir d'un fabricant qui aura causé un préjudice à ses ouvriers en contrevenant aux lois et règlements, ou en les congédiant en temps inopportun. On peut encore supposer qu'il s'agit d'une contestation entre ouvriers pour l'action en partage d'un salaire acquis par un travail commun. Il faut enfin citer les difficultés relatives à l'apprentissage, et dont il est recommandé aux prud'hommes de s'occuper avec sollicitude car des individus jeunes, encore inexpérimentés et craintifs, s'y trouvent en cause.

Ceci nous amène à constater une grande différence entre l'essai de conciliation devant le juge de paix et l'essai devant les prud'hommes. Devant ceux-ci, toutes les contestations sont soumises à l'épreuve, même celles dans lesquelles deux mineurs sont en cause, et cela à raison du caractère particulier des affaires de la compétence des prud'hommes. Presque tous les apprentis, et beaucoup d'ouvriers, en effet, sont mineurs ; si les lois spéciales avaient admis ici l'application du droit commun, c'est-à-dire la dispense de conciliation dans ce cas, un trop grand nombre de procès en eût été dispensé, et le but de la loi eût ainsi été manqué. Nous lisons dans la loi de 1806 et dans le décret de 1809 : « Il sera tenu un bureau de conciliation composé d'un prud'homme fabricant et d'un prud'homme chef d'atelier, contremaître, teinturier, ou ouvrier patenté. » « Les fonctions du bureau particulier sont de concilier. »

Complétons immédiatement cette dernière citation en présentant la fin de cet article 21 du décret, qui indique la manière dont se tiennent les séances. « Dans les villes où le Conseil est de 5 ou 7 membres, ce bureau s'assemblera tous les deux jours, depuis 11 heures du matin jusqu'à une heure. Si le conseil est composé de 9 ou 15 membres, le bureau particulier tiendra, tous les jours, une séance qui commencera et finira aux mêmes heures. » Nous pensons que si les heures fixées par la loi ne correspondaient pas aux exigences de la localité, le bureau pourrait changer l'heure de ces séances, en se concertant pour cela avec l'administration supérieure. Et, à la même condition, il pourrait supprimer l'un des jours destinés dans la semaine à l'épreuve de la conciliation.

Nous venons de voir par qui est tentée la conciliation ; c'est par un bureau spécial dans lequel siègent deux prud'hommes, l'un patron, l'autre ouvrier ; nous allons aborder ici une matière plus importante : comment s'opère la conciliation ?

Le décret du 11 juin 1809 a réglementé cette matière dont on ne trouve pas trace dans la loi de 1806. Il nous faut examiner successivement la qualité des parties, le mode de citation, et décrire la séance de conciliation. Avant d'aborder le sujet, nous ferons remarquer que ce n'est en somme que la reproduction des règles du Code de procédure, que nous allons trouver, mais modifiées par suite des exigences d'une juridiction purement industrielle.

Les parties doivent naturellement avoir la capacité nécessaire pour ester en justice. Mais le fabricant, quel que

soit son sexe, même s'il est mineur, sera réputé majeur
pour les besoins de son commerce. Pour l'ouvrier mineur,
s'il est émancipé, il pourra agir seul, parce que la nature
d'une action devant les prud'hommes est purement mobilière. S'il n'est pas émancipé, il devra être représenté
par son tuteur. C'est du reste ce qui se passe devant le juge
de paix quand on est régi par le droit commun.

La femme mariée, même si elle est marchande publique, a toujours besoin d'être autorisée par son mari pour
ester en justice ; et si elle est mariée sous le régime de la
communauté, elle sera, activement et passivement, représentée par son mari. Si donc étant fabricante, elle
veut actionner un ouvrier, il lui faudra l'assistance de son
mari. En sens inverse, le mari aurait seul le droit de réclamer contre le patron, pour obtenir le salaire de sa
femme.

Mollot signale que dans les fabriques un grand nombre
d'enfants mineurs, sans tuteur légal, sont employés
(p. 191) ; faudra-t-il donc que, pour obtenir un salaire de
quelques francs, un de ces enfants commence par se faire
nommer un tuteur c'est-à-dire commence par faire des
frais ? Ou bien encore, si une ouvrière est abandonnée par
son mari, ou si celui-ci refuse de l'autoriser, devra-t-elle
se résigner à perdre ce qui lui est dû ?

Nous ne le pensons pas. La législation des prud'hommes
étant assez large, et de puissants motifs d'équité et d'hu-
manité venant nous appuyer, nous croyons qu'on ne devra
pas hésiter à entendre une demande faite dans de telles
conditions, bien qu'elle ne soit pas parfaitement régulière.

Nous n'insistons pas davantage sur ce point, car il n'y
a qu'à appliquer les règles du Code de procédure que nous
avons déjà vues.

Continuant à lire le décret de 1809, nous trouvons : « Tout marchand fabricant, tout chef d'atelier, tout contremaître, tout teinturier, tout ouvrier, compagnon ou apprenti, appelé devant les prud'hommes, sera tenu, sur une simple lettre de leur secrétaire, de s'y rendre en personne, au jour et à l'heure fixés, sans pouvoir se faire remplacer, hors le cas d'absence ou de maladie. »

Le but de cette lettre du secrétaire, outre celui d'éviter des frais de citation, est de préparer les voies amiables, étant moins irritante que les formes judiciaires. Elle doit être envoyée au moins un jour avant la comparution ; cela résulte de l'article 30 du décret. Le secrétaire tient note des lettres envoyées, et si la réception de celles-ci n'est pas suivie de comparution, il appartient au bureau de décider s'il y a lieu de citer par un exploit d'huissier. Cette citation, dit l'article 31 du décret, « sera notifiée au domicile du défendeur, et il y aura un jour au moins entre celui où elle aura été remise, et le jour indiqué pour la comparution, si la partie est domiciliée dans la distance de trois myriamètres ; si elle est domiciliée au delà de cette distance, il sera ajouté un jour par trois myriamètres. Dans le cas où ces délais n'auraient pas été observés, si le défendeur ne paraît point, les prud'hommes ordonneront qu'il lui soit envoyé une nouvelle citation ; alors les frais de la première citation seront à la charge du demandeur. »

C'est donc au bureau de conciliation à statuer sur le mérite de l'exploit de citation.

L'article 4 du Code de procédure civile porte que, en cas d'empêchement de l'huissier de la justice de paix, un autre huissier sera commis par le juge de paix. Ici la même commission n'est pas nécessaire, puisque la loi n'en parle pas. Le même article dispose que l'huissier de la justice de paix ne pourra pas instrumenter pour ses parents en ligne directe, pour ses frères, sœurs, et alliés au même degré. L'article 66 du Code apporte cette sanction : « Le tout à peine de nullité ».

Nous pensons donc que dans les mêmes hypothèses, l'huissier attaché au service des prud'hommes fera bien de s'abstenir, mais nous ne croyons pas pouvoir décider, vu le silence des lois spéciales, que ces dispositions du Code de procédure (art. 4 et art. 6) lui soient applicables « à peine de nullité ».

C'est ici que trouve sa place cette remarque que le législateur qui a confectionné les lois relatives aux prud'hommes, au moins quand il a établi la manière de procéder devant eux, avait sous les yeux le Code de procédure. Donc, s'il n'en a pas reproduit tous les textes, c'est qu'il ne l'a pas voulu ; et cela pour simplifier les formes, amoindrir les frais, éviter les retards, apaiser les animosités. Cette observation pourra aider à résoudre certaines questions analogues à celle que nous venons de voir, et qui se posent quand le Code de procédure a réglementé une matière laissée de côté par les lois sur les prud'hommes. Il faut donner la réponse d'après la volonté probable du législateur.

La remise de la citation par l'huissier, est soumise aux règles de la remise de la citation à comparaître en conciliation devant le juge de paix.

Toutes les fois que l'exploit aura été irrégulièrement signifié, le bureau de conciliation aura le droit d'en déclarer la nullité, et d'ordonner une nouvelle signification aux frais du demandeur, lequel, en vertu des principes du mandat salarié (art. 1991, 1992, C. civ.), sera admis à exercer un recours contre l'huissier.

Les parties peuvent aussi comparaître volontairement. Dans ce cas elles doivent déclarer qu'elles réclament les bons offices des prud'hommes, et signer cette déclaration. Cette formalité n'entraîne aucuns frais. Mais nous ne trouvons pas ici de dispositions semblables à celles contenues dans l'article 7 du Code de procédure civile. Notre loi spéciale exige une tentative de conciliation préalable, et n'admet pas, comme cela a lieu pour le juge de paix, de prorogation de juridiction, c'est-à-dire le droit de juger hors des limites du ressort.

L'article 52 du décret a posé les règles relatives au mode de comparution des parties. « Au jour fixé par la lettre du secrétaire, ou par la citation de l'huissier, les parties comparaîtront devant le bureau particulier des prud'hommes, sans pouvoir être admises à faire signifier aucune défense. »

L'article 7 de la loi de 1806 ordonne, d'une manière impérative, la comparution personnelle des parties ; et d'après le décret de 1809 le défendeur ne peut pas se faire représenter sauf s'il est absent ou malade ; dans ce cas le représentant sera « un de ses parents, négociant ou marchand, exclusivement porteur de sa procuration ». Le but de ces dispositions est d'épargner aux ouvriers pauvres les frais d'une représentation par un étranger (frais d'enregistrement de la procuration, frais de mandataire), et surtout d'écarter les défenseurs salariés. Bien que la loi ne parle que du défendeur, il est évident que les mêmes règles s'appliquent au demandeur.

Lors de leur comparution, les parties seront entendues contradictoirement, et tenues de s'expliquer avec modération. Comme il est naturel, le demandeur prend le premier la parole et expose ses prétentions et ses griefs. Puis si le défendeur pense que les prud'hommes ne sont pas compétents, il peut proposer un déclinatoire, et cela avant toute explication sur le fond du droit.

Si le demandeur s'oppose à l'adoption du déclinatoire, le bureau de conciliation n'a qu'à renvoyer sur le champ les parties au bureau de jugement ; il doit en être ainsi parce qu'il n'y a pas de textes de loi autorisant le premier bureau à trancher cette question, et parce que tant qu'elle n'est pas résolue, la mission conciliatrice est impossible à remplir. — Si, au contraire, le défendeur accepte la compétence des prud'hommes, il doit immédiatement et avant toute défense au fond opposer la nullité de la citation, s'il y a lieu ; sinon il présente ses défenses et ses demandes reconventionnelles. S'il a le droit d'appeler en cause un garant, il doit le faire immédiatement, sans quoi le bureau pourrait passer outre à la conciliation ; c'est le bureau qui donne un délai suffisant pour l'exercice de l'action en garantie. Mais le garant ne devient justiciable du conseil qu'autant que, à son égard, la demande en garantie se trouve être de la compétence du conseil ; si cette condition n'est pas remplie il se fera renvoyer devant le juge compétent.

L'article 36 du décret ordonne aux prud'hommes de ne rien négliger pour concilier les parties ; le président du bureau leur adresse des questions pour s'éclairer ; il a même le droit d'exprimer son opinion au sujet de la difficulté qui lui est soumise, afin de mieux faire sentir son influence aux parties, s'il croit que cela puisse faciliter une entente. En outre le bureau doit exiger de l'ouvrier au commencement de l'audience la représentation de son livret, de par la loi du 22 germinal an XI, et un arrêté du 11 frimaire an XII. Sans doute, du défaut de représentation de ce livret ne résultera pas l'irrecevabilité de la demande de l'ouvrier, mais cette circonstance peut faire naître des doutes sur sa moralité, et influer ainsi sur l'opinion des prud'hommes.

Le bureau peut se faire aussi représenter les pièces d'ouvrage objet de la contestation, il a le droit pour cela de remettre la cause à un autre jour, s'il le juge nécessaire pour s'éclairer.

En un mot, il a le droit de prendre toutes les mesures qu'il trouvera utiles afin de déterminer un accommodement. C'est ainsi qu'il aura la faculté de se transporter dans les manufactures, ou chez les ouvriers, pour apprécier *de visu* l'exactitude des faits allégués ; il pourra encore nommer un délégué pour faire cette visite.

L'article 46 du décret, dispose que le secrétaire accompagnera le bureau ou le délégué, et qu'il sera porteur de la minute du jugement préparatoire. Donc la décision du bureau ordonnant le transport doit être prise par écrit. Et cependant, comme cette formalité va entraîner des droits de greffe et d'enregistrement, le bureau pourra les épargner aux parties en faisant sa visite sans être accompagné du secrétaire.

L'article 36 du décret dispose que, dans le cas où les efforts du bureau de conciliation auront été inutiles, les parties devront être renvoyées « devant le bureau général, qui statuera sur le champ ». Le secrétaire tiendra note, sur son registre d'audience, des dires des parties, ainsi que des moyens employés pour tenter la conciliation, afin de fournir des renseignements au bureau général.

L'article 28 du même décret porte que « dans les cas urgents, les conseils de prud'hommes, de même que les bureaux particuliers, pourront ordonner telles mesures qui seront jugées nécessaires pour empêcher que les objets qui donnent lieu à une réclamation ne soient enlevés ou déplacés, ou détériorés ». La loi donne ici encore au bureau de conciliation le choix des mesures à prendre. Il pourra ordonner le dépôt des objets au greffe du conseil, où leur mise sous scellés, ou leur dépôt entre les mains d'un tiers. A cet égard sa décision constituera un véritable jugement. Parmi ces mesures conservatoires, il faut signaler le dépôt des pièces produites par l'une des parties, et dont l'écriture ou la signature serait déniée par l'autre plaideur.

Nous avons dit plus haut, que les parties doivent à l'audience avoir une tenue correcte, et s'exprimer avec modération. Les articles 33 et 34 du décret, établissent la sanction de cette prescription. « Elles seront d'abord rappelées à leurs devoirs par un avertissement du prud'homme marchand-fabricant ; en cas ce récidive, le bureau particulier pourra les condamner à une amende qui n'excédera pas 10 francs, avec affiches du jugement dans la ville où siège le conseil. » « Dans le cas d'insulte, ou d'irrévérence grave, le bureau particulier en dressera procès-verbal, et pourra condamner celui qui s'en sera rendu coupable à un emprisonnement dont la durée ne pourra excéder trois jours. »

Ce dernier article nous montre donc qu'on a prévu l'offense envers les prud'hommes, et non pas l'insulte envers la partie adverse. Le Code de procédure civile, à propos de la police des audiences du juge de paix, parle explicitement de l'offense faite à celui-ci ; l'article sur les prud'hommes ne doit pas avoir plus d'étendue que celui du Code de procédure. D'ailleurs, comme tous les juges, les prud'hommes font la police de leur audience, et ne peuvent pas permettre qu'une des parties insulte l'autre. Si leurs injonctions ne sont pas écoutées, la désobéissance peut prendre alors un caractère d'injure personnelle, rentrant ainsi dans le droit de répression des prud'hommes.

« Les jugements dans les cas prévus par les deux articles précédents seront exécutoires par provision » (art. 25 du décret). En conséquence, ils sont susceptibles d'appel. L'article 35 apporte une exception au droit commun dont on trouve l'expression dans l'article 173 du Code d'instruction criminelle, lequel déclare l'appel suspensif. Mais si le jugement ne prononce qu'une amende au-dessous de cinq francs, outre les dépens, il faudra appliquer l'article 172 du même Code, qui exclut l'appel.

Si le fait commis à l'audience présente le caractère d'une contravention de simple police, les prud'hommes ne pourront pas statuer, mais devront renvoyer le délinquant devant le tribunal compétent, après avoir dressé procès-verbal du fait.

II. — Exposé du projet de loi nouvelle.

Telle est la législation sous l'empire de laquelle nous nous trouvons depuis 1806 et 1809. Les dates anciennes de cette loi et de ce décret suffisent pour nous faire douter de leur valeur à l'heure actuelle si l'on songe aux profonds changements qui sont survenus dans l'industrie et dans les mœurs depuis le commencement du siècle. Aussi a-t-on voulu faire du nouveau, et un projet de loi est-il en discussion depuis 1892 ; mais il n'a pas encore abouti. Nous allons ici essayer de montrer quels sont les inconvénients du système actuel, et nous signalerons dans le projet les dispositions ayant trait à la tentative de conciliation. Il nous faut commencer par la question la plus importante, celle de la comparution personnelle. Les autres questions soulevées à la Chambre des Députés et au Sénat sont d'un intérêt secondaire, et c'est au sujet de la comparution personnelle que se sont produites les plus vives discussions.

D'après les lois en vigueur, chacun des plaideurs a l'obligation rigoureuse de se présenter en personne devant le bureau de conciliation des prud'hommes. C'est là une notable différence avec le droit commun, qui accorde la faculté de se faire représenter par un mandataire devant le juge de paix ; on a même reconnu que ce droit à la représentation constituait une nécessité. On voit que les mêmes idées n'ont pas prévalu ici.

A ce principe de la comparution personnelle obligatoire qui se trouve jusque dans les premières dispositions législatives relatives aux prud'hommes, on n'a admis que de rares exceptions étroitement limitées. Nous ne pouvons mieux faire, pour montrer l'esprit de la loi et sa rigueur, que de reproduire l'article 10 de la loi de 1806 et l'article 29 du décret de 1809 généralisant l'article 10 précité. « Tout marchand fabricant, tout chef d'atelier, tout ouvrier, cité devant les prud'hommes, sera tenu de s'y rendre en personne, au jour et à l'heure fixés, sans pouvoir se faire remplacer, hors le cas d'absence ou de maladie. Alors seulement il sera admis à se faire représenter par un de ses parents..... » « Tout marchand fabricant, tout chef d'atelier, tout contremaître, tout teinturier, tout ouvrier, compagnon ou apprenti, appelé devant les prud'hommes, sera tenu, sur une simple lettre de leur secrétaire, de s'y rendre en personne, au jour et à l'heure fixés sans pouvoir se faire remplacer, hors le cas d'absence ou de maladie. Alors seulement il sera admis à se faire représenter par un de ses parents négociant ou marchand, exclusivement, porteur de sa procuration. »

En présence de ces textes, aucun doute n'est possible, il faut comparaître en personne, et seuls les cas de maladie ou d'absence peuvent autoriser à se faire remplacer, et cela par un parent exerçant une profession commerciale.

Cette règle correspond à l'idée qu'on se faisait des prud'-hommes en 1806 et en 1809, ainsi qu'aux besoins de cette époque. On considérait alors ce conseil comme un « tribunal de famille », dont la conciliation était la mission principale. C'est en faisant l'application de cette idée, qu'on obligeait les plaideurs à comparaître en personne devant des conciliateurs, gens du même métier qu'eux. On pensait que des mandataires n'oseraient pas se risquer à consentir un accommodement, craignant le reproche de n'avoir pas lutté jusqu'au bout ; que de plus, s'ils étaient d'humeur processive, au lieu de conseiller une solution amiable, ils s'appliqueraient à faire durer l'affaire et à la compliquer, obligeant ainsi les prud'hommes à prononcer un jugement. On pensait encore que, les prud'hommes n'étant pas des juges de profession, mais des commerçants ou des ouvriers, ils seraient plus sensibles aux raisons pratiques et aux faits exposés par les intéressés eux-mêmes, qu'aux raisonnements plus ou moins abstraits des représentants, qui ne connaissant les motifs de la dispute que par ouï dire, resteraient dans la question de droit au lieu de discuter le côté réel et pratique de l'affaire.

Les raisons qui ont fait adopter l'obligation de la comparution personnelle peuvent donc se résumer ainsi. Une conciliation sera plus probable, les juges étant mieux éclairés.

Avec les petits commerçants du commencement du siècle, tout cela était très juste. Quand un patron n'emploie que quelques ouvriers, c'est lui qui les connaît, c'est lui qui dirige tout dans son entreprise, et qui s'occupe même des plus minces détails. Mais à présent, avec la grande industrie, tout a changé. Comprendrait-on qu'un grand industriel, employant un nombreux personnel ayant plusieurs établissements, fût obligé de courir sans cesse d'une ville à une autre pour se présenter devant les prud'hommes, laissant ainsi ses affaires en souffrance ? Bien plus, au lieu de cet industriel patron, on trouve souvent une société anonyme, ce qui rend encore plus difficile l'application de la loi. A qui peut-on s'adresser pour se faire remplacer ? A un parent, dit la loi, exerçant la profession de commerçant. Cela est parfois difficile pour l'industriel, c'est toujours impossible pour la société. Et, comme les sociétés sont infiniment plus puissantes que les particuliers, il en résulte que celui qui remplit les fonctions de « patron » dans une société va passer sa vie à voyager pour tenter des conciliations. Comment fera-t-il s'il reçoit plusieurs convocations pour le même jour ? Autre difficulté : qui doit-on considérer comme le patron ? L'administrateur délégué ? Peut-être bien ; mais s'ils sont plusieurs, lequel ? Ne serait-ce pas plutôt le président du conseil d'administration ? mais il ne présente aucun des caractères du patron.

Aussi le résultat de cette législation appliquée aux sociétés anonymes est-il contraire à celui qu'on espérait. Retenu par une affaire importante, le patron, quel qu'il soit, ne se rend pas devant les prud'hommes au jour indiqué. D'où : jugement par défaut, opposition, envoi d'un administrateur et procès.

Mais il y a peut-être moyen d'appliquer la règle de manière à respecter sinon le texte rigoureux, au moins l'esprit de la loi. Au début, avons-nous dit, le tribunal des prud'hommes était chargé de juger suivant le fait beaucoup plus que suivant le droit, et il devait toujours tenir compte des besoins et des obligations des parties. Or pour arriver à ce résultat, le législateur a tenu avant tout à faire comparaître, moins le patron lui-même, que celui ou ceux qui représentent aux yeux des ouvriers l'autorité patronale ; or, aujourd'hui, ce n'est ni le directeur de la société, ni le président du conseil d'administration qui constituent le patron pour leurs subordonnés. C'est celui qui dirige leur travail, les paye, les punit, les embauche ou les congédie ; c'est le chef d'atelier ou le contremaître. C'est encore celui-là qui devant le Conseil pourra le mieux expliquer sa conduite et exposer les faits ; si donc les prud'hommes l'accueillent, le décret de 1809 sera respecté, et on aura le moyen de rendre une bonne justice.

On s'est enfin inquiété de cette situation, et le pouvoir législatif fut saisi de la question. Des projets de loi ont déjà été présentés en 1884 et en 1889, mais ils ne furent discutés qu'en 1892 à la Chambre, qui fit parvenir les nouveaux textes au Sénat. Celui-ci a voté quelques modifications et le projet est revenu devant la Chambre qui, si l'on en juge par le rapport de sa commission, ne s'accordera pas entièrement avec le Sénat.

Déjà en 1889 le gouvernement admettait, quoique timidement, le principe de la représentation possible ; mais il fallait avoir pour mandataires des personnes ayant la

même profession ; ou des employés fondés de pouvoirs.
Hors les cas d'absence ou de maladie la comparution personnelle demeurait obligatoire.

En 1892 la Chambre adopta un projet dans lequel le
droit de se faire représenter était restreint comme en 1889 ;
on se bornait, dans les cas de maladie ou d'absence, à laisser choisir plus librement les représentants ; cela laissait
subsister presque tous les inconvénients du décret de 1809.
Plusieurs orateurs le firent sentir à la Chambre, mais
surtout en montrant qu'il sera toujours facile au patron
d'être absent au moment de la comparution, et que l'on
établissait un privilège à leur profit, en leur accordant un
choix très libre pour leurs représentants. A cela le rapporteur répondait que cette mesure était indispensable,
mais que l'on ne pouvait pas faire plus, car on verrait
alors une foule de représentants, agents d'affaires naturellement, envahir le prétoire au nom des ouvriers, rendant impossible toute conciliation. Il ajoutait que la comparution personnelle était, au fond, la véritable raison
d'être des conseils des prud'hommes.

En 1894, appelé à discuter cette question, le Sénat vota
les textes suivants : « Tout justiciable appelé en conciliation devant le Conseil des prud'hommes est tenu, sur une
simple lettre du secrétaire, qui jouira de la franchise pos-
tale, de se rendre en personne, au jour et à l'heure fixés,
devant le bureau de conciliation, où il ne pourra se faire
assister.

« Les chefs d'industrie peuvent toutefois se faire représenter par le directeur-gérant de leur établissement, ou
par un employé fondé de pouvoirs.

« En cas d'absence ou de maladie, tout justiciable peut
se faire représenter par une personne exerçant la même

industrie, et ouvrier ou patron comme lui, porteur de la lettre du secrétaire visée par le destinataire. La signature de ce dernier doit être légalisée dans les formes ordinaires. Les parties ne peuvent faire signifier aucune défense (Art. 25).

« Au jour fixé par cette lettre, les parties doivent comparaître en personne devant le bureau de jugement ; en cas de maladie ou d'absence elles peuvent se faire représenter dans les conditions indiquées à l'article 25. Si une des parties ne comparaît pas, la cause est jugée par défaut » (Art. 29).

Il y a donc là une sérieuse et réelle réforme. Mais la nouvelle loi ne parle pas des sociétés anonymes ; or, vu leur organisation particulière, il aurait fallu spécifier à leur égard, et leur donner un droit de représentation particulier, en désignant parmi ceux qui s'en occupent soit des administrateurs délégués, soit des employés fondés de pouvoirs, pour comparaître devant les prud'hommes. C'est pourquoi en 1896 la Chambre syndicale des mécaniciens a déposé un vœu en ce sens. Mais jusqu'ici rien ne montre qu'on en ait tenu compte.

Telle est la situation au point de vue de la comparution devant le conseil des prud'hommes. Nous trouvons encore dans les textes du projet de loi d'autres réformes moins importantes. C'est d'abord le refus par le Sénat, contrairement au vote de la Chambre, et à ce qui se passe jusqu'à présent, de permettre de se faire assister par un conseil ou un avocat. Tous les auteurs, ainsi que la Cour de cassation, sont d'un avis opposé à celui qui a prévalu au Sénat. En effet, un avocat a le droit de plaider sans autorisation devant toutes les juridictions, donc devant les prud'hommes, et il est autorisé à assister un plaideur

devant eux, comme il peut le faire devant un juge commissaire, comme il peut assister le mari cité devant la
Chambre du conseil pour expliquer son refus d'autoriser
sa femme.

Bioche, dans le *Dictionnaire de procédure*, est de cet
avis. Aucune loi ne défend aux parties de se faire assister
par un avocat ou un avoué. Le droit de la défense l'exige
d'autant plus, que souvent les justiciables des prud'hommes sont incapables de faire prévaloir eux-mêmes leurs
moyens. Quoi qu'il en soit, il n'y a qu'à attendre le nouveau vote de la Chambre des députés.

Nous avons dit que, d'après le décret de 1809, le représentant devait être muni d'une procuration. Le décret est
muet quant à la forme de cette procuration, aussi, par
dérogation aux principes, les prud'hommes admettent-ils
même une procuration verbale. Cela serait changé par le
projet de loi, puisqu'il dispose que le représentant doit
être porteur de la lettre du secrétaire, visée et signée par
le destinataire, qui devra faire légaliser sa signature.

D'après l'article 25 du projet, la lettre du secrétaire serait dispensée de l'affranchissement. La Chambre voulait
que cette lettre fût recommandée, mais le Sénat supprima
cette disposition comme pouvant entraîner des lenteurs.
Il n'admit pas non plus, malgré le vote de la Chambre,
que la lettre pût être remise au défendeur par le demandeur.

Enfin, le projet de loi permet aux parties de se présenter volontairement devant le bureau de conciliation, et il
sera dans ce cas procédé à leur égard comme si elles com-
paraissaient sur citation.

Nous avons vu que le défaut de comparution donne lieu
à une citation par huissier. Dans le projet la non-compa-

rution est assimilée à une non-conciliation, c'est-à-dire que l'affaire se trouve renvoyée au bureau de jugement, devant lequel le secrétaire convoquera les parties par une lettre recommandée. Cette lettre sera accompagnée d'un talon sur lequel sera constatée l'heure de la remise, et la personne qui l'a reçue ; l'administration des postes sera tenue de renvoyer ce talon au secrétaire des prud'hommes, et cela dès la rentrée du facteur.

Cette disposition, se substituant à la citation par l'huissier du Conseil, supprime de la sorte la question examinée plus haut, de savoir si l'article 4 du Code de procédure civile est applicable, c'est-à-dire si, en cas d'empêchement de cet huissier, on peut le remplacer par un huissier commis par le bureau, et si on peut l'empêcher d'instrumenter pour ses parents en ligne directe, frères, sœurs, ou alliés.

A cela se bornent les changements opérés par le projet de loi. On ne peut que les indiquer sans savoir ce qu'ils deviendront dans la loi définitive, puisque la Chambre ne s'est pas encore prononcée depuis le renvoi fait par le Sénat. Etant donné les divergences entre les projets du Sénat et celui qui a été d'abord rejeté par la Chambre, il est à craindre qu'il ne s'écoule encore un temps assez long avant la promulgation de la loi, et qu'ainsi des réformes si nécessaires, surtout en ce qui concerne le mode de comparution, ne soient pas de sitôt applicables.

CONCLUSION

Pour terminer ce travail, il ne nous reste plus qu'à montrer les résultats obtenus avec l'organisation actuelle de la tentative de conciliation. C'est ainsi que nous pourrons apprécier la valeur de cette institution, et nous prononcer sur la question de savoir si, grâce aux services qu'elle rend, cette épreuve est véritablement utile et bonne à conserver, ou si, au contraire, ce n'est qu'une formalité surannée, ne s'accordant plus avec nos mœurs, et devant disparaître de nos Codes qu'elle encombre inutilement.

Pour cela, il nous faut comparer entre eux les comptes rendus annuels du ministère de la justice. Or nous y constatons que le nombre des affaires portées en conciliation diminue d'année en année.

Depuis l'année 1871 jusqu'en l'année 1887, il s'est produit une diminution constante et régulière. Du chiffre de 65.000 affaires portées au bureau de paix en 1871, on est tombé à celui de 40.000 en 1887 soit une diminution d'un tiers pour une période de seize ans. Quand nous ferons le détail des statistiques pour les dernières années, nous verrons que ce mouvement descendant a continué.

Dans tous les rapports des gardes des sceaux nous trouvons données les raisons de cette diminution, qui sont toujours les mêmes. Cela tient d'abord à ce que les magistrats et les hommes de loi, n'ont pas cette institution en grande estime, et qu'ils se montrent sceptiques à l'égard des résultats qu'on peut en attendre.

Cela est facile à prouver par l'examen des tableaux statistiques, dans lesquels la baisse du chiffre des épreuves coïncide avec l'élévation continue du nombre des ordonnances permettant d'assigner à bref délai. En 1871 on compte 65.000 tentatives de conciliation et 26.000 ordonnances ; en 1887, 40.000 tentatives et 39.000 ordonnances. Tous les ministres ont signalé cet abus dans leurs rapports. M. Dufaure en 1876 s'exprimait ainsi : « Cette extension donnée à l'application d'une mesure qui devrait être exceptionnelle, est difficile à concilier avec l'esprit des articles 48 et 72 du Code de procédure ».

En outre on constate que le nombre des épreuves qui se sont terminées par un arrangement amiable va sans cesse en décroissant. Cela tient d'une part à ce que les juges de paix, voyant les magistrats supérieurs attacher si peu d'importance au préliminaire, s'en désintéressent de plus en plus. C'est le résultat inévitable de la jurisprudence contemporaine qui a frappé la formalité de discrédit, en déclarant que l'essai de conciliation n'est pas d'ordre public, mais a été créé dans le seul intérêt des parties.

D'autre part, les juges de paix, qui, comme leur nom l'indique, devraient être avant tout des magistrats pacificateurs, ont vu leurs attributions augmenter sans cesse, au point que « la statistique a dû renoncer à les enregistrer toutes » (*Compte rendu de 1880*). Ils n'ont dès lors plus le temps de s'appliquer à connaître les affaires qu'ils doivent s'efforcer d'arranger, et ils perdent de vue leur mission principale.

En poursuivant l'examen des rapports, on constate que les parties comparaissent de moins en moins devant les juges de paix. Sur 40.149 affaires, il y a eu en 1887 10.550 non-comparutions. La raison à donner est toujours la même. On ne prend plus aujourd'hui le préliminaire au sérieux, et on comprend aisément que les parties trouvent inutile de se présenter devant le juge de paix, car elles savent qu'elles n'auront à payer qu'une amende insignifiante. Souvent même les juges du tribunal négligent de la prononcer d'office, et généralement le ministère public n'en requiert pas l'application.

Enfin le nombre des comparutions par mandataire augmente tous les ans. De 5.376 en 1871, il est passé à 8.485 en 1887. Or, nous avons dit comment la comparution personnelle seule permet d'espérer un accommodement ; on sait que, surtout à Paris, le représentant est un clerc de l'avoué de la partie, et qu'il a pour mission de ne céder sur aucun point. Une comparution dans de telles conditions est l'équivalent d'un refus de se concilier. Il y a bien eu une instruction ministérielle en 1838, rappelant aux juges de paix que l'esprit de la loi exige la comparution personnelle, et leur enjoignant de ne consentir à entendre un mandataire qu'après s'être assurés que la partie est véritablement empêchée, mais elle n'a produit aucun effet.

Voici les relevés faits dans les rapports de 1891, 1892, 1893, 1894. Comme les précédents, les comptes rendus manifestent un regret à voir l'épreuve de la conciliation de plus en plus délaissée, et à constater le dédain attaché maintenant à la fonction longtemps considérée comme la plus importante de celles que remplissent les juges de paix.

En 1891, 30.153 affaires ont été portées en conciliation. Sur ce nombre on compte 1.281 affaires introduites par comparution volontaire, et 28.882 sur citation. Dans 7.622 affaires les parties n'ont pas comparu ; elles se sont présentées personnellement dans 16.290 et par mandataire dans 6.241. Le nombre des conciliations a été de 6.678 et celui des non-conciliations de 15.853. Il y a eu 38.831 ordonnances permettant d'assigner à bref délai.

L'année 1892 présente les chiffres que voici : 29.463 affaires présentées au juge de paix, dont 1.174 par comparution volontaire, et 28.289 sur citation. Les parties n'ont pas comparu dans 7.677 affaires, ont comparu par mandataires dans 5.433, personnellement dans 16.353. On compte 6.852 conciliations, et 14.934 non-conciliations. D'autre part il y a eu 38.358 ordonnances pour assigner à bref délai.

En 1893 nous trouvons 29.047 tentatives de conciliation, se décomposant en 1.083 comparutions volontaires et 27.964 sur citation, 7.357 non-comparutions, 6.069 comparutions par mandataires, et 15.621 personnelles. Les résultats sont : 6.508 conciliations, et 15.182 non-conciliations, plus 38.659 ordonnances.

Enfin le rapport de 1894 établit qu'il y a eu 28.522 épreuves : 1.406 comparutions volontaires, 27.116 sur citation. Pas de comparution dans 7.162 cas : comparution par mandataires dans 6.110, et personnelle dans 15.250. On a obtenu 6.617 conciliations contre 14.753 non-conciliations ; le nombre des ordonnances est de 39.055.

Si à cela nous ajoutons les affaires de la compétence des juges de paix, c'est-à-dire la petite conciliation, nous obtenons le tableau suivant :

Affaires de la compétence du Tribunal :

	1891	1892	1893	1894
Total des affaires portées en conciliation	30.153	29.463	29.047	28.522
Affaires introduites par comparution volontaire	1.281	1.174	1.083	1.406
Affaires introduites sur citation	28.872	28.289	27.964	27.116
Nombre des non-comparutions	7.622	7.677	7.357	7.162
Nombre des comparutions par mandataires	6.241	5.433	6.069	6.110
Nombre des comparutions personnelles	16.290	16.353	15.621	15.250
Affaires conciliées	6.678	6.852	6.508	6.617
Affaires non conciliées	15.853	14.934	15.812	14.743
Ordonnances permettant d'assigner à bref délai	38.831	38.358	38.659	39.055

Affaires de la compétence des juges de paix :

	1891	1892	1893	1894
Nombre des billets d'avertissement	1.538.969	1.529.805	1.487.344	1.430.252
Affaires non suivies de la comparution d'une des parties ou des deux	608.932	616.139	584.781	540.252
Affaires conciliées	549.939	542.826	522.168	510.513
Affaires non conciliées	541.873	347.881	364.524	326.972

De ce tableau il ressort que pendant ces quatre années
la diminution du nombre des affaires portées en conciliation, quelle que soit leur nature a toujours été en s'aggra-

vant, alors que les ordonnances permettant d'assigner à bref délai sont devenues de plus en plus fréquentes.

Il semble donc que la tentative de conciliation ne produise pas les heureux effets qu'on en attendait ; mais telle qu'elle se présente, il ne faut pas en méconnaître les avantages.

Les chiffres que nous avons donnés, montrent que malgré tout un assez grand nombre de procès sont arrêtés à leurs débuts, et nous pensons que cela suffit pour que l'institution soit considérée comme utile, et mérite d'être conservée. Si elle ne donne pas tout ce qu'on pourrait souhaiter, cela tient à ces causes que nous avons signalées et dont les principales sont qu'en dépit de la loi, les magistrats s'efforcent de diminuer l'importance de cette formalité, et que les juges de paix sont trop occupés maintenant par des fonctions étrangères à leur mission conciliatrice. Le mal sera difficile à enrayer, car il date de loin. Il faudrait rappeler énergiquement au respect de la loi les différents magistrats, et leur remémorer ce qu'écrivait le garde des sceaux en 1838. « Le nombre des conciliations pourrait devenir plus considérable, si tous les juges de paix étaient également pénétrés de l'importance de leur mandat principal, de celui auquel ils doivent leur heureuse dénomination. L'essai de conciliation n'est pas une vaine formalité de procédure ; il faut que le magistrat le tente sérieusement, patiemment ; qu'il l'encourage, qu'il le facilite, qu'il le protège de toute son influence ; il convient encore que sous prétexte d'urgence et de célérité, on ne cherche pas à augmenter le nombre déjà trop considérable peut-être des causes que la loi dispense du préliminaire de conciliation ».

Peut-être pourrait-on arriver ainsi à provoquer ainsi pour

les contestations privées le mouvement qui se manifeste actuellement dans les contestations industrielles et commerciales, et qui tend à faire délaisser de plus en plus les tribunaux, pour consentir des transactions amiables, ou encore pour se faire juger par des arbitres qui, choisis par les intéressés, terminent presque toujours les contestations par un arrangement auquel les parties se soumettent de bonne grâce.

Vu :
Le Président de la thèse,
GLASSON.

Vu :
Le Doyen,
GARSONNET.

Vu et permis d'imprimer :
Le Vice-Recteur de l'Académie de Paris,
GRÉARD.

TABLE DES MATIÈRES

Imp. G. Saint-Aubin et Thevenot. — J. Thevenot, successeur, St-Dizier

Imp. G. St-Aubin et Thevenot. — J. Thévenot, successeur, St-Dizier (Hte-Marne).